戒律學綱要

聖嚴法師

序

竺摩長老

佛法在印度，早由空、有兩大思潮的激揚，而演成大乘性、相的兩大派系。傳來中國，到了黃金時代的隋、唐，大、小乘十宗的旗幟，也已很鮮明地豎立起來。各宗派的創立者雖從修證佛法的境界各自發揮其心得，持之有故，言之成理，建立其不同的宗派。可是回到修持上來，則不歸於戒律，即歸於禪觀或淨土；而修禪觀或淨土行者，仍不能離開戒律，以戒律為修習一切善法的基礎。那麼，不論出家或在家佛徒，對於戒律都是一樣地需要，因全部佛法都是建築在戒律之上的。所謂：「一切眾律中，戒經為上最」、「佛說三藏教，毘奈耶為首。」這是為佛徒的鐵律，誰也不能否認的。《四十二章經》則說：「弟子去，離吾數千里，意念吾戒必得道。在吾左側，意在邪，終不得道。」有志修學佛法而於戒行有虧的，讀到佛陀這些教誡的經文，不能不毛骨悚然而思有以匡正了。

佛律雖很謹嚴，條文也很繁瑣，但在今日真能「嚴淨毘尼，研究律藏」的人，又有幾多呢？不特束置高閣無人過問，就是能談戒律的人也必定是很有勇氣的，沒有勇氣就不敢談了。這原因或在戒律的性質太嚴肅，末世業障深重，持之不易，索性不持了，談也無益，索性不談了。近世佛門的大心之士，有鑑乎此種衰頹而散漫無章的情形，有發心出來提倡振興律學，也有認為律學有重新估價的需要。根據律部中的「因時制宜，因地制宜」的理由，主張適宜時地環境的需求，可行者行，不可行或行不通的，不妨捨棄。其實這種思想也不始於今日，遠在二千五百年前，在阿難陀和大迦葉領導的教團中，早已發生爭論了。阿難在第一次結集經典後曾說：「佛將入滅時曾告我，大眾若欲棄小小戒，可隨意棄。」當時迦葉板起面孔反對道：「佛所未制，今不別制，佛所已制，不可少改。」據律部記載，當時還有一愚癡比丘說：「那老頭（佛）去世甚好！他在世時常拿戒律約束我們，這件不許做，那件不准行，如今我們可以極自由地為所欲為了！」迦葉聽了覺得痛心，也因此而發起結集律藏。

本來戒法為四眾弟子的金科玉律，應守應行，理所當然，哪有討價還價的餘地？所謂「毘尼久住，正法久住」；可是在事實上，又有不然，不但在佛滅後的初期，諸大羅漢之間為了戒律的可捨與不捨問題，發生歧見，弄到教團的不協調；就是在佛陀時代，不是已有「六群比丘」及比丘尼出現了嗎？難道那時毘尼不住世嗎？不是正法住世時代嗎？這或者由於眾生的慧根深淺與向道之心有無而所使然：其慧根深而向道心堅切的，即能嚴持戒律；其慧根淺而向道心薄弱的，自然難得清淨了。或者以戒律太嚴肅，條文又繁瑣，使人望之生畏，感到不易堅持，或堅持亦難到底，無形中便鬆弛了。

佛曆二五〇五年春，我在星洲方便禁足期間，在《無盡燈》上讀到聖嚴法師作的〈受戒學戒與持戒〉及〈戒律的傳承與弘揚〉，覺其慧解敏穎，文筆犀利，所言切中時弊，深為感動。當時曾以《燈》刊讀者的名義略致薄敬。在那文末談到弘一律師嘗自檢驗，認為自己非但不夠比丘的資格，也不夠沙彌的資格，甚至連一個五戒滿分優婆塞的資格亦不夠。一個聞名持戒的律師，還不敢以滿分五戒淨人自居，可知戒條是如何地謹嚴難守了。明朝的紫柏大師，脇不著席四十餘年，猶以未能持微細戒，終不敢為人授沙彌戒和比丘戒，到不得已時也只為人授五戒。蓮池大師嘗自稱為「菩薩弟子」或「沙門」，不敢以比丘自居。蕅益大師閱過律藏之後作〈退戒緣起〉，認為一向所受的戒不合法，沒有做比丘資格，自稱「菩薩沙彌」，太虛大師亦有「比丘不是佛未成，但願稱我為菩薩」。從古今高賢的謹嚴處，知戒律是如何地嚴格，不易如法受持，但亦不能因持得不夠圓滿就不持，應量力求受，不逾繩墨，才不負弘揚戒律者的用心！

自來在佛門中提倡戒律的人，以上座碩德為多，青年人來談戒律的倒不多見。今作者聖嚴法師，年輕志高，學富力強，從研究戒律而弘揚戒律，欲以戒律精神振興佛教，這不能不使人敬佩！他曾說過，寫作本書是受了蕅益大師與弘一大師的影響很多，但沒有全部走他們的路線，甚至也沒有全部站在南山宗的立場。可知他對戒律，是另有新的看法。看他的志趣，似走在弘一律師與太虛大師之間，而更接近後者的意趣。在生活上著重戒律的根本精神，不拘滯於條文的呆板死守，在思想上接通佛陀的根本教義，活用於時代的文化領域。這意趣正是時代的產物，把它盡量表達出來，培養佛教的時代精神，使每一個懷有整理僧制職志的新時代佛教青年，思想都能夠走向這一路線，匯成一條佛教新時代的文化洪流，那麼一切佛教的垃圾就不怕沖不開。他對晚近的教內同道，還曾慨然地說：「若標榜持戒，便成了孤獨古怪；若標榜學教，便成了放浪形骸；若標榜學禪與密，便成了神鬼模樣。」這也是一針見血之論，對於患了嚴重痲痺症的現代佛教內部，是不無晨鐘暮鼓的作用。他對佛教現狀既有如此深的了解與抱負，自然對振興律學另有最應時的立場與看法，而寫出來成為文字，自然也不同凡響了。

作者再次來書問序於我，並提示本書的宗要是：「為了實際的要求，本書的內容既是通俗性的，也是研究性的，尤其是實用性的。所以除了具足戒及式叉戒之外，其餘各戒均錄有受戒儀軌，並且盡量介紹最切實、最簡明、最能適應於普遍要求的受戒儀軌。至於介紹各戒的性質、意義、淵源、作用以及為何受戒、如何受戒、受戒之後又如何，那自是本書應負的責任了。所以讀了本書之後，對於戒律當可得到一個具體的印象。」從這些話裡，可以看出本書的內容與價值。全書約有十九萬字，把七眾弟子個別的戒法描繪出來，雖然有他自己的見解，但每篇都是有所根據的。比如比丘、比丘尼戒，是本弘一律師之意而寫的，菩薩戒是綜合《瓔珞經》、《梵網經》、《瑜伽論》、《地持經》等經，及《梵網經》、《瑜伽論》各名家註疏的重要內容而寫的。我還認為本書的好處是引經據典，把七眾弟子的戒法，做簡明而有系統的敘述，使讀者得到不少的便利和切合實用。時丁末世，人性疏懶，已很少有人能向《大藏經》中去翻閱長篇累牘的眾多律部，因此身為七眾弟子的很多，真能了解七眾律儀皮毛的已很少，更談不到去做深刻的研究分析與敘述。那麼本書正適合現時的七眾佛徒的需要，若能人手一編，時加玩味，便知道自己學佛所應做的是些什麼事，同時也不負寫作者的一番美意。在律制鬆弛，佛法衰頹的今日，律學已成了冷門的學問，少人問津；而作者既專志攻修，又勤於寫作，所寫的又是熱情奔放，審理明晰，文筆通暢，適合一般口味的文章，求之於現代青年法師，真是異軍突起，希有難得。

作者又曾在來信中，慨嘆自己不夠資格來談戒律，來寫戒律；就是我，更不敢也不配為這部神聖的律書作序，所以延擱到一年多也不想動筆。但感於作者的智慧與熱誠，屢屢來函說明他寫本書一氣呵成，不曾間斷，完全因第一篇緒論發表在《燈》刊得到我的鼓勵所致，因此使我對本書的完成，雖沒有居功之心，卻有歡喜之情，不能不寫這一篇不像樣的序文，來做隨喜功德的讚歎了！

佛紀二五〇八年十月三十日竺摩寫於檳城三慧講堂

自序

我能夠再度出家，是在重重的困難之下達成的，這要感激我現在的剃度恩師東公老人，他全心全力地幫助了我，也成就了我；而我能在從軍十年之後，仍然念念不忘出家身分的恢復，這要感激南亭長老，他自始至終地愛護著我，也鼓勵著我。

正因為深深地感到，這一出家因緣的難能可貴，所以立志要做一個最低限度的清淨佛子；至於清淨的工夫，除了學戒持戒，就沒有更好的方法，因為戒律是佛子生活中唯一的防腐劑。這是我學習戒律的動機。

本書的完成，我要感謝現居南洋的竺摩老人，他給了我很大的鼓勵：當我在南洋《無盡燈》發表了本書的〈緒論〉之後，便接到他老轉來的十元美金，並說將為那篇文章單印流通；接著又得到更進一步的慨諾，他說當我寫成戒律學的專著之時，若無出版的能力，他願資助印費。

這是多麼可貴的鼓勵！於是，我就一直研究下來，也一直寫了下來。

同時，這也是我的嘗試。因為，戒律是一門枯燥而又繁瑣的學問，以致近世以來，成了佛教的冷門，縱然有人研究，也多不脫古氣，多是照著古調再彈，致令一般的人，不得其門而入，甚至妄加批評。因此，我要試用淺顯的文字，將戒律的內容，配上若干時代的觀念，以比較通俗的姿態，來跟大家見面。我是試著做復活戒律的工作，而不是食古不化的說教。

當然，我的目的，雖求通俗，但在盡可能不使讀者厭煩的情形下，仍將戒律學上各種主要的問題，做了應做的介紹與疏導。所以，本書也徵引了各部律典及古德註疏的重要資料，並且盡量註明出處，以便讀者做進一步的研究參考；唯恐讀者對於書中所引原文以及若干專有名詞的隔閡不解，故也適度地採用夾註說明。

為了實際的要求，以及本書的篇幅所限，本書除了三皈、五戒、八戒、十戒等篇，寫得堪稱詳細，至於具足戒及菩薩戒，只是做了綱要性的介紹，這也就是本書書名的緣由；雖然如此，具足戒及菩薩戒，已經占了本書篇幅的五分之二以上。所以，看了本書之後，對於戒律學的知識，當可有一個具體的印象。

本書的性質，是通俗的，是研究的，更是實用的。除了式叉摩尼戒及具足戒之外，其餘各戒，本書均錄有受戒的儀軌，並且是介紹最切實、最簡明、最能適應於普遍要求的受戒儀軌。至於各種戒律的淵源、性質、意義、作用，以及為何要受戒？如何來受戒？受戒之後又如何？那當更是本書應負的責任了。因此，本書的對象，既是已經受了各種戒法的佛子，也是那些準備要受各種戒法的讀者。

從大體上說，本書受蕅益及弘一兩位大師的影響很多，但並沒有全走他們的路線，乃至也沒有完全站在南山宗的立場。因為從戒律學的本質上看，它是屬於整個佛教的，它該是全體佛子共同遵守的軌範，而不僅是某一宗派的專利品。

雖然，本書有我個人的觀點，但我所談的問題，無不力求客觀，無不力求這些觀點是屬於讀者的要求，故也敢說，本書的內容，事事都有它的根據。

不過，由於我的學程還淺，本書的貢獻，自也有限。本書的出版，如果尚有一些價值，那當歸功於三寶的恩德，以及師友的鼓勵；如有不良的後果，均該歸咎於著者的粗疏。倘蒙指教，感激不已。

竺摩老人抱病為本書撰序，星雲法師的佛教文化服務處斥資為本書印行初版，十三年後天華公司為之重排新版，在此一併致其無上的謝意。

聖嚴佛曆二五〇九年元月二十五日序於朝元寺關房，一九七八年三月一日再版識於北投

目錄

第七篇　三世諸佛的搖籃——菩薩戒綱要

第一篇

緒論

第一章　受戒學戒與持戒

第一節　受戒

《華嚴經》說：「戒是無上菩提本。」（《大正藏》九．四三三頁中）因此，佛教的根本精神，即在於戒律的尊嚴，即在於佛教弟子們對於戒律的尊重與遵守；所以，凡為佛子，不論在家，或者出家，一進佛門的第一件大事，便是受戒。否則，即使自稱信佛學佛，也是不為佛教之所承認的。換句話說，那是一個門外漢。

佛教的戒律，因為佛子身分的不同以及等級的差別，所以也分有如下的各種名稱：

（一）在家戒，共有四種：

1. 三皈戒。
2. 五戒。

3.八關戒齋。

4.菩薩戒。

（二）出家戒，共有五種：

1.沙彌及沙彌尼戒。

2.式叉摩尼戒。

3.比丘尼戒。

4.比丘戒。

5.菩薩戒。

在這裡，有三點要說明的。

有人以為，三皈不是戒，五戒以上才是戒。其實，三皈也是戒，因為戒是禁止的意思，三皈之後，也有三種禁止：

第一，皈依佛，盡形壽不皈依天魔外道。

第二，皈依法，盡形壽不皈依外道邪說。

第三，皈依僧，盡形壽不皈依外道徒眾。

所以，皈依三寶的本身，就含有一種戒的特質了。

其次，在家人的八關戒齋，即是出家沙彌及沙彌尼所受十戒的上來九戒。由此關口通向出家之道，關閉死生之門，所以稱為八關。另加午後不食，稱之為齋，合起來，便是八關戒齋。

再說，菩薩戒，在中國的近世，通行《梵網戒本》，此一戒本，可以通於四聖六凡（地獄道不能受戒，但也有人以為或可受戒）的一切眾生，所以也不分在家的或出家的。近年，臺灣傳授菩薩戒，僧俗分開，出家人受梵網戒，在家人受《優婆塞戒經》的六重二十八輕戒。其實，這是尚有討論餘地的；因為《優婆塞戒經》中，明明告訴我們，六重二十八輕戒，乃是菩薩戒的根本，並非即是菩薩戒。

照理說，菩薩戒不論在家或出家，都是平等的。

不過，佛法雖講平等，乃是講性體上的平等——立足點上的平等，不是講事相上的平等——沒有老少，沒有尊卑，沒有前後的平等；佛說人皆可以成佛，因為人皆本具佛性，眾生不是諸佛，因其佛性未顯。故在佛教的戒律上，也是有等級和層次的，從三皈五戒，級級增加，層層上升，以三皈為基礎，菩薩比丘為具足，受了三皈戒的人，自然不能等同菩薩比丘戒的戒行，卻沒有一個菩薩比丘是不受三皈戒的。以此可知，三皈僅是引導入門的方便，菩薩比丘才是進入佛門的最後身分。

三世諸佛在人間成佛，也都現的比丘相，因此，凡是受了三皈戒的人，應該繼續發心，求受五戒，受了五戒的人，應該再進一步，求受菩薩戒，受了在家菩薩戒的人，如果發心出家，自是功德無量，倘若無法擺脫世緣，無法披剃出家者，也該受持八關戒齋，為生死的牢獄打開一條出離的道路，切不要以為信了佛，皈依了三寶，就是佛子身分的「所作已辦」了。

第二節　學戒

受戒，固然不能沒有受戒的儀式，或在師僧之前，發殷重懇切之心而感發戒體，納受戒體，或在佛菩薩形像前，禮拜懺悔，見到好相，如見光見華，見佛菩薩前來摩頂，而得受戒。但是，受戒者，只是一個佛子身分及其階段層次的開始，絕對不是其身分階段的完成，所以在受戒之後，必須學戒。〈四弘誓願〉的「法門無量誓願學」，是什麼法門呢？無非是學佛所學，行佛所行，以期證佛所證。佛教的戒律，便是教人學佛所學，行佛所行，而至證佛所證的廣大法門。也許有人不解，戒之為物，是在防非止惡，亦如社會的規約及國家的法律一樣；戒是禁止，禁止佛子不得作惡，但是佛教的戒條有限，最少的只有三條，最多的比丘尼戒，也只三百四十八條，哪裡能夠統攝一切法門呢？其實，佛教的戒律，禁止作惡，也禁止不作善。當作要作，稱為作持，如果當作而不作，便是犯戒；不當作的不可作，稱為止持，如果不當作而去作，便是犯戒。一般的人，對於佛戒的認識，只知有其消極一面的防非止惡，卻未看到尚有積極一面的眾善奉行。故《瑜伽菩薩戒本》中的四重四十三輕，一共四十七條，除了四條根本戒外，其餘四十三條，竟可以三十二條攝入六度項下，十一條攝入四攝項下；也可以說，六度四攝，統攝了《瑜伽菩薩戒本》，前四重戒雖未分別攝入，但是輕戒皆由重戒的根本中開出；輕戒是重戒的分支，重戒是輕戒的根本。至於六度四攝，便是大乘菩薩的利他行善之門了；如再推廣，六度涵蓋萬行，萬行則可演化成為無量法門了。至於《瑜伽菩薩戒本》，出於《瑜伽師地論》（又稱《瑜伽論》）中。

五戒是佛戒之中最簡單的項目，但也是一切佛戒的根本，故稱五戒為根本戒。無論是八戒十戒，比丘比丘尼戒，乃至菩薩戒，無有一種戒不是根據五戒引生的，也沒有不將五戒列為重戒的。所以一切戒中，以五戒最重要，五戒學不好，一切戒都將無從著手；五戒持得清淨，其他的戒，也就容易持了。

看起來，殺、盜、淫、妄、酒的五條戒，是最普通最簡單的事，但要仔細研究了五戒的內容之後，便知道並不如一般人所見到的那麼簡單和輕鬆的事了。弘一大師是近世的高僧，並以學律持律聞名，但他自驗，他非但不夠比丘的資格，也不夠沙彌的資格，甚至還不夠一個五戒滿分的優婆塞的資格。我們試想，一位持律謹嚴的高僧，竟還不敢以滿分的五戒淨人自詡，降至一般而下的人們，誰還敢以五戒清淨自居呢？在此，必須明白，弘一大師的自驗，絕對不是因他破了根本大戒，而是說五戒的微細部分，無法顧得周全的意思。以此可見五戒的重要性及其嚴重性了，因為五戒是眾戒的根本，眾戒多由五戒開出，眾戒稍有缺失，五戒即非絕對地清淨了。這一點，希望受了戒的人，切實注意，不要心高意狂，以為自己已是清淨佛子了。但是，受戒而不學戒，那就不會知道戒律的嚴正和神聖。

第三節　持戒

不過，受戒和學戒的目的，是在持戒，如果受而不學，那是懈怠愚癡；如果學而不持，那是說食數寶。佛陀制戒，是要佛子去遵行踐履的，不是僅讓佛弟子們增長見聞，充實話柄，而去批評這個和尚犯戒，那個尼眾不規矩的。這也正是今日的佛門，最感痛心的事！佛門醜事，多半是由佛子傳播出來，而且添油加醋，愈傳愈不像話，你說我的醜事，我揭你的瘡疤，唯恐說得不狠，唯恐揭得不深，到最後，使人聽來，簡直就沒有一個是比較清淨的佛弟子了。這不但毀了佛子自身的名譽，也破了許多善信者的信心，尤其糟糕的，乃是損壞了三寶的尊嚴。

如果所有的佛弟子，人人都能學戒持戒，犯戒的人，固然少了，對於犯戒者的妄加批評，亂施攻擊，也不會有了。因為一個真正持戒的人，他是不希望自己犯戒的，如果見他人犯戒，他只有向那個犯戒的人當面勸告，乃至殷勤三諫，經過三番勸諫，聽者固善，假若不聽，在此羯磨作法——僧團會議制度無法遵行的情形下，只好內心為他悲痛，否則的話，可在布薩誦戒之時，為之舉罪，由大眾秉公處斷。要絕不可以隨見隨說，見人便說，不分場合，不拘時間，也不管對方聽者的身分。要不然，他說他人犯戒，如果說的是真話，他自己便犯了「說四眾過戒」；如果所說不實，更加犯了「妄語戒」；如果被說者是出家人，他則犯了「毀謗三寶戒」；這三條戒，都是菩薩的重戒，無論在家出家，都是犯的波羅夷罪。波羅夷罪是現在失去戒體，死後當墮地獄的大罪，若犯一條，墮地獄的時間是他化自在天壽十六千歲，相當於人間的九十二萬一千六百萬年。所以一個持戒謹嚴的人，絕不會輕易說他人犯戒，如果常常說他人犯戒的人，他自己首先就是一個常常犯戒的人。

在這裡，尚有一點，必須注意：前面說過，佛門的戒律是有層次階段的，所以在身分上說，也有嚴格的區別。在羯磨法中的規定，佛子犯戒，如不自行發露（以其犯戒類別的輕重，或在一位、二位、三位清淨比丘前發露懺悔，或在大眾僧前發露懺悔），見他犯戒的人，應該勸他發露懺悔，要是三諫不聽，便在大眾於羯磨之際，為之舉罪，使得大眾以會議方式來處罰他。但是舉罪也有層次類別的限制：比丘可舉七眾過，比丘尼則除比丘外可舉六眾過；出家眾可舉在家眾之過，在家眾不得舉出家眾之過。絕對不可隨便舉他人之罪過，這不是佛制袒護比丘，而是因為比丘可以研究一切戒律，可以教誡一切人，餘眾則不能。比丘尼不得研究比丘戒，怎會知道比丘犯了什麼戒？至於在家二眾，不許聽誦大戒，怎會明白大律的內容，而來指責出家人犯了什麼戒？再說出家人有出家人的僧團規制，出家人犯戒，自有僧團的制裁，在家人豈得越階犯上，而來冒瀆舉罪？同時，一個未通大律，未能對於大律的開、遮、持、犯，有其通體認識的在家人，即使舉了出家人的罪，也是每舉不中的，所以出家人如果犯戒，在家眾不唯不得舉罪，即或勸諫的資格，也是成問題的。

第四節　以戒為師

如果人人持戒，佛教必然興盛。但是，提倡律制的尊嚴，在中國的佛教社會中，殊為困難。前面說到僧團的羯磨法，本來是對佛門弟子自清自檢的最好辦法，奈何中國的佛教，一盤散沙；大陸時代的中國佛教，大叢林下有其清規的制裁，犯了重規，即予遣單；但因叢林各自為政，一般的小廟，更是不受任何上級教會的轄制，所以一處遣單，他處皆可掛單，一處犯了重規，也可到處再犯重規，故對犯戒的問題，也就不太重視了。同時叢林的遣單，往往出於少數執事僧的權力，也不是從大眾僧的羯磨法中產生的效果，故也難免沒有出於少數人的恩怨關係者。不像僧團制度的根本精神，僧團的決議，即代表十方大眾的決議，如果犯了重戒，僧團制裁之後，即等於接受了十方大眾僧的制裁，一處滅擯，即處處不許容身，因為處處僧房，皆在僧團之中，一個理想的僧團，等於一個無限大的共和政府，但此共和政府，不必定有固定的元首和行政的首都，凡是依照戒律，羯磨作法之後，即可得到十方大眾僧的印可。佛滅度後，佛子以戒為師，戒為佛制，尊重戒律，即是尊重佛陀；凡為佛子，自皆尊重戒律。所以只要一犯根本大戒，勢必捨戒還俗，這是佛制的根本精神，但願我們能來恢復此一根本精神，否則的話，光是批評他人犯戒，犯戒的人也就愈來愈多了！

我們唯有以戒為師，才能自己持戒，並也能夠協助他人持戒與保護他人持戒。否則，多數的人不持戒，持戒的人反將失去了應得的保障，那真是所謂「法弱魔強」了！

第二章　戒律的傳承與弘揚

第一節　為什麼要有戒律

有關戒律的概念，我們已在上一章講過了，有關戒律的脈絡，便是本章的主題。因為，凡是一種學問及其所賦的使命，唯有從它的來龍去脈的過程中，可以看出它的精神，可以確定它的未來的展望。

俗話說：「鋼刀雖利，不斬無罪之人。」國家的法律，對於守法的公民，根本是不起作用的。但要維護守法者的安全和利益，又不得不有法律的設置，因為社會之中及人類之間的害群之馬，並非絕對的沒有。同時守法與犯法的善惡界線，也僅在於一念的相差，為了警策大家，不要闖過這一十字路口的紅燈，所以要有法律；為了保護大家，不因一念之差而造成千古之恨，所以要有法律。

佛教之有戒律，也是如此。佛陀成道以後的最初數年之中，根本沒有戒律，因為初期的佛弟子們，都以好心出家，他們的根器也特別深厚，往往聽到佛陀的開示以後，即使僅是三言兩語的點化，便會立即證入聖位聖果。小乘初果斷邪淫，三果斷一切淫；初果耕地，蟲離四寸，至於偷盜和妄語，當然不會再有。所以佛時初期的僧團，用不著制定戒律來約束大家，大家也就本來清淨的。直到佛陀成道以後的第五年，才有比丘由於俗家母親的逼迫，與其原來的太太犯了淫戒。佛教的戒律，也就從此陸續制定起來。這是為了維護僧團的清淨莊嚴，也是為了保護比丘們的戒體不失。

雖然，佛教的戒律很多，但皆不離五戒的基本原則，一切戒都由五戒中分支開出，一切戒的目的，也都為了保護五戒的清淨。五戒是做人的根本道德，也是倫理的基本德目，五戒的究竟處，卻又是了生脫死的正因。我們學佛的宗旨，是在了生脫死，五戒而能持得絕對清淨，離佛國的淨土，也就不遠了；因為比丘戒是通向涅槃的橋樑，比丘戒卻又是由五戒昇華的境界。

戒的功能是在斷絕生死道中的業緣業因。如說：「欲知過去世，今世受的是，欲知未來世，今世作的是。」要是我們不造生死之因，即使不想離開生死，生死之中也不會找到我們的蹤跡了。

所以戒律的制度，不是佛陀對於佛弟子們的一種束縛，實是佛子的解脫道，也是僧團的防腐劑。佛子若無戒律做為生活規範的依準，了生脫死是不容易的；僧團如無戒律做為統攝教化的綱領，佛教的狀態，不唯一盤散沙，也將烏煙瘴氣！

因此，佛在臨將入滅之時，示意後世的佛子，應當以戒為師。正像一個國家，元首可以死，死了一個元首，再選第二、第三，乃至一百、一千個元首。只要國家的憲法存在，大家依法而行，這一國家的政制政體，也將不動不搖，並且達於永久。佛教只要戒律存在，佛教的弟子及其僧團的本質，也必能夠與世長存了。

第二節　戒律的傳流

所謂「忠言逆耳，良藥苦口」。凡是一種約束性的規定，雖然多能使人按步向上，但是這一向上而至最上的境界，即使人人嚮往，卻也未必真的能使人人皆去拾級而上，因為向上走去，固有一個可愛的境界正在等待人間的每一個人，然在未曾到達之先，首先必須付出登高攀爬的代價，這一代價是非常辛苦艱難的。再看一個滑雪的人，從高處向下，直溜急滑，該是多麼的輕鬆呀！所以登高向上，雖有美麗的遠景，卻要吃苦在先；下溜滑落，雖有隕命的危險，當下畢竟是輕鬆的。

因此，當佛滅度之後，佛弟子中，就有一個愚癡的比丘跋難陀，感到非常高興。他說：「那個老頭子去得正好，他在世時，規定我們這樣必須做，那樣不准做。如今他去了，我們可以自由了。」（《長阿含經．遊行經》，《大正藏》一．二十八頁下）這話傳到迦葉尊者的耳中，感到非常悲痛。他想：如果真的如此，佛教的精神及其救世的工作，豈不因了佛陀的入滅而隨著結束了嗎？同時，佛在入滅之際的最後說法，一開頭就說：「汝等比丘，於我滅後，當尊重珍敬波羅提木叉，如闇遇明，貧人得寶；當知此則是汝大師。」（《遺教經》，《大正藏》十二．一一一〇頁下）於是決心召集當時的大弟子們，編集律藏。

那是釋迦世尊入滅以後的第一個結夏安居，也是在七葉窟舉行的第一次經律的結集；參加的人數，據說是整整的五百位，都是大阿羅漢。當阿難尊者誦完經藏之後，即由優波離尊者誦出律藏，由大眾印證通過之後，最初的律部便告完成。但在那時的結集，似乎尚沒有做成文字的紀錄，只是統一由口誦心記而已。

就這樣傳流下來，因為佛教散布的範圍擴大了，印度的種族和語言又是非常地複雜，同時最遺憾的是，當佛滅度後，由於部分的長老比丘，並沒有受到摩訶迦葉的邀請，所以也沒參加七葉窟的第一次結集；從此以後的佛教，雖在長老比丘們的領導之下，過著與佛在世時相差不多的僧團生活，但已經失去了領導的中心，未能產生一個統一的，如共和政府式的機構，而僅能各化一方，各自為政。時間長了，由於地理環境的不同，由於彼此之間的隔閡，大家對於佛陀的教義，也就產生了若干不同的見解。這種不同的見解，便造成了部派分張的結果，那是佛滅之後一百年至三、四百年間的事。佛滅百年後在毘舍離的第二次結集，就是部派分張顯明的開始。所以，對於戒律的傳流，也由於部派的分裂，而成了部派的戒律，各部有各部自己所傳的戒律，至於初次結集的律藏，現在已無從見到它的本來面目，不過，現在所傳的各部律藏，無論南傳錫蘭巴利文系的《善見律毘婆沙》（又稱《善見律》）也好，北傳譯成藏文的有部律及漢文系的四部廣律也好，雖然各有若干小節的取捨與詳略的出入，但其根本精神及其根本原則，仍是大體一致的。所以律藏的存在是無可懷疑的事實，並且也被近世學者，公認為最能保留原始佛教真面目的聖典之一。即使這些律部的分別出現，已是佛滅百年之後的事了。

據向來的傳說，律藏初次結集之後，即由迦葉尊者傳阿難尊者，再傳末田地、舍那波提、優婆崛多等五傳，在優婆崛多以下，有五位弟子，由於各自對於律藏內容的取捨不同，律藏便分成了五部：

（一）曇無德部——《四分律》。

（二）薩婆多部——《十誦律》。

（三）迦葉遺部——《解脫戒本經》。

（四）彌沙塞部——《五分律》。

（五）婆粗富羅部——（未傳）。

五部分派說，是根據《大方等大集經》卷二十二〈虛空目分．初聲聞品〉而來，但在該經之中，雖標五部，卻是說了六部的名目，第六部是摩訶僧祇部（《大正藏》十三．一五九頁上—中）。據傳說，這是佛陀預記的事，佛陀早就料到律藏的傳承會分派的，這在《舍利弗問經》中，也有類似預記的記載而分為八派（《大正藏》二十四．九〇〇頁下）。但據史實的考覈，部派佛教的分張，在佛滅後百年至三百年期間，可謂盛極一時，由上座部與大眾部的根本派別之下，又各分出許多部派，一般的傳說大約分有十八部，本末合起計算，則有二十部之多。現在綜合南北傳所傳的資料，所謂十八部，未必真有那十八部的全部史實，也未必僅有十八部，因為部派之下又分部派，分了再分，到最後，有些部派的隸屬系統，現在竟已無從查明；比如北道派，就是這樣的例子。據《大智度論》卷六十三說，當時教團分為五百部（《大正藏》二十五．五〇三頁下），這也未必是事實。然據近人的研究，部派佛教的名目，多到約有四十多種（見《海潮音》四十五卷一、二月合刊）。照理說，每一個部派均有各自應誦的律本，但從事實上看，能有律本傳誦的卻很少。有律本譯成漢文的，只有五個部派，現在且將之分系列表如下：

上座部	根本有部	《根本說一切有部律》（印度西北境迦濕彌羅新薩婆多部）
	有部	《十誦律》（中印度摩偷羅薩婆多部）
	化地部	《五分律》（彌沙塞部）
	法藏部	《四分律》（曇無德部）
	飲光部	《解脫戒本經》（迦葉遺部）
大眾部		《摩訶僧祇律》

因為《根本說一切有部律》，同樣出於薩婆多部，所以有人說應是《十誦律》的別譯（如太虛大師），也有人說是新薩婆多部，唯其與《十誦律》同部而所傳時

地不同，當無疑問；又因飲光部只譯出戒本而未譯出廣律，所以，雖有六部，在中國通稱為四律。四律與五論齊名：《毘尼母論》（即《毘尼母經》）、《摩得勒伽論》（即《薩婆多部毘尼摩得勒伽》），此二論是宗本新薩婆多部律而解釋的，《善見論》（即《善見律毘婆沙》），這是解釋《四分律》的）、《薩婆多論》（即《薩婆多毘尼毘婆沙》），這是解釋《十誦律》的）、《明了論》（這是上座部系犢子部下正量部的佛陀多羅阿那含法師，依據正量部律所造，它的本律中國未傳），合稱為漢文律藏的四律五論。正因如此，在現行的世界佛教中，漢文系的律藏也是最豐富的一系。

從上表看出，上座部占了絕大多數，大眾部僅僅一部律而已（《摩訶僧祇律》又稱《僧祇律》），應屬大眾部），事實上這是非常可惜的事，大眾部的發展，雖然引出了大乘佛教，大眾部的典籍——律與論，所傳的卻是太少了。

第三節　律部傳來中國的歷史

中國之有戒律，始於三國時代，曹魏廢帝嘉平二年（西元二五〇年），由中天竺曇摩迦羅，在洛陽白馬寺譯出《僧祇戒心》及《四分羯磨》。

其餘律部譯出的時間如下：

（一）《十誦律》——姚秦弘始六年至八年（西元四〇四—四〇六年），由鳩摩羅什法師等譯出，共五十八卷，又由卑摩羅叉改為六十一卷。

（二）《四分律》——姚秦弘始十二年至十五年（西元四一〇—四一三年），由佛陀耶舍共竺佛念譯出，共六十卷。

（三）《僧祇律》——東晉義熙十四年（西元四一八年），由佛陀跋陀羅共法顯譯出，共四十卷。

（四）《五分律》——劉宋景平元年（西元四二三年），由佛陀什共智勝譯出，共三十卷。

（五）《解脫戒本經》——元魏時，由般若流支譯出，共一卷，其時約在西元五三八至五四四年之間。

（六）《根本說一切有部律》——唐朝武則天久視元年至睿宗景雲二年（西元七〇〇—七一一年）之間，由義淨三藏譯出，共十八種，一百九十八卷。

以其譯出的地點及盛行的時間上說，《十誦律》雖是姚秦時在關中（陝西）譯出，到六朝時則盛行於長江下游的地區；《四分律》的譯出地點也在關中，它的譯出時間比《十誦律》只遲了七年，但到隋朝才有人弘揚，到了唐初才由道宣律師的大力弘揚，而成為中國律宗的唯一法脈；《僧祇律》的譯出時間，比《四分律》晚了五年，它是在建康（南京）的道場寺譯成，六朝時在北方稍有弘揚；《五分律》比《僧祇律》又晚出了五年，它在建業（也是南京）龍光寺譯出之後，則殊少有人弘揚；《解脫戒本經》比《五分律》晚出了一百多年，它的內容與《十誦律戒本》相同，故也無可為說；《根本說一切有部律》（又稱《有部律》）的譯出，比《五分律》遲了將近三百年，正好是在南山道宣律師（隋文帝開皇十六年至唐高宗乾封二年，西元五九六—六六七年）以後的四、五十年之間，當時的律宗，正是《四分律》的鼎盛時期，所以義淨三藏，雖然遍精《有部律》，奈何孤掌難鳴。依照律的內容而言，《有部律》為最多，也最豐富，可惜直到現在，還不曾有人繼起為之弘揚過哩！

第四節　戒律在中國的弘揚

佛陀的教法是平均發展的，戒、定、慧的三無漏學，就是這一平均發展的基礎，也是這一平均發展的中心工作，如鼎三足，缺一不可。但在佛陀的弟子，即使是佛陀當時的弟子，對這平均發展的工作，就不能勝任了；所以諸大弟子，各有所長，各成第一。但是，戒律又是三學的基礎，不持戒，解脫道的嚮往，便成妄想；所以戒是任何一個弟子都要持的，不過研究的心得是有深淺的，故以優波離尊者為持戒第一。

正因這一趨勢，到了中國，就有不學戒的比丘出現，並將學戒的比丘，特別立為「律宗」的名目，這是中國佛教的不幸！

上面說過，中國之有戒律，早在三國時代，中國之有中國的比丘，也在三國時代。當時由於《僧祇戒心》及《四分羯磨》的譯出，即請梵僧，立羯磨法，傳授比丘戒。但因戒經大部分未到，故也無從弘揚，直到《十誦律》譯出後約五十年後的劉宋時代，才有人弘揚；在宋、齊之際，也有人弘揚《僧祇律》；一到隋、唐以後，由於《四分律》的勢力抬頭，而達於登峰造極之時，中國境內也就只有《四分律》一部，獨樹其幟了。

《四分律》在中國的弘揚，是起於元魏孝文帝時的北台法聰律師，以下有道覆、慧光；慧光的弟子有道雲、道暉；道暉的弟子有洪理、曇隱；道雲及道暉的弟子洪遵；與曇隱並稱的有道樂；道樂的弟子法上；法上的弟子法願。再有道雲的弟子道洪；道洪之下有智首；智首之下道世、道宣、慧滿。這些大德，人人皆著有律疏或律鈔。到了道宣律師，《四分律》的弘揚，便到了登峰造極；道宣律師對於律書著述的成就，也已到了空前的階段。他以化教與制教，別攝一代時教，又以三教判攝化教；以性空（攝一切小乘法）、相空（攝一切淺教大乘）、唯識圓教（攝一切深教大乘），三教攝盡大、小乘法；又於制教分為三宗：實法宗（依薩婆多部明受——戒體為色法）、假名宗（曇無德部依《成實論》明受——戒體為非色非心）、圓教宗（道宣律師自明受——戒體為識藏熏種）。以道宣律師佛學大通家的資具，又以他唯識學的態度，精治《四分律》，融通大、小乘，以為《四分律》義，通於大乘佛法。因為曾有這樣一位思想卓越、行持謹嚴、著述豐富的偉大律師，弘揚了《四分律》的精義，從此也就奠定了中國律統的基礎，那就是《四分律》的一脈相傳。但據靈芝元照律師（西元一〇四八——一一一六年）的意見，道宣律師已是第九祖了，他們的系表如下：

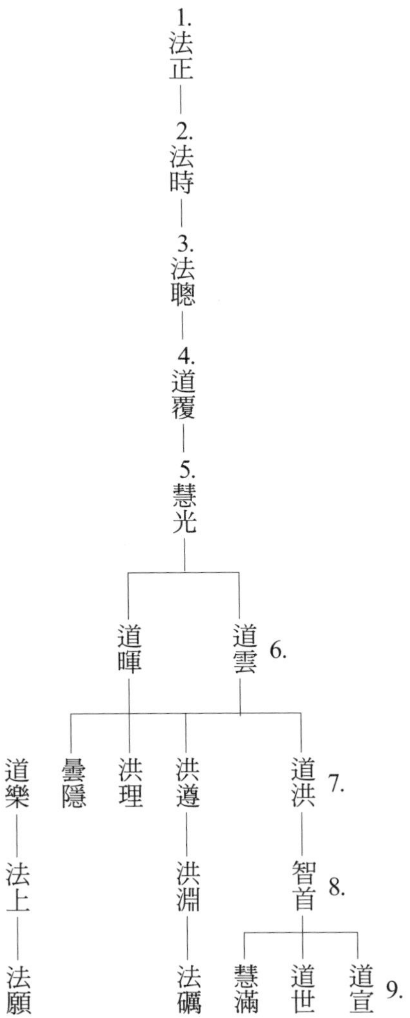

這一表系，是根據近人續明法師《戒學述要》的資料所列，但他們的系統，未必就是如此地呆板，比如《唐高僧傳》卷二十一「慧光傳」中，將洪理與道雲、道暉並稱：「雲公頭，暉公尾，洪理中間著。」（《大正藏》五十．六〇八頁上）又於同卷「曇隱傳」中稱曇隱：「遂為（慧）光部之大弟子也。」又說到洪理著鈔兩卷：「後為沙門智首開散詞義，更張綱目，合成四卷。」（《大正藏》五十．六〇八頁下）這些都是他們在系統上錯綜複雜的關係。道樂的名字，見於「曇隱傳」的附錄，只說：「時有持律沙門道樂者，行解相兼，物望同美。」又說：「故鄴中語曰：『律宗明略，唯有隱樂。』」（《大正藏》五十．六〇八頁下）至於道樂是出自何人門下，僧傳未有明載。上面列表，僅是大概而已。

《四分律》，在道宣律師的同時，共有三派，那就是：

（一）南山道宣。

（二）相部法礪。

（三）東塔懷素。

法礪律師，出於洪淵的門下，道宣曾求學於法礪的門下，懷素則曾求學於法礪及道宣的門下，但因他們的見解不同，所以分為三派。他們主要不同處是根據問題：

道宣依於大乘的唯識。

法礪依於小乘的成實。

懷素依於小乘的俱舍。

他們三派，各有很多的弟子，也各有很多的著述，但以南山一宗最極殊勝，尤其南山律，通於大、小乘，特別受到大乘根器的中國人所歡迎，所以歷久不衰，降至南宋，才算告一段落。

道宣律師有名的弟子，有：大慈、文綱、名恪、周秀、靈崿、融濟，及新羅的智仁等。弘景、道岸、懷素，也是道宣的受戒弟子。

文綱的弟子有道岸、淮南等。

道岸的弟子有行超、玄儼等。

但在律統的系列上，是以周秀為南山的第二祖，他們的系統是這樣的：

周秀以下有道恆—省躬—慧正—玄暢—元表—守言—元解—法榮—處恆—擇悟—允堪—擇其—元照—智交（或立道標）—准一—法政—法久—妙蓮—行居等，共為二十一祖。再往以下，就入元朝，律宗衰廢，傳承不明了。

這是南山律宗的一脈相傳，到元解之後，即入宋代；到元照之際，已是南宋時期了。自道宣以下，解南山律者，共有六十餘家，撰述達數千卷之多，其中以錢塘靈芝寺的元照律師，最為大盛。但是南山一宗傳到靈芝元照時，又分成兩派了：

（一）錢塘昭慶寺的允堪。

（二）錢塘靈芝寺的元照。

這兩派，以靈芝的影響最大。

到了元代蒙人入主中國以後，中國的佛教，已經到了強弩之末的時期，律宗更是寂寞得可憐了；通《四分律》的，可記者僅是京城大普慶寺的法聞而已。同時由於南宋以後的禪宗，曾經一度盛行，故對唐、宋之間的諸家律學撰述，既然無人問津，也就散失殆盡。

到了明朝末葉，弘律的大德，又相繼而起，比如蓮池、蕅益、弘贊、元賢等，均有律學的著述存世；約與蓮池大師同時的，另有如馨古心律師，專弘戒法，如馨的門下有性相、永海、寂光、澄芳、性祇等；在寂光（三昧）律師以下，著名的弟子有香雪及見月（讀體）二人。

但自香雪及見月之後，清朝二百幾十年，律宗的門庭，除了徒有其表的傳戒燒疤、跪拜起立等形式之外，已經沒有真正弘律的人了！晚近則有弘一、慈舟兩位大師弘律而已！（燒疤是晚近中國佛教的陋習，與受戒根本沒有關係，請注意！）

事實上，自南宋之後，由於律書的散失不見，明末諸大德雖想弘律，仍是續接不上古德的典型或氣運，更加說不上媲美於唐、宋的成就了。說來，我們是很幸運的，因為，以前散失的律書，日本多還保存著哩！今後，當有一番新的弘律的氣象出現了，但願真能出現這一弘律氣象。

第五節　弘揚戒律的困難

弘揚戒律，我們雖希望它能夠出現新的氣象，然從歷史上看，卻是不太樂觀的；因為，一部中國佛教史，關於弘揚戒律的記載，在比例上的分量是那樣地輕。

我們檢討一下，戒律既為佛法的根本，為什麼在中國的佛教圈中，對它不感興趣？本來，戒律之在佛教，亦如法律之在國家，一個國家，如果廢棄法律的效用，這一國家的社會，將會發生不堪想像的恐怖與黑暗；佛教如無戒律的維繫，佛子的墮落與僧團的腐敗，也是意料中事。中國佛教雖不如律而行，仍能延續至今者，因為佛教的經論之中，處處都有戒律的強調，比如《大智度論》、《瑜伽師地論》、《大涅槃經》、《華嚴經》、《法華經》、《楞嚴經》、《遺教經》等等。所以中國佛教雖不嚴於律制的遵守，但卻沒有違背戒律的重要原則，這是值得慶幸的事。但也正因中國佛教未能確切地如律而行，所以中國佛教的狀態，也在每況愈下之中。本來，佛教的根本精神是依法不依人的，只要依照律制而行，佛法自可歷久常新。然在中國的佛教，歷代以來，往往是依人不依法的，如能出現幾位大祖師，大家都向祖師看齊，以祖師做為佛教的中心，向祖師團結，佛教便興；如果數十年乃至數百年間，沒有一個祖師出現，佛教也就跟著衰微下去！佛教本以佛法為中心，中國的佛教，卻以祖師為重心，所以佛教史上的局面，總是起落盛衰不定，無法求得永久地平穩。

我們如要挽救這一缺失，唯有從建立戒律制度上著手，但是中國佛教的環境及其背景，對於弘揚戒律，卻有太多困難，過去如此，今後還是如此。現在分析如下：

（一）律本太多，綜合不易：傳來中國的戒律，共有四律五論之多，其中各部廣律的制戒因緣以及戒相條文，相差不了多少，但其律論對於條文的解釋，各彰本部的宗義，互異的就多了；有的要求很嚴，有的要求頗輕，如果逐部看了之後，即使自以為是，也無法肯定已經是到什麼程度。因此，南山道宣律師，沒有見過新譯《有部律》的律文，他的好多觀點是相左於新譯《有部律》的。《有部律》雖後出，但以義淨三藏留學印度二十多年，遍考當時的印度律制，並作《南海寄歸內法傳》以用說明，他的觀點可能要比南山較為正確，唯其如今若以《有部律》而謗南山，又覺得尚有未可。再如明末清初的蕅益、見月諸師，因其未能遍獲南山以下的唐、宋律著，雖然宗依南山，仍然未能盡合南山的觀點。今人如要治律弘律，首先必須衝破此一難關。

（二）戒相繁複，不易明記：大家知道，佛法之中，以唯識宗的名相最多，最難一一明記，殊不知律宗也有如此的困難存在。大家知道戒律最少的是五條——五戒，最多的是三百四十八條——比丘尼戒。但此僅是條文而已，正像一個僅僅熟背憲法條文的人，並不即能成為憲法學專家。因為差不多在每一條的戒相之中，都有開、遮、持、犯的分別；同時，開、遮、持、犯，各各亦皆有輕重等級；同樣犯一條戒，由於動機、方法、結果等的不同，犯罪的輕重，及懺罪的方式，也隨著不同。戒律的條文固然是戒，凡不在條文中而仍違反了佛法原則的，也都算是犯戒。犯的是什麼戒？應當怎麼辦？這些都該瞭如指掌，始得稱為通曉戒律。尤其是一個比丘，不以知曉比丘戒的犯相輕重及懺悔方式就算了事，還應通曉大、小乘的一切戒律，才算是明白戒律。所以研究戒律，首先必須付出耐心和苦心，從枯燥的戒相名目之中，培養出持戒的精神與弘戒的悲願來。

（三）學戒弘戒，必須持戒：一個學戒弘戒的人，雖然不必事事如律而行，最少該是個戒律的忠實信徒，他雖未必持律謹嚴，至少是個嚮往著如律而行的人。否則他的弘律事業，也就難收到理想的效果了。

學禪的可以不拘小節，學律的事事都得謹慎。學教講經的法師，可以大座說法，可以廣收徒眾，可以名利雙收；持戒弘戒的律師，沒有大規模的僧團，講戒不必登大座，或有大叢林下，卻又未必歡迎你去講戒，學戒持戒的人，絕對不敢濫收徒眾，否則即是犯戒。因此，若要立志弘戒，必須先要準備甘於寂寞。當然，如能弘戒成功，影響所及，風吹草偃之時，這些問題，也就不成問題了。但是身為一個弘戒的人，他的生活必定要比一般比丘更為刻苦，他的資身用物，不敢過好，也不敢過多，否則便是犯戒。是以，如想發心弘戒，首先要有不怕吃苦的精神。

（四）中國環境，不崇律制：因為中國的佛教，尤其是南宋以來，根本喪失了崇尚律制的習慣，所以我們要在這不崇尚律制的環境下去弘揚戒律將會有很大的障礙，因為多數人不崇尚律制，也就討厭崇尚律制的人，唯恐會以律制的理由去約束他們或抨擊他們，使得他們無法安心。我曾聽人說過，因為弘一大師弘律，所以很多地方就不太歡迎他，甚至有人把他看成怪物。其實，大家都是怪物而不自知，反把非怪物者當成了怪物。試問出家的比丘，不過比丘的生活，不以為怪，反將一個過比丘生活的比丘，看成怪物，豈不怪得出奇！但是，無論如何說法，在此不崇尚律制的環境中，固有弘揚戒律的自由，也有反對弘揚戒律的自由！不便明謗，卻不能取消他人不予合作的自由！是故明末的蕅益弘戒，數講數停，最多的聽眾，也不出十餘人；近代的弘一弘戒，起初數度不如願，後來即以「不立名目，不收經費，不集多眾，不定地址」為其弘律的方案。

（五）律文刻板，時代變更：戒律的條文是死的，社會的演變是活的。要以死板板的條文，硬生生地加在每一時代的每一個佛弟子頭上，實在是一件困難的事，也是一件不合理的事。但在佛陀入滅之後，迦葉尊者曾經提出這樣的原則：「佛所不制，不應妄制，若已制，不得有違。」（《大正藏》二十二・一九一頁中）因此，歷代的許多大德，都不敢賦戒律予靈活適應的生命，而以印度人的觀念來規範中國人，以隋、唐時代的觀念來規範現代人，寧可讓戒律廢棄一邊，也不願使其作時代潮流的適應。所以很多人以為持戒乃是迂腐落伍的行為。事實上，如果真的全部遵照條文而行，確也有一些問題。因為《五分律》卷二十二中有如此的說明：「佛言：……雖是我所制，而於餘方不以為清淨者，皆不應用；雖非我所制，而於餘方必應行者，皆不得不行。」（《大正藏》二十二・一五三頁上）可知佛的戒律，並不刻板，只要不違背律制的原則，即可隨方應用，自也可以隨著時代的潮流而應用，唯其如何隨方隨時應用者，必須熟習戒律之後，方可靈活圓融，方可不違律制的原則。時代有新舊，律制的精神則是歷久而常新的，不能泥古不化，更不能因噎廢食。但此卻是弘揚戒律的一大暗礁！

以上五點，都是戒律不弘的主要因素，可是我們不能因了困難、因了障礙，便將弘揚戒律的任務停頓下來。有了困難，便應找出困難的原因所在，既然找出了困難的原因所在，就該設法解決，當克服的克服，當疏導的疏導，以期群策群力，弘揚戒律。

第六節　培養學律的風氣

要想今後的中國佛教，有穩定性，有組織體，有團結力，必須積極於律制的推行；要想中國的僧團，有統一性，有制裁權，有活動力，必須推行律制的教育；要想佛教徒們，層層相因，彼此節制，保持身心的清淨，達於離欲之境，必須教育大家，使得人人受戒學戒並且持戒。

弘揚戒律的工作，立基於大家的受戒學戒與持戒之上。不先受戒，則不能學戒；若不學戒持戒，也就無戒可弘。所以佛制規定，新出家的比丘，最初五夏，必先依止學律；若不能夠知解戒律的持犯輕重，便不得離師，便不許為人之師。

目前，要想學律，困難還是很多的，除了沒有理想的道場供人學習，也沒有充分的律書供人閱讀，有許多的律疏律鈔，多在《卍續藏經》之中，因為國內沒有翻印《卍續藏經》，也未能使那些律書單印流通，要想借閱也是不太容易辦到。

（案：《卍續藏經》，已於一九七一年臺、港佛界合作翻印完畢）

根據弘一大師的意見，認為能將他所編的《四分律比丘戒相表記》，及道宣律師的《四分律含注戒本》與《四分律刪補隨機羯磨》，一共三部書研究完畢，便可了知一個律學的大綱。但那僅僅是《四分律》而已，其他各部，仍然無從了解。

因此，我總覺得，我們還缺少一部戒律學的入門書籍，所謂入門書籍，那該是一般性的，通俗性的，同時也應該是時代性的與實用性的；這是我寫本書的動機。可惜，我的才淺力絀，尤其我也不是能將戒律精神從我的生活中全部表達出來的人，寫來總是力不從心；何況我所讀的律典，也是極其有限。所以，本書雖然名為《戒律學綱要》，實則，僅是我在兩年多中學習戒律的一點心得而已。

第二篇

信佛學佛的開始

——皈依三寶

第一章　三寶及皈依

第一節　為何要皈依三寶

我們相信，在所有的佛教徒中，大部分是沒有皈依過的；因為，皈依了三寶的人，固然會燒香拜佛，但會燒香拜佛的人，則未必已曾受過三皈的儀式。雖然未曾皈依三寶，他們卻依然自稱是佛教的信徒，我們自也不必否認他們的信仰。

有人主張：信佛只要心誠，何必一定要皈依？這種觀念，乍聽似有道理，實則不合要求。比如學生求學，首先要辦註冊的手續，否則的話，校中不會有其學籍，即使勉強旁聽，也不會得到學歷的文憑。一個正常情況下的學生，必定是按照學年學程，而逐級晉升的：最初進小學，先註冊，進中學與大學，除了註冊，還得舉行考試，看其是否有此求學的能力，但是不進小學便想取得大學文憑，乃至取得博士的學位，那是不可能的。因此，如要信佛，應從皈依三寶著手，皈依三寶雖為進入佛門的第一步，但如不走第一步，豈能走出第二、第三步來？要走第二、第三步，必定先從第一步開始。佛弟子的等第，是以所受戒別的層次而定：皈依三寶，是最先的基層；往上還有五戒、八戒、十戒、比丘比丘尼戒、菩薩戒，一切戒皆以皈依三寶為根本。皈依三寶既是入佛信佛的第一步，佛教不捨一切眾生，故對請求皈依者的尺度，放得特別寬大：六道眾生，除了地獄之中的受苦太大、太多，無暇皈依三寶之外，其餘的不論人、天、神、鬼、畜，只要發心皈依，佛教無不接受，這也正像凡是學齡已屆的兒童，不論貧富貴賤、智愚俊醜，不假入學的甄別，一律可以進入國民小學就讀。如要再進一步，就要講求資質的揀擇了。

還有人以為自己已有看經的能力，自己可以直接向佛經之中，探求他們的成佛之道，所以不必皈依，同樣可以得到學佛的受用。這在理上說，似乎可以通融，但從事相的規制上說，那就錯誤了。佛經是由佛陀所說（也有是出於佛的弟子們所說），再由佛的出家弟子們結集成編，傳之後世；如說只知佛經而忽略了說法的佛寶，以及流傳法寶的僧寶，充其量，只是皈依了法寶，這是忘恩的行為！佛教雖以法寶為主，解脫之道皆由法寶之中流出，但是法寶的產生，必須佛寶與僧寶為之完成，所以三寶是不能分開的。

如果講到制度或規式，信佛而不皈依三寶，等同一個愛好中國風土文物的外國人，跑到中國居住下來，並不申請變更其原有國籍的登記，便自稱為他是中國的國民，他或可能受到中國人的歡迎，但他終究不是中國人，他可以盡其中國國民的義務，但終不能享受中國國民的權益。同樣地，一個不受皈依而又自稱是佛教徒的人，他雖或可得到一些佛法的好處，但終不能獲得身分上的印證。這不是多餘的執著，乃是必須的手續。故在佛經中說，世人雖然行善，終不能滅除先世的惡業，若能受了三皈依戒，便能滅除先世的惡業。

受皈依，既是形式上的問題，更是心性上的問題。受皈依時，不僅口中念著，身體拜著，心裡還得想著。主要還是在於心的領受——納受三皈戒體，戒體須由已先受了三皈戒的人，師師相傳，這是法統的一脈相承，在凡夫而言，不能無師自證，所以三皈依，不得在佛菩薩像前自誓自受。由此可知，求受三皈依的莊嚴性和重要性了。

如說，不受三皈依，便想成為一個正信的佛教徒，那是不可能的事；如果只信佛法，而不禮僧寶，他根本先就違背了佛法。佛法之中，三寶不能分家，強予三寶分家，他便破壞了佛法，一個違背佛法而又破壞佛法的人，仍能得到學佛的善果，那是永遠不會有的事。否則，既然信奉三寶，何不皈依三寶呢？

另有些人，尚未信佛，但對佛教頗有好感，他們卻不願意馬上皈依三寶，他們唯恐皈依之後，會受到約束，或者皈依之後會無法擺脫，所以他們存著觀望的態度，他們把皈依的意義，看同男女之間的婚姻一樣，未到有了相當的認識之時，不敢貿然婚嫁，否則，如果彼此的性格不合，興趣不投，難免造成終身的痛苦！其實，皈依三寶、男女間的婚姻問題，完全是兩種性質的兩回事。比如我們要學任何一種技藝，無不需要投師請益，如其不然，便難成為第一流的專家。投師的好處，是在承受老師的所學與所長，老師也是承受於老師的老師，甚至累積數百千年的經驗於老師之身，我們投師學習，也就繼承了數百千年的寶貴經驗。但是學了一種技藝之後，我們未嘗不可學而不用，即使在學習期間，感到與自己的興趣相左，也未嘗不可立即輟學；學成之後，固可不妨追隨老師以至終身，但也何嘗不能離開老師而獨立門戶？至於皈依三寶，也與投師學藝相似，要想多懂一些佛法，應從皈依三寶著手，如果僅僅觀望，終究是站在門外，想在門外多懂一些佛理，那是打妄想。佛門不是牢籠，而是解脫大道，皈依之後，如會受到約束，佛門也就不能稱為解脫之道了。佛教固然希望人人皈依三寶，並自皈依開始，一直走向成佛之道，但如由於根機的差別，不能接受佛法的勝義，不能如法遵行者，皈依之後，是許可去信其他宗教，或者不再信任何宗教；而難得的是出離佛門之後，佛教的慈悲之門，仍然永遠開著，隨時歡迎浪子的回頭。

因此，我要奉勸一切的世人，都來皈依三寶，無論你已信了佛教，或者準備來信佛教，或者站在佛教的門外觀望，乃至你已是一個其他宗教的信徒。不妨請你暫時放下你的成見或原有的信仰，試著來皈依三寶，你將必能得到實益，並也不會失去你的自由。如真的皈依三寶之後，除非有魔障遮心，否則是不會退出三寶之門。

第二節　什麼是皈依三寶

皈依兩字，從字面上解釋，皈是回轉，或是歸投，依是依靠，或是信賴，凡是回轉依靠，或歸投信賴的行為，都可稱為皈依，所以皈依兩字，也不是佛教之所專用。

小孩子，歸投向他母親的懷抱，依靠母親、信賴母親，所以能有安全之感，這一安全感的產生，便是出於皈依的力量。因此，凡是由於歸投信賴而能產生安全感的行為，均可稱之為皈依。

準此而言，兒女信賴父母、學生信賴老師、企業家信賴預算、下屬信賴長官、宿命論者信賴命運，乃至獨夫信賴武力、政客信賴謀略、貪夫信賴財產等等，皆有著或多或少的皈依的成分。換句話說：凡是由信仰而能產生力量的事理，均可列入皈依之群。是以信仰佛教，固可稱為皈依，信仰其他的宗教，乃至是妖神鬼怪的信仰、崇拜、奉祀，都可稱為皈依了。

不過，講到皈依的真義，凡是不究竟、不著實、不可靠的信賴與信仰，均不得稱為真皈依。比如有了大水災，人可攀上樹顛，爬上屋頂，走上小丘，但是水勢大了，風浪急了，水位漲了，樹會倒，屋會塌，小丘會淹沒，所以，在這樣的情況與環境下，如果附近有一座高山，大家是否應該登上高山呢？相信除非他是白癡，否則絕不會放棄此一求生的機會。因為高山所能產生的安全效果，遠非樹木、屋頂與小丘所能相比呀！

那麼，凡是能夠認清世事無常的人，能夠明白一切世相皆由對待相因而成的人，他就能夠了解：父母、老師、預算、長官、命運，乃至武力、謀略、財產等等，雖可產生暫時的安全效果，但終不能絕對可靠與永久可靠；父母會死、老師的知識會落伍、預算會超額、長官會調動、命運靠不住，至於武力、謀略與財產，更是如幻如煙了。今日的南面之王，可能就是明日的階下之囚；今日的百萬富翁，可能也是明日的陋巷之丐。

至於信仰其他的宗教，可以生天，但卻未必由於信仰而決定生天。比如基督教，信者可能得救，但也未必得救，上帝不寵愛的，任你信得如何懇切，也不會成為天國的選民。再說，在佛教的層次上看，佛教以外的一切宗教，即使是最高級的宗教，他們的最高理想，總不會超出生天的範圍。天在佛教之中，即使生到最上最高的天界，仍在生死輪迴之中。天上的壽命雖較人間為長，但亦有其限度，天福享盡，死後還墮，故其終非可靠的皈依之處。唯有皈依佛教，才能使人漸漸地走上離苦得樂的究竟解脫之道。佛教的總體，便是佛、法、僧三寶。

實際上，皈依的傾向，固應先由皈依身外的三寶開始，歸投三寶，依賴三寶的啟發與指引，走向大涅槃城的大解脫道。但當走進了涅槃（解脫）之城，自身的當下，也就是理體的三寶了。一切眾生皆有佛性，由於業障的迷惑，所以不見佛性，我們皈依三寶的目的，正是在於尋求佛性的顯現。我們本來與佛一樣，本來就與三寶同在，只緣迷失本性，流浪生死道中，不知回家之路，所以名為眾生！我們若能即日開始，回歸投向三寶的懷抱，實即浪子回頭，步返原來的老家而已。因此，唯有走向回家的道路，才能算是真正的皈依。只可供人暫時歇腳的處所，絕對不足我人去死心塌地地皈依，否則便像騎著泥牛過河，剛下水時，或可有些安全的錯覺，一經下水，泥牛自身難保，豈能供人做為渡河的工具呢？

什麼叫作三寶？佛、法、僧，何得稱之為寶？這是很要緊的。一個人要想信佛，必須先來皈依三寶，但在皈依之前，又必須先要了解三寶的大意，否則，莫名其妙地皈依，便不得稱為真正的皈依。正像我們投考大學而在大學之中求學，如果不知那所大學的名稱是什麼，那便成為笑話。但是，我們不用諱言，今日的三寶弟子之中，接受皈依之時，未必已經明白了三寶的大意，皈依師們也未必開示過三寶的大意。說起來，這是可恥的！

三寶就是佛、法、僧，因為在佛、法、僧中，能夠產生無量的功德，發揮無盡的妙用，並且取之不盡，用之不竭，無極無限，無邊無際。世間以金銀珠寶的價值高，功用大，所以稱之為寶；佛法與僧的功德妙用，乃是通於世出世間的，所以更可稱之為寶了。由於三寶的化導，可以使人平安地在人間生活，更可使人在人間離苦得樂。所以三寶是寶，並且是超出於眾寶之上的眾寶之寶。

三寶的種類，古來有很多種的分別法，從大體上說，不外由於事相和理體的不同。現且分為兩大類：

（一）從事相上說，有住持三寶與化相三寶。

（二）從理體上說，有一體三寶與理體三寶。

未解釋三寶的種類之先，首應知道三寶的涵義：佛是覺者，自覺、覺他、覺滿；法是法則，有軌範使人理解與任持自性不失之能；僧是和合眾，於事於理和合相處。

所謂住持三寶：1.凡用玉琢、石刻、金鑄、銅燒、泥塑、木雕、油漆、墨畫、絹繡、紙繪的佛像，便是佛寶；2.凡是三藏經典，或古今大德的佛教著述，便是法寶；3.凡是剃頭染衣的比丘比丘尼，便是僧寶。因為佛陀入滅之後的佛教，端靠這一類的三寶，為之延續佛法的慧命，保持佛教的精神，傳布佛教的教義，所以稱為住持三寶。

所謂化相三寶：1.釋迦牟尼在印度成道而至入滅的階段中，釋迦便是佛寶；2.佛陀當時向弟子們所說的種種教示，如四聖諦、八正道、十二因緣等等的道理，便是法寶；3.當時隨佛出家的凡聖弟子，便是僧寶。這是唯有佛陀住世應化之際才有的相狀，所以稱為化相三寶。

所謂一體三寶：即是佛、法、僧三寶之中，各各皆具三寶的功德：1.佛有覺照之能，所以是佛寶；佛能說法，於法自在，故有軌持之能，所以是法寶；佛無違諍之過，所以是僧寶。2.法的本體，具有能生諸佛之性，所以是佛寶；法的本身，就有軌持的功能，所以是法寶；法法平等，互不相妨，所以是僧寶。3.僧有觀照之智者，為佛寶；僧有軌持之用者，是法寶；僧為和合之體者，是僧寶。

所謂理體三寶：是說一切眾生，各各本具之三寶，這有兩類：1.從修證上說，凡夫皆以「惑、業、苦」而流轉生死，若能翻迷成悟，惑即成為般若，業即成為解脫，苦即成為法身；般若為佛寶，解脫為法寶，法身為僧寶。2.從理體（真如）上說，能觀之理為佛寶，所觀之事為法寶，事理一如為僧寶。

其實，三寶雖分四類，只有兩種性質：不出事理的兩面。事相的三寶，是現實的，所以也是比較易懂的。理體的三寶，是抽象的，所以不太容易懂得，除非已經開悟，已經證得了自性真如，否則總是感到陌生的，但此卻是我人的究竟皈依處。為使讀者更易了解起見，抄錄一段印順法師對此的解釋如下，以供參考：

「論究到真實的皈依處，是『三寶』的真實功『德』，這在古來，又有好多分別，現在略說二類：1.佛的無漏功德是佛寶：依聲聞來說，是五分法身（聖嚴案：戒、定、慧、解脫、解脫知見，為佛的五分法身）；依大乘說，是無上（四智）菩提所攝的一切無漏功德。正法或涅槃，是法寶。有學無學的無漏功德是僧寶：依聲聞說，即是四雙八輩（聖嚴案：小乘的四向四果，合稱為四雙八輩）的無漏功德；依大乘說，是菩薩，攝得聲聞、辟支佛的無漏功德。2.大乘教所說：究竟圓滿所顯的最清淨法界（攝得體相業用），是佛寶。少分顯現清淨法界的，是僧寶。遍十法界而不增不減，無二無別的法界（或名真如、實相等），是法寶。平常所說的一體三寶、理體三寶、常住三寶，都不過此一意義的不同解說。」（《成佛之道》二十九頁）

我們看了這段文字，如果沒有一點佛學的基礎，還是不懂的；不過我們終究還是凡夫，能夠理解理體三寶的，當然很好，如果不能理解，那麼只信事相的三寶，信到某一階段之後，理體三寶也就自然顯現了，正像我們尚未到過太空旅行之前，對於太空的景象，任便太空人如何做詳細的報告，我們所知，總是隔閡，乃至失真的，唯有親至太空旅行一番，才能明明白白。所以，我們凡夫能信仰住持三寶，已經夠了。但是，我們應該明白：沒有住持三寶，無以顯現理體三寶；沒有理體三寶，住持三寶也無以安立；住持三寶是理體三寶的大用，理體三寶是住持三寶的全體。信仰佛教，應從信仰住持三寶開始，信仰住持三寶的目的，乃在追求理體三寶的顯現（發明）。今有在家的佛弟子，自己未證理體三寶，便以只信理體三寶為理由，而不敬住持三寶的，那是本末倒置，求升反墮的行為了！

我們凡夫所能見到的，只有事相的三寶，事相中的化相三寶，只在佛陀住世時才有，佛滅之後，僅有住持三寶。然在三寶之中，雖以佛為最尊最貴，法為最高最勝，卻以僧的地位最重最要。佛陀入滅之後，佛教的道場，要由僧寶來住持，佛教的經典，要由僧寶來保存，佛教的文化，要由僧寶來傳播，佛教的信徒，要由僧寶來接引。因此，佛陀在世時，佛教以佛為軸心，佛陀入滅後，佛教則以僧寶為重心，所以今世而言信仰佛教，應以僧寶為皈依；恭敬三寶，也應以僧寶為著眼。僧人之中，固有龍蛇混雜，我人皈依，不妨擇善而從，但於恭敬供養之心，則應一律平等。佛經中說，雖是破戒比丘，仍足為人天之師，所以不得分別高低，更不得妄加批評。

至於皈依三寶，前面說過，乃是信佛學佛的根基，但在踏上根基，走進佛門之後，並不能拋棄了根基，而是由此根基之上，逐漸升高，逐漸擴大。級級升高，層層擴大，三皈依，便是此一道業建築的磐石，所以，皈依三寶的種類，共有五等：

（一）翻邪三皈——最初進入佛門。
（二）五戒三皈——信佛之後加受五戒。
（三）八戒三皈——六齋日受持八關戒齋。
（四）十戒三皈——沙彌（尼）受十戒。
（五）具足戒三皈——比丘（尼）稟受大戒。

因為，凡是受戒，必有三皈。最初入佛，固須三皈；加受五戒、八戒、十戒，皆以三皈為得戒而納受戒體，式叉摩尼戒、比丘比丘尼戒，雖以羯磨法受戒，但在受戒之中，沒有不行三皈依的。另有受大乘菩薩戒者，在懺悔與發願之前，也必先受三皈。因此，雖說三皈不是戒，卻是一切戒之根本（其實三皈之中含有戒義）。

三皈依不但是一切戒的根本，也是佛教徒日常修持中的根本，寺院中的朝暮課誦，皆有三皈，一切佛事的終結，也都應以三皈為宗本。故在小乘佛教的地區，他們把三皈看得特別重要，以唱三皈做為行持，也以唱三皈為人祝願。

第二章　皈依三寶的方法與利益

第一節　如何皈依三寶

我們既已明白了皈依三寶的概念之後，就應該來皈依三寶了。

至於皈依三寶的儀節，在佛陀的當世，因為受皈者的根器厚，所以也用不著什麼儀節。比如釋迦世尊的第一個三皈弟子，耶輸伽的父親，在佛前如此說：「我今皈依佛、皈依法、皈依僧，唯願世尊聽為優婆塞。」這樣一說，便算受了三皈依。

照實際而言，佛在未度五比丘之前，世上還沒有比丘僧寶，佛為兩個商人及龍王授皈依，即唱三寶，要他們皈依未來僧。可知三寶是一體，皈依佛、皈依法，而不皈依僧，便不成其為皈依。

皈依三寶的詞句，實在是很簡單的，但在皈依之前最好先能念熟，向來受皈依的人，都是在皈依之時，由皈依師念一句跟一句，有的人由於皈依師口齒不清或由於自己心情緊張，皈依之後竟還不知道皈依詞的內容是什麼，按理說，那樣的皈依是不成其為皈依的。

皈依詞共為三皈三結，現在照抄如下：

我某甲（法名或本名均可），盡形壽皈依佛，盡形壽皈依法，盡形壽皈依僧。（說三遍之後）皈依佛竟，皈依法竟，皈依僧竟。（也說三遍）

前面三皈說三遍，便是三皈依戒的正授，後面的則為三皈的三結。皈依的緊要關頭，便在三說三皈的正授之時，納受三皈依的無作戒體，也就在此正授之際。最好能於正授三皈之時，作一種觀想：說第一遍三皈依文的時候，由於自己的發心功德，感得十方大地震動，並有功德之雲，從十方地面冉冉上升；說第二遍三皈依文的時候，十方湧起的功德之雲，徐徐匯集於自己的頭頂上空，結成華蓋之狀；說第三遍皈依文的時候，此一雲集的華蓋，即成漏斗之狀，緩緩下注於自己的頂門之內，遍滿於全身，並由身內擴展出去，使自己的身心，隨著功德雲的擴展瀰蓋，而充塞於十方世界——到此為止，自己納受了三皈的戒體，自己的身心，也跟戒體的功德一樣，與宇宙同等體量了。試想，如此的皈依，該是何等的神聖和莊嚴啊！

如果不能做如此的觀想，最低限度，也得將皈依詞聽得明明白白，說得清清楚楚，這是絕對不能馬虎的，所以弘一大師曾經說過一段非常懇切的話，現在抄錄如下：

「無論出家在家之人，若受三皈時，最重要點有二：第一，要注意皈依三寶是何意義。第二，當受三皈時，師父所說應當十分明白，或師父所講的話，全是文言不能了解，如是絕不能得三皈；或隔離太遠，聽不明白，亦不得三皈；或雖能聽到大致了解，其中尚有一二懷疑處，亦不得三皈。又正授之時，即是『皈依佛、皈依法、皈依僧』三說，此最要緊，應十分注意；以後之皈依佛竟、皈依法竟、皈依僧竟，是名三結，無關緊要；所以諸位發心受戒，應先了知三皈意義。又當正授時，要在『皈依佛』等三語注意，乃可得三皈。」（《律學要略》）

以此可見，三皈雖然簡單，要想如實得到三皈的戒體，卻也並不容易。我們相信，準此而論，如今有許多的三皈弟子，是沒有得到三皈的，如果自知沒有得到三皈，不妨請求各自的皈依本師或另請他人，重新增授一次。這在集體數十人或數百、數千人的大規模皈依儀式中，是最不可靠的，唯其種種善根而已。

從宗教情緒的養成和培植上說，受戒的儀式愈隆重，愈能激發虔誠之心，受戒的要求愈嚴格，愈能使人生起神聖莊嚴之感。求受三皈，本來只要請求一位皈依師，在佛前三說三結便可。為了鄭重其事起見，明末南京寶華山的見月律師，編了一部《三皈五戒正範》，那是比照菩薩戒乃至具足戒的傳授儀則編寫的，這本書直到現今，仍在流通，並且仍為大多數的皈依師們做為藍本。

在〈三皈正範〉中，共有八個項目：

（一）敷座請師——由受皈依者為師敷設法座，列供香花，燈燭整齊，再去禮請皈依師陞座。

（二）開導——開示三皈依的意義。

（三）請聖——迎請十方三寶，證明受皈，以及護法龍天，監壇護戒。

（四）懺悔——懺悔往昔業障，以求身、口、意的三業清淨，之後，納受無雜無染的三皈戒體。

（五）受皈——三皈三結，並發三誓。

（六）發願——發無上菩提之心，願度一切眾生。

（七）顯益勸囑——說明三皈的功德殊勝，並囑依教奉行。

（八）迴向——將此受皈的功德，迴向給一切沉溺的眾生，速脫生死，早生佛土。

說起來，受三皈依，唯有如此，才算鄭重其事而圓滿究竟。唯此〈三皈正範〉，以目前來說，也不切於實用，因為其中所用的文字，皆是文言，雖然行文典麗高雅，如果皈依師食古不化，陞座說皈依時，照本宣讀，那對受皈依的人是無法吸收的，既然無法吸收，也就不得皈依了。所以弘一大師對此，也有批評：

「寶華山見月律師所編《三皈五戒正範》，所有開示多用駢體文，聞者若不能了解，等於虛文而已；最好請師譯成白話。」（《律學要略》）

若就實用而言，在〈三皈正範〉所列的八個項目之中，簡直可說是缺一不可的。比丘不得站立著為白衣說法，所以要敷座；示知三寶的意義，所以要開導；皈依師代表三寶為人授皈依，故應請聖；為求重新做人，故應懺除前愆；三皈三結與三誓，是受皈的重心，故為在所必行；三皈共分三品，發心自度度人者為上品，只顧自脫生死者為中品，只求不墮三塗而仍生在人天者為下品，所以勸導發心，也是必要的；為增精進之心與堅固之志，顯益勸囑，也是應該的；為了養成不自私的慈悲襟懷，功德迴向一切眾生，也是對的。

在此我想指出一點：原始佛教，沒有大、小乘的區別，但卻偏於小乘型態的。所以在律中的三皈，非常簡單，除了三皈依詞，沒有其他。佛教到了中國，一切滙歸大乘，一切戒，都比照大乘來受持，故又另外增加好多項目，但是這種增加，都是好的，並非壞的。今日如果不以最初的三皈，為大乘行門，自也可以不用發願及迴向等項目了。

如果受了時間與環境的限制，也不妨將三皈的儀節簡化。現在，我且試擬一個簡式如下：

皈依師禮佛坐定之後，受皈依者雙膝長跪，兩手合掌，皈依師略為開示皈依三寶的意義之後，即教受皈依者念〈懺悔偈〉：

「往昔所造諸惡業，皆由無始貪瞋癡；

從身語意之所生，今對佛前求懺悔。」

念三遍，每遍就地一拜。接著便是三皈依的正授與三結：

「我某甲，盡形壽皈依佛，盡形壽皈依法，盡形壽皈依僧。」

念三遍，每遍就地一拜，再念：

「我某甲，皈依佛竟，寧捨身命，終不皈依天魔外道。

我某甲，皈依法竟，寧捨身命，終不皈依外道邪說。

我某甲，皈依僧竟，寧捨身命，終不皈依外道徒眾。」

念三遍，每遍就地一拜之後，教發〈四弘誓願〉：

「我某甲，眾生無邊誓願度。

我某甲，煩惱無盡誓願斷。

我某甲，法門無量誓願學。

我某甲，佛道無上誓願成。」

念三遍，每遍就地一拜。皈依師略示皈依的功德，並策勉依教奉行，即教念〈迴向偈〉：

「皈依功德殊勝行，無邊勝福皆迴向，

普願沉溺諸眾生，速往諸佛淨樂土。

十方三世一切佛，諸尊菩薩摩訶薩，

摩訶般若波羅蜜。」

至此皈依功德圓滿，皈依師下座禮佛之後，受皈依者，禮謝皈依師，普通三拜，實則禮佛禮僧，但有一拜即可。

以上所擬的簡式皈依，不必唱，但能念得字字分明，使得受皈依者，能夠領受即可。

其中應該明白的，是三皈三結下面的三誓：「不皈依天魔外道」，「不皈依外道邪說」，「不皈依外道徒眾」。由此三誓的建立，三皈也就有了戒的性質和作用了。這不是佛教的排他性，而是因為外道——佛教以外的一切宗教學說，雖或有其部分的道理，但那皆是不究竟的，佛是福慧具足的大覺者，所以皈依了佛，不必再皈依天魔外道；法是一切智慧的寶藏，皈依奉行，必能離去（欲）苦而得安樂，所以不必再皈依外道的邪說；僧是最能傳授清淨之道的人天師表，所以不必再皈依外道的徒眾。此三誓的目的，是防止已經進入正道的人，再去誤入歧路而立的。至於受了三皈依之後，如果為了維護家宅、財物、國土、人民，及其生命的安全，而去祀神祭鬼與禮天拜神，只要不存皈依之心，仍可不失皈依，若存皈依之心，便失皈依。再說到戒的問題，皈依了三寶之後，的確有一些應該戒禁的事項。上品皈依者，三寶諸戒，自然具足；即使下品皈依者，也應只食五種淨肉（不疑為我殺、不見殺、不聞殺、自死、鳥獸食殘），並且不得做屠業、酒業、淫業、賭業等的作惡行業，每年的正、五、九月，每月的六齋日（初八、十四、十五、二十三，及月底最後兩日），要持戒齋。若能如此，則在當來彌勒佛的初會之中，便可得到解脫。

皈依三寶，另有一個非常要緊的觀念，必須明白：我們皈依三寶之後，即是皈依了十方三世的一切三寶，所以在〈迴向偈〉之下，有「十方三世一切佛，諸尊菩薩摩訶薩，摩訶般若波羅蜜」。第一句是一切佛寶，第二句是一切僧寶，第三句是代表無上的法寶。在此三句之中，包括了理體與事相的三寶。我們現在是以事相為主，所以應該恭敬供養一切佛菩薩的聖像、一切佛教的典籍、一切佛教的出家人。不過我們的本師佛是釋迦牟尼，我們的本師僧是皈依師，為了報恩，偏重於本師佛與本師僧，也是人之常情。如若只以本師佛為佛，其他諸佛就不是佛，那是違背佛教的；同樣地，如果只敬皈依師而不敬其他的一切僧，也是不對的。正像否定了千萬樁善舉，而只肯定一樁善舉；只種一塊田，而荒蕪了千萬塊田，這不啻為愚癡的作為！

第二節　皈依三寶的好處

皈依三寶的好處，實在太多了，可以求得現世樂，可以求得後世樂，更可以由此而得到涅槃寂靜的究竟樂。綜合起來，約有八種：1. 成為佛的弟子，2. 是受戒的基礎，3. 減輕業障，4. 能積廣大的福德，5. 不墮惡趣，6. 人與非人均不能嬈亂，7.

一切好事都會成功，8.能成佛道。

如要分別舉例，佛經之中，實在太多，現在選擇五條，用語體文譯述於下：

（一）人若皈依三寶的話，將來所得的福報之大，大得不可窮盡。譬如有一個寶藏，全國人民，搬運七年，搬之不盡，三皈功德，比這還要大到千千萬倍。（《優婆塞戒經》，《大正藏》二十四．一〇六三頁上）

（二）過去，有一位忉利天的天子，在天福享完後，身體也變得衰敗不堪，同時壽命也將在七天之後終了。他自已知道，命終之後，將在豬中投胎，所以恐慌極了，於是請教天主，但天主也沒有辦法，天主要他去向佛陀求救，佛陀教他皈依三寶，死後不唯免墮豬胎，得生人間，並逢舍利弗，請佛說法，因此而證得聖果。（《折伏羅漢經》，《大正藏》五十三．九頁上—中）

（三）過去，有一位三十三天的天子，天福盡了，還有七天，就要死了，昔日的歡樂，都離開他了，美麗的天女，不再親近他了，本來是威威堂堂的相貌，現在變得毫無氣色了，他的身體，既衰弱，且垢穢不堪，兩腋之下，整日流著臭汗。他也看到，他將生到豬胎中去，因此躺在地上，哀傷、流淚、訴苦。此事給天主知道了，指示他誠心皈依三寶，教他口念：「皈依佛兩足尊，皈依法離欲尊，皈依僧眾中尊」，他便照著天主的指示，皈依了三寶。七天的本限一到，他便死了。天主為想知道，他死後究竟生到何處去了，但是以他的能力看遍了所能看到的所在，都無法看到那個天子的下落。只好去問佛陀，佛陀告訴他說：「已經由於皈依三寶的功德，轉墮為升，生到兜率陀天去了，你們天人，只能看下面，看不到上面的。」（《嗟韈囊法天子受三歸依獲免惡道經》，《大正藏》十五．一二九頁中—一三〇頁上）

（四）如果東西南北的四大部洲之中，全數都是二乘果位的聖人，有人盡形壽供養，乃至為其一一造塔，那個人的功德之大，是不可計量的，但遠不如皈依三寶功德。（《希有挍量功德經》，《大正藏》十六．七八三頁下—七八五頁中）

（五）過去有一位莎斗比丘，專誦三寶之名，經過十年的歲月，便證得了二果斯陀含，如今在普香世界做辟支佛。（《木槵子經》，《大正藏》十七．七二六頁中）

從上面所舉的五例，便可知道皈依三寶是極為難得的事。同時，佛陀也曾說過，只要有人皈依三寶，便有四天王派遣三十六位善神，隨身護持，並且希望受了三皈以後的弟子，將此三十六位善神的名字，寫下來，隨身攜帶，便可辟除邪惡，出入無畏。現在不妨將此三十六位善神的名字，照抄如下，以備行者應用：

1. 彌栗頭不羅婆（善光），主疾病。
2. 彌栗頭婆呵娑（善明），主頭痛。
3. 彌栗頭婆邏波（善力），主寒熱。
4. 彌栗頭栴陀羅（善月），主腹滿。
5. 彌栗頭陀利奢（善見），主癰腫。
6. 彌栗頭阿婁呵（善供），主癲狂。
7. 彌栗頭伽婆帝（善捨），主愚癡。
8. 彌栗頭悉抵哆（善寂），主瞋恚。
9. 彌栗頭菩提薩（善覺），主淫欲。
10. 彌栗頭提波羅（善天），主邪鬼。
11. 彌栗頭呵娑帝（善住），主傷亡。
12. 彌栗頭不若羅（善福），主塚墓。
13. 彌栗頭苾闍伽（善術），主四方。
14. 彌栗頭伽隸娑（善帝），主怨家。
15. 彌栗頭羅闍遮（善主），主偷盜。
16. 彌栗頭修乾陀（善香），主債主。
17. 彌栗頭檀那波（善施），主劫賊。
18. 彌栗頭支多那（善意），主疫毒。
19. 彌栗頭羅婆那（善吉），主五瘟。
20. 彌栗頭鉢婆馱（善山），主蜚尸。
21. 彌栗頭三摩陀（善調），主注連。
22. 彌栗頭戾禘馱（善備），主注復。
23. 彌栗頭波利陀（善敬），主相引。
24. 彌栗頭波利那（善淨），主惡黨。
25. 彌栗頭虔伽地（善品），主蠱毒。
26. 彌栗頭毘梨馱（善結），主恐怖。
27. 彌栗頭支陀那（善壽），主厄難。
28. 彌栗頭伽林摩（善逝），主產乳。

29. 彌栗頭阿留伽（善願），主縣官。30. 彌栗頭闍利馱（善固），主口舌。
31. 彌栗頭阿伽馱（善照），主憂惱。32. 彌栗頭阿訶婆（善生），主不安。
33. 彌栗頭娑和邏（善至），主百怪。34. 彌栗頭波利那（善藏），主嫉妒。
35. 彌栗頭固陀那（善音），主咒咀。36. 彌栗頭韋陀羅（善妙），主厭禱。

上面所抄的三十六位善神，出於《灌頂三歸五戒帶佩護身咒經》（《大正藏》二十一．五〇一頁下—五〇二頁中），該經說，凡是受了三皈的人，就有四天王派遣他們來為之護持，同時，此三十六位神王，各個還有萬億恆河沙數的鬼神，為其眷屬，輪番護持受了三皈的人。如能書寫神王名字，帶在身上，那是最好。其中第二十四及第三十四的兩個音譯名字相同唯其意譯不同，當無妨礙。

不過，我們應當知道：皈依三寶，雖可求得現生的平安與快樂，皈依三寶的最終目的，乃在回到三寶的懷抱，並使自己也成為三寶——皆可以成佛，切不要自暴自棄。

第三篇

人間天上的護照

——五戒十善

第一章　五戒及其內容

第一節　什麼是五戒

凡是一個有組織有理想的團體，有其組成的人員，也必有其組織的規章；組織的健全與否，但看其規章的內容而定。此一組織是否有其卓越的成績表現，也由其規章中所含的理想而定。一切的社會組織，都是依其各各的理想，而制定規章，再由規章產生力量。不過規章的能否產生力量，尚視其組成人員的能否一致對其規章的擁護與遵守。

學校有校規，政黨有黨章，學生有自治公約，訓練機構有學員守則，政黨有其黨員守則，軍人除了軍法軍紀之外，尚有軍人守則，童子軍也有童子軍的信條。再推至國際間的各種公約規章乃至聯合國的憲章，都屬同一性質的分門別類。其目的不外說明組成分子的權利義務與共同理想的追求。

但是世界上的任何公約、任何規章，不會永久存在，也不會永久不變的，唯有宗教徒的戒律是例外的。戒律的性質，雖然也跟一切社會組織的規章公約或守則相似，不過，一個宗教的能否相傳不衰，而且愈傳愈廣，也要看其戒律的內容而定了。有史以來的人類世界，不知已有過多少宗教，而到目前為止，世所公認的宗教，卻寥寥可數。因為戒律的功用，不唯防止信徒的腐化，更要能夠增進人類大眾乃至一切眾生的幸福，否則的話，便會受到自然的淘汰！

雖然，除了佛教之外，沒有一個其他的宗教能夠適用戒律的涵義而如佛教的內容者，我們卻又不能否認他們之有部分戒律的作用。

本來，戒律兩字是中國字，戒律兩字的意義，也是各有所指，戒是有所不為，律是有所當為；戒是不能如此，律是應當如此；戒是各人的持守，律是團體的活動。所以在梵文中，戒叫作尸羅（śīla），律叫作毘奈耶（vinaya），不過，有時也可將戒律二義通用的，故也不必硬把戒律二字的定義分割開來。

現在我們所要講的是戒字。

戒字的涵義，《說文解字》說是「警也」，是警覺的意思，不能做的、做不得的事，就不要去做，就是戒，故也實是一種道德標準的限制。比如通常說的戒賭、戒菸、戒酒等等，便是一種約束的行為。

我們既已知道戒不是佛教專有的東西，其他的宗教，同樣各有各的戒規或誡命。不過佛教的戒與其他宗教的戒是不盡相同的。

但是，我們應當明白一個原則，凡為有益於人類的任何高級宗教，它就不能違反人類的道德基準。因此所制的戒律，也不會相差太遠，雖然佛教的戒律，由於層層地發揮，而超出一切宗教之上。

我們的五戒，是一切佛戒的基礎，但是五戒的戒目，並沒有什麼稀奇突出之處。在印度的古代，各宗教都有五戒，而且都是大體相同。即便基督教十誡的後五誡，也是如此，現在分別列舉如下：

（一）佛教的五戒：不殺生、不偷盜、不邪淫、不妄語、不飲酒。

（二）《摩奴法典》的五戒：不殺生、不妄語、不偷盜、不非梵行（不淫）、不貪瞋。

（三）《包達耶那法典》的五戒：不殺生、不妄語、不偷盜、忍耐、不貪。

（四）《錢多佉耶奧義書》的五戒：苦行、慈善、正行、不殺生、實語。

（五）耆那教的五戒：不殺生、不偷盜、不妄語、不淫、離欲。

（六）瑜伽派的五戒：不殺生、不妄語、不偷盜、不邪淫、不貪。

（七）基督教的後五誡：勿殺、勿盜、勿淫、勿妄證、勿貪他人之所有。

由上面的比較可以知道，佛教五戒的特色是不飲酒，其他各宗教沒有戒酒的。因為佛教是重於智慧的，飲酒能使人昏迷沉醉（酒的害處，後面詳說），所以不許飲酒。至於其他各宗教所標的貪欲貪瞋，那不是行為，而是心理現象，佛教的五戒之中，實已包攝無餘（詳於後面五戒配三業十善）。

還有一點，中國古來，多有人主張儒、釋、道三教同源之說，最早是見於後漢的《牟子理惑論》中，故將佛教的五戒，配於儒教的五常——仁、義、禮、智、信。

但是五戒與五常的配法，向來各有不同：

（一）天台《仁王經疏》中是這樣的：不殺生配仁、不偷盜配智、不邪淫配義、不飲酒配禮、不妄語配信。（《大正藏》三十三．二六〇頁下——二六一頁上）

（二）《摩訶止觀》卷六的配法又是兩樣的：不殺生配仁、不偷盜配義、不邪淫配禮、不飲酒配智、不妄語配信。（《大正藏》四十六．七十七頁中）

（三）通常的配法是如此的：不殺生配仁、不偷盜配義、不邪淫配禮、不妄語配信、不飲酒配智。

但此以佛教五戒配合儒教五常的方法，只能說明人間的道德標準，有一相近相接的趨勢，卻不能說是絕對貼切的。別的不說，光以不飲酒一戒而言，雖然含有禮與智的精神，但是儒教的禮與智，絕不等於佛教的不飲酒戒，因為實際上儒教並不戒酒。

說到這裡，我們可以分辨戒的優劣高下了。以佛法看，戒有世戒與第一義戒——佛戒的不同。除了佛制的戒，一切都是世戒。佛戒之不同於世戒，乃在出發點與目的之不一。其他各宗教，守戒是為了遵循上帝或神的意志，比如基督徒奉行十誡，因其是上帝宣示的約命，如不遵守，便是違背了上帝，而致會觸怒上帝。佛教則不然，佛戒雖由佛制，但其遵守在於各人，佛陀制戒也是根據眾生的意志而來，佛陀絕不勉強任何人，守戒不是為佛而守，而是為了各人的自由意志而守。正像吃飯是各人自己的事，吃了自己飽，不吃自己餓，與他人毫無關係。不過佛陀以其大智大悲的胸懷，他雖不能代眾生吃飯，他卻會勸導愚癡挨餓的眾生去吃飯——守戒。這是佛戒與世戒的第一點不同。

一般的世戒，多半是偏於一面的。比如基督徒守誡（誡是教訓式的戒），是為求得上帝的寵愛而期於末日之後，進入上帝的天國。他們守誡的目的，不為造成人間的幸福與和樂，而是為達升天的意欲，所以是偏於形上的或所謂出世的（以佛法說，他們即使升天，也未真的出世），所以往往也會為了天國的理由而否定人間的和樂；比如宗教的戰爭，即由此而來；另有像儒教（實在是儒家而非儒教，因為儒家根本不成為宗教）對於倫理綱常的遵守，是為造成人間的幸福與和樂，但卻不作形上或出世的嚮往，所以又是偏於現實的了。唯有佛教徒的遵守佛戒，既為造福人間，也為追求出世的境界，所以佛教史上只有忍辱與犧牲的記載，不會找到戰爭或血腥的事實，這是佛戒與世戒的第二點不同。

一般的世戒，只有形式的遵守，並無戒體的納受，所以也沒有戒罪與性罪的分別，比如基督教的十誡，並不是單為基督徒而有，那是（基督教以為）上帝給予人類的制約，不論信與不信，都在其制約的範圍之內，信了的人固然要守，未信的人，也不能不守，要是不守，其罪過是同等的。佛戒則不然，佛戒是由佛制，佛弟子的受戒，須是師師相授，講求戒體的傳承與納受，唯有受了戒的人，才能將戒傳給他人，此一戒體，是直接傳自佛陀，受戒而納受戒體，便是納受佛的法身於自己的心性之中，以佛的法身接通人人本具的法身，以期引導各人自性是佛的發明或證悟。受了佛戒而再破戒，等於破了佛的法身，所以罪過很大，沒有受戒，雖然作惡，不為破戒，作惡的本身雖然即是罪過，其罪過的程度，卻沒有受戒破戒之大而且重，此乃知法犯法，罪加一等——作惡的性罪（本來是罪），加上破戒的戒罪。在佛法而言，破戒是破了佛（三世諸佛與自性是佛）的法身，所以戒罪的程度，遠比性罪為大。這是佛戒與世戒的第三點不同。

一般的世戒，只是教人戒除應戒的行為，並不能形成一套論理的體系，佛戒被列為佛教的三藏之一，與經藏、論藏鼎足而立，並以專門談戒的律藏為佛法住世的樞紐，所以有其整套的體系。比如將戒的構成，分為戒法、戒體、戒行、戒相的四大科目，如缺其一，便不能稱為持戒。戒法是佛所制的法規；戒體是一線相承，師師相授的無表色法，所熏的功德；戒行是由持戒所表的行為；戒相是持戒行為的差別現象。如果不能具備這四個條件（通稱為四科），雖然不殺不盜乃至不飲酒，也只算是守的世戒而非佛戒，守持世戒的功德是有限的。這是佛戒與世戒的第四點不同。

在此，也可順便說明，信佛何必要受戒？

已在三皈文中，說明了三皈的重要性，信佛之有皈依三寶，等如學生入學的註冊報名，但是，註冊報名，並不等於上課求學；皈依三寶之後的納受佛戒，才是成佛之道的開始邁步。皈依三寶，只是學佛成佛的準備工作而已。又因為學佛的過程是遙遠的，發心學佛的程度也有高下的，所以我人信佛而受佛戒者，也有好多層次，不過佛戒的層次雖多，均以五戒為基礎，五戒雖是佛戒的最下層次，但如起樓而不先打基腳，起樓的企圖，終究是夢想。所以有說：「五戒法乃是三世諸佛之父，依于五戒出生十方三世一切諸佛。」

第二節　五戒的內容

佛陀制戒的目的，是希望佛弟子們如法持戒，如法持戒的作用是為增長功德，但此功德之來，均由悲心的陶養而起。看五戒的表面，是消極的不作惡，而無積極為善的作用；事實不然，如能稍加體察，便可明白，守持五戒，實也含有無限悲心。此謂悲心，可以解作同情心的擴大，這是推己及人而及於一切眾生的同情心。因為不忍自己被人殺害，所以知道他人乃至一切眾生，都有不忍被殺被害之心，故有不殺生戒；因為不忍自己的資生財物遭人偷盜而去，所以知道他人乃至一切眾生，都有不忍被偷被盜之心，故有不偷盜戒。以下的三戒，亦可準知。因此，我們可以說，持戒的功德，固然由於信仰而來，也由於悲心的陶養而來，佛的功德最大無極，佛的悲心也是最大無極，那就是同體大悲了。

所以在佛典中，每稱五戒為五大施，持五戒而能持到徹底，絕不僅止於止惡，當能做到行善。不殺生而要護生與救生，不偷盜而要行布施。其餘三戒，亦可準知。不過五大施的本意，是在施予一切眾生的無畏懼心，由於我持殺戒，不必怕我傷害；由於我持盜戒，不必怕我偷盜；由於我持邪淫戒，不必怕我淫汙其親屬；由於我持妄語戒，不必怕我欺騙；由於我持飲酒戒，不必怕我以飲酒而瘋狂。故稱五戒為五大施。

在目前的人類世界，可以說人人都是生活於恐懼之中的，除了時時擔心著第三次世界大戰的爆發，我們在報紙上，也可天天看到人間悲劇的報導，那無非是為了金錢、女人與酒的作祟，而演出了層出不窮的罪惡；那些罪惡的類別，又皆不出殺、盜、淫、妄的範圍。因此，人類安全，雖有法律的保障，法律只能制裁於事後，卻不能防患於未然。要殺人的、要偷盜的、要姦淫的、要欺騙的，仍然我行我素。生活於現世界中的人，誰也沒有把握絕對不受殺、盜、淫、妄等災禍的威脅。

正因如此，我們要提倡五戒的受持了。如果多一人受持五戒，便為人類社會減少一分製造災禍的威脅，人人受持五戒，我們的世界，便是人間的淨土了。最要緊地，佛教的五戒，能夠擴大同情心而至一切眾生，受持了五戒，可施人類以無畏，也施一切眾生以無畏，這是其他世戒所不及的。比如基督教的不殺，只是不殺人，而不戒殺人類之外的動物，中國儒家主張推仁及物，但卻並不戒殺其他的生物。受持佛戒的功德之大，也即在此，因為持一殺戒，便於一切眾生分上得到不殺的功德。如果人皆受持五戒，不唯人類可以和樂相處，一切眾生也可解除人為的災禍了。

五戒是一切佛戒的基礎，進入佛門之後的在家弟子，便應受持，所以通常稱之為在家戒。

五戒雖僅五條，但其細則，非常繁複，如想求得五戒清淨，即應加以研究。現在略述如下：

五戒的毀犯，皆有輕重之別，重罪不通懺悔。所以稱為不可悔，輕罪可通悔又分兩類：稱為中可悔與下可悔。根據大乘菩薩戒，雖犯重罪，如能作取相懺，在佛前禮懺，得見好相，見光見華，見佛菩薩前來摩頂，罪即悔除。但是，懺悔除罪，只是除的犯戒罪，而不是性罪，比如犯戒殺人，戒罪應墮三塗，如能取相滅罪，即可不墮三塗；然而欠人一命仍需要償，因緣成熟，必定還報，如果不入無餘涅槃，即使證到阿羅漢果，仍得還他一命，乃至殺一蟲蟻，性罪永遠不滅！盜戒也是一樣，不過盜戒的戒罪雖與殺戒一樣，盜戒的性罪，只要償清所盜之值，便可了結。

在五戒之中，殺、盜、邪淫、妄語的四戒，均有可悔與不可悔罪；飲酒一戒，雖犯均為可悔。五戒的前四戒，皆有戒罪與性罪，飲酒一戒，只有戒罪而無性罪。所以稱前四戒為性戒，飲酒戒為遮戒。性戒是在佛法與世法中皆所不許者，佛不制戒，犯了殺、盜、邪淫、妄語（欺騙）行為的本性，就是罪惡；遮戒是佛陀制來為弟子們遮止防犯性戒於未然的，所以唯有受了佛教五戒的人不得犯。

說到這裡，也許有人懷疑：不受佛戒，做了壞事，只有一重性罪，受了佛戒，反而增加一重更大的戒罪，那又何必受戒？其實，受戒是為戒除惡業，難道說受戒之後，還準備造惡嗎？即使真要造惡，也可隨時捨戒，萬一未及捨戒便造了惡業，雖將下墮三塗，但也畢竟可以成佛；如果永不受戒，也將永無成佛的可能，下了種子，因緣成熟，必有收穫。現將五戒的持犯，於以下各節分別敘明。

第三節　殺生戒

殺戒以殺人為重，殺傍生異類為輕。殺人以具足五個條件，成不可悔罪：

（一）是人——所殺者是人，而非異類傍生。

（二）人想——蓄意殺人，而非想殺異類傍生。

（三）殺心——有心殺人，而非無意誤殺或過失殺人。

（四）興方便——運用殺人的方法。

（五）前人斷命——被殺的人，斷定已死。

殺人的方法，可以層出不窮，若加類別，不外自手殺、勸人自殺、教人殺人、派人殺人等等。殺人的後果，可以有三種：1.當時殺死，犯不可悔罪，2.當時不死，以後因此而死，亦犯不可悔罪，3.當時不死，以後亦不因此而死，犯中可悔罪。所謂殺人，不限用刀用槍，凡是能夠致人於死的種種手段，都稱為殺人，都得負起殺人的罪責。

殺生的動機，不外四種，犯罪亦有差別：

（一）為殺人而作方便者（如設陷阱、置毒藥、放火、放水等等），人死，犯不可悔罪；非人（變化人）死，犯中可悔罪；畜生死，犯中可悔罪。

（二）為殺非人而作方便者，非人死，犯中可悔罪；人死與畜生死，皆犯下可悔罪。

（三）為殺畜生而作方便者，人死、非人死、畜生死，皆犯下可悔罪。

（四）作不定方便——準備遇到什麼就殺什麼者，人死犯不可悔罪，非人死犯中可悔罪，畜生死犯下可悔罪。

以上所舉四種殺生動機，皆以動機的對象邊得罪，不以被殺的對象邊得罪。比如殺人而誤殺非人是中罪，誤殺畜生，也是中罪，是從殺人的方便而得。無心殺非人與畜生，雖誤殺，亦不得罪。如果作殺人方便，未達殺人目的，也未誤殺非人與畜生，亦得中可悔罪。以此類推，作殺非人方便，作殺畜生方便，均犯下可悔罪。

佛戒殺生，故亦戒墮胎。若為殺胎兒墮胎，胎死犯不可悔罪，胎不死母死，犯中可悔罪（也從胎兒邊作殺方便而得罪），俱死不可悔，俱不死中可悔。若為殺母而墮胎者，得罪與此相反。

因為殺人人死，犯不可悔罪，殺非人非人死，犯中可悔罪，殺畜生畜生死，犯下可悔罪。故照蕅益大師說：殺人作人想，不可悔，殺人作人疑，亦不可悔，殺人

作非人想，中可悔；殺非人作人想，中可悔，殺非人作人疑，中可悔，殺非人做非人想，中可悔。（《卍續藏》一〇六．七三九頁下）

殺人而殺父母、殺阿羅漢，便犯逆罪，應墮無間地獄，乃是殺戒中的極重罪。唯其亦有分別：殺父母而作父母想，犯逆罪，殺父母而作父母疑，亦犯逆罪，殺父母而作非父母想（如人自幼離開親生父母，且已不識親生父母是何人者），不犯逆罪，但犯不可悔罪。如殺非父母而作父母想（比如從小為他人帶作養子或養女，而自不知究柢者），或作父母疑，皆不犯逆罪，但犯殺人不可悔罪。殺阿羅漢，亦可比照殺父母而知。唯亦有說，雖不作阿羅漢想，殺亦犯逆。

如果殺人者於殺人之後，自己先死，被殺者後死，犯可悔罪，而非不可悔罪。因為人死戒體亦捨——五戒是盡形壽受持，故其只於未死之前得殺人方便罪，不得殺人已遂罪。已死之後，既已捨戒，亦無戒罪，被殺者雖然因其殺傷而死，既然死在凶手之後，凶手便無殺人的戒罪。

殺生以心為主，無意殺者，不犯重罪；所以戲笑打人，被打者因此而死，不犯重罪，但犯可悔罪。意外的誤殺，無犯。若有誤殺的可能，而不加審慎者，誤殺他人致死，犯中可悔罪。如果為癡狂心亂、痛惱所纏，不由自主而殺人者，無犯。

於我們的日常生活中，殺非人是很少見聞的，殺人總不是尋常事，若非屠夫，也不會天天殺豬宰羊，我們最易犯的殺生戒，乃是對於蟲蟻之類的傍生動物。

有人寫信問我：住宅內如有蟲蟻，應當如何處置，打掃時，必定會傷殺一些，那樣的傷殺，算不算是破了殺生戒？或者命僕役打掃，僕役於打掃時，傷殺了蟲蟻，是否會構成教他殺生的重責？或者歸咎於蟲蟻的業報所致？這實在是個大問題，為了維護人類自身的資生財物，不得不驅除蟲蟻侵蝕，為了護持戒體的清淨，又不得故意殺傷蟲蟻。不過，有損於人的蟲蟻，是必須驅除的，驅除之時，則不得存有傷殺之心，應該小心為之，如已盡到護生的最大可能，仍有誤殺誤傷之者，應該自責於心，生悔意，發悲願，願其投生善類，願其終將成佛，庶可免以殺生之罪。這在律中是有根據的。《十誦律》卷十一，記載佛陀親自為僧伽的床褥除蟲。（《大正藏》二十三．七十七頁下）《十誦律》卷三十七，因為浴室之中，濕熱生蟲，佛說：「應蕩除令淨。」（《大正藏》二十三．二七〇頁下）但是，最要緊的工作，乃在於不使住宅之中生起蟲蟻，經常保持乾燥清潔，破損了的，立即修補，牆腳壁孔，要填平塞滿，容易生蟲的所在，在尚未生蟲之先，予以消毒，防止生蟲；如在生蟲之後，為了持戒，便應小心驅除而不得使用藥物來殲滅。否則的話，殺一蟲，得一下可悔罪，殺千萬蟲，即得千萬下可悔罪！但要求得殺戒的絕對清淨者，要到小乘初果以上哩！所謂「初果耕地，蟲離四寸」，凡夫是辦不到的！

由於戒的持犯，全在於心，故對殺蟲的罪責，分別六句：有蟲有蟲想，根本小可悔罪；有蟲有蟲疑，亦犯根本小可悔罪；無蟲有蟲想，方便小可悔罪；無蟲有蟲疑，亦犯方便小可悔罪；有蟲無蟲想，無犯；無蟲無蟲想，無犯。另外，不得打人，不得打畜生乃至蟲蟻，瞋心打者皆得罪。

在此，讀者可能尚有一個疑問：即是守持殺戒，是否必須素食？依照五戒乃至比丘戒的律制，並無素食的要求。

不食魚肉，乃是大乘菩薩戒的規定，持五戒的不殺生，不得親自殺生，不得勸他或教他殺生，故自不得屠殺雞鴨魚蝦，如果買食已屠好的肉類，不在五戒的禁忌之列。當然，如能發心素食，那是更好了。素食是漢文系的大乘佛教的美德，素食乃是戒殺精神進一步的具體表現，故希望受了五戒的人，最好能夠茹素，否則自亦無妨。

第四節　偷盜戒

盜戒如果詳盡地介紹，乃是五戒之中最最繁複的一戒，我們在此，只能明其大要。

盜是偷盜，不與而取的行為，便稱為偷盜。

盜戒的毀犯，也有輕重之別，具備六個條件，便成不可悔罪：

(一)他物——他人的財物。

(二)他物想——明知是他物而非自己之物。

(三)盜心——起偷盜的念頭，亦即存有偷盜的預謀在先。

(四)興方便取——假借種種方法，達成偷盜目的。

(五)值五錢——所盜之物，價值五個錢。這是佛陀比照當時印度摩揭陀國的國法而制。國法偷盜五錢以上，即犯死罪，所以佛也制定佛子偷盜五錢以上，亦成重罪不可悔。五錢究有多少價值，殊難衡定，唯據明末讀體大師考覈，相當於三分一釐二毫銀子；又據蕅益大師研究，則為八分銀子。

(六)離本處——將所盜的財物，帶離原來的位置。但此中包括移動位置、變動形狀、變更顏色等等，凡是以盜心使物主生起損失財物之想者，皆稱離本處。

不論是自身不與而取，教人不與而取，或派遣他人為自己不與而取他人的財物，皆為偷盜；獲得五錢以上的贓物者，即成不可悔罪。

如果物主不同意，不論用什麼手段，騙取、竊取、強奪、霸占、吞沒，凡具以上所列的六個條件者，皆成重罪不可悔。除了合理的利潤（五戒優婆塞除了不得漁獵、酤酒、屠宰、販毒、走私、賣淫、賭博等的惡律儀之外，可以販賣，也可以耕作），不得謀取他人的財物。

無論是地面上、地面下、水面、水中、高處、低處、樹上、空中、動物、植物、礦物、行動中的、靜止中的一切財物，不論是國家的、私人的、佛教的，只要有其所屬的主權者，皆不得偷盜。除非是無主繫屬的糞掃物（垃圾類的拋棄物），取之無罪。試舉數例：

如果以盜心盜人，擔人置肩上，兩足離地，犯不可悔罪；盜心拐騙，使人行過兩叟步，亦不可悔罪。

如果以盜心偷盜牛羊驢馬等四足動物，以繩牽引，行過四叟步，即犯重罪不可悔。

水中有木栰，盜心留其一部分，使之離栰落後，值五錢即犯不可悔罪。水中物盜心取離水面或使沉水底，值滿五錢，成不可悔罪。空中有主的鳥，銜他人之物去，盜心期待，犯中可悔；盜心奪得值五錢，犯不可悔；若有野鳥銜物飛去，盜心期待，犯下可悔；盜心奪得，犯中可悔（此非以物得罪，而以盜心結罪）。

盜心取舍利，犯中可悔（因舍利不能以價值計算）；恭敬心取舍利者無犯（舍利在律中及《阿含經》中的原義是屍骸，今所相傳，皆以焚化屍骸所得的堅固子稱為舍利子）。

經卷法器，一切三寶用品，莊嚴財物，皆不得盜，若盜值五錢，皆犯不可悔罪。

一切稅，不得偷漏，若漏稅，值五錢成不可悔罪。其中包括各項國家法令所規定的稅捐，乃至今日的郵件，在印刷物中夾帶書信，或以印刷物達成傳遞書信的目的，或在平信之中附寄現款，皆算偷稅，皆犯盜戒，滿五錢，成不可悔罪。

弘一大師善於書法，向他求墨寶的人很多，有一次他的在家弟子寄給他一卷宣紙，請他寫字，但他寫完所要寫的字，尚有宣紙剩餘，他不知如何處理，為了不犯不與而取，他便寫信詢問那位在家弟子。從此可以見出弘一大師持戒的謹嚴了。但是生活在今日的社會裡，能夠不公開的竊盜與走私，已算好人了，至於要絕不苟取分文的非分之財者，實在很難。所以，要想守持盜戒清淨，並不容易，在十法界中，也唯有佛才是究竟持戒清淨的人，到了小乘初果，始能永斷故盜。

再說，盜戒的範圍，也包括損壞他人的財物在內，這是所謂「損人不利己」的惡作劇，如果存心使他人蒙受財物的損失，不論採用何種手段，只要造成損壞的事實，所損財物若值五錢，即得重罪不可悔。

盜戒的輕重分別是這樣的：盜值五錢或過五錢，重罪不可悔；盜不足五錢，中罪可悔；作偷盜方便而未達成偷盜目的，下罪可悔。漏稅或損壞，罪責與偷盜同科。

依佛法，不得以任何理由，如飢餓、疾病、天災人禍、孝養父母、供給妻兒等，而行偷盜，若行偷盜，一律成罪。如有困難，可以求乞，受人布施者無罪。借而不還者，犯盜罪。

但是盜戒之中，也有開緣：如作自己的所有物想而取；得到對方同意，或以情感深厚，知彼必將同意而取；暫時借用而取；以為他人之所拋棄而取；或因癡狂心亂、痛惱所纏而取者，無罪。

第五節　邪淫戒

除了夫婦之間的男女關係，一切不受國家法律或社會道德所承認的男女關係，均稱為邪淫。

《圓覺經》中說：「若諸世界，一切種性；卵生、胎生、濕生、化生，皆因婬欲而正性命。」—（《大正藏》十七．九一六頁中）可知眾生的存在，皆由淫欲而來，若要凡夫眾生，皆斷淫欲，那是不可能的事；眾生修證至三果阿那含位，始得永斷淫欲；修禪定而入初禪以上，始能伏住淫欲；欲界眾生，雖至第六天，仍在淫欲中。所以淫欲的煩惱，在人類世界是很難戒絕的。佛陀設教，固然盼望一切眾生皆能離欲，但此終屬不可能的事，所以巧設方便，在家弟子，允許有其正當的夫妻生活。

事實上，人間的安立，端在男女夫妻的和合，正常的夫妻生活，不會帶來社會的悲劇；男女問題之為社會造成悲劇，都是由於不正常的男女關係而來，如果人人安於一夫一妻的家庭生活，我們的新聞媒體中，便不會發現姦殺、情殺、強姦、誘姦、和姦，以及破壞家庭等等的字眼了。為了造成人間的和樂，佛陀為在家的男女信徒，制定了邪淫戒。

邪淫戒以具備四個條件，成重罪不可悔：

（一）非夫婦——不是自己已經結婚的妻子或丈夫。

（二）有淫心——樂於行淫，如飢得食，如渴得飲。否則便應如熱鐵入體，或腐屍繫頸。

（三）是道——須於口道、小便道（陰道）、大便道行淫。

（四）事遂——造成行淫的事實。男女二根相接相入如胡麻許，即成重罪不可悔。

若五戒信士，除了妻室以外，於人女、非人女、畜生女的三處（即口道、陰道、大便道）行淫；或於人男、非人男、畜生男及黃門（閹人及陰陽二性不全人）的二處（口道與大便道）中行淫；人二形（有時變男有時成女者）、非人二形、畜生二形的三處行淫，犯重罪不可悔；兩身和合而未行淫，即行中止者，犯中可悔罪；發起淫心，而未和合者，犯下可悔罪。除女性的三處、男性的二處，於其餘部分行淫，罪皆可悔。

於熟睡中的女性三處、男性二處行淫，亦犯重罪不可悔。於死女性的三處、死男性的二處行淫，若死屍未壞或多半未壞者，亦犯重罪不可悔；若死屍半壞、多半壞、一切壞，乃至於骨間行淫者，中罪可悔。一切方便而未行淫者，皆犯下罪可悔。

在《優婆塞五戒相經》中說：「若優婆塞，共婬女行婬，不與直（同值）者，犯邪婬不可悔，與直無犯。」（《大正藏》二十四．九四三頁上）這是說，受了五戒的在家信士，給錢嫖妓，不為犯戒。此乃由於印度是熱帶民族，對於男女關係，非常隨便。男人嫖娼妓，是普遍尋常的事，所以不禁，但在大乘菩薩戒中，若非地上的菩薩，為了攝化因緣者，不得有此行為。即在今日中國人的習俗觀念中，狎妓而淫的行為，斷非正人君子的榜樣。我們既然信佛學佛，並且受了五戒的人，自亦應該視為邪淫了。

今人為了避孕或防毒的理由，有用子宮帽及安全套的，雖然男女性器，未曾直接相觸，但其仍受行淫之樂，若與夫妻之外的男女行淫，自亦視同邪淫。律中有明文，不論無遮隔（如用子宮帽及安全套）或一方有隔，或兩方皆有隔，只要性器相入如毛頭許（亦稱胡麻許），即成重罪不可悔。不論是內中作，外邊出精，或外邊作，內中出精，一律犯重罪不可悔。

如果是在家的信女，梵語稱為優婆夷，除了自己的已婚丈夫，不得與任何男性發生肉體關係。

女人以三處（口道、陰道、大便道）受人男、非人男、畜生男、人二形、非人二形、畜生二形，及黃門行淫，而有淫樂的感受者，犯重罪不可悔；不論睡中或醒時，乃至強力所制，三處受淫，但有一念淫樂的感受者，皆成重罪不可悔；女人由於淫欲煩惱而於男性的死屍上行淫，若屍未壞或多半未壞者，重罪不可悔，半壞或多半壞者中罪可悔；女人由淫欲煩惱而利用器物入女根（陰道）中（今人所謂手淫）而受淫樂者，犯下罪可悔。

有隔與無隔，準上可知。

犯戒均在於心，如無邪淫之心，即不會主動去犯邪淫戒，萬一受到強力的逼迫，而被姦汙，若於被姦之時，了無受樂之感，雖被姦汙，不為破戒。這在佛陀時代，有些比丘比丘尼，已經證得阿羅漢果，或因睡熟之際，或因病苦之中，也被淫女及暴徒之所強姦，但因羅漢已經離欲，斷無受樂之理，所以並不犯戒。

因此，淫戒也有開緣：若為怨家所逼，而不受樂者，無犯。邪淫的範圍，不唯不得與夫婦以外的男女發生曖昧關係，即使自己的夫婦，亦有限制：

佛菩薩的紀念日、每月的六齋日，不得行淫；父母的生日、親屬——父母、兄弟、姊妹等的死亡之日，不得行淫；月經期中、妊娠期中、產前產後，不得行淫；除了陰道，不得行淫；除了夜間的臥室中，不得行淫。最好還能做到：子女成年之時，即行節欲，子女婚嫁之後，即行禁欲。

因此，邪淫的罪過，分為三品：與母女姊妹父子兄弟六親行淫者，為上品罪；與夫婦之外的一切男女邪淫者，為中品罪；與自己的妻子於非時、非道行淫者，為下品罪，以此三品輕重，分別下墮三塗。

然在一切邪淫戒之中，以破淨戒人的梵行者，罪過最重。所謂淨戒人，是受了比丘、比丘尼戒、式叉摩尼、沙彌、沙彌尼戒，乃至受持八關齋戒於其齋日的佛弟子。破淨戒亦稱汙梵行，但須是第一次破，若雖曾受戒，已先被他人破毀，再次與之行淫者，即不成破淨戒罪，但為邪淫罪。若不受五戒而破他人淨戒，雖未受佛戒，而沒有犯戒罪，但其永不得求受一切佛戒，永被棄於佛法大海之邊外，所以稱破淨者謂之邊罪。

邪淫戒，本亦頗為繁瑣，比如不得說粗惡淫欲語，以及種種防微杜漸的細節，在此不能詳盡，但願各自攝心自重。一般而言，已婚的男女，既有夫妻的正常生活，守持邪淫戒是很容易的。

第六節　妄語戒

妄語，是虛妄不實的言語。在今天來說，我們的世界、我們的社會，確是充滿了妄語的氣氛，從個人之間，到國際之間，大家都在互相說謊，彼此欺騙，以求達到自私自利的目的。趙高指鹿為馬，是中國史上公認的妄語，今日的人間，竟然處處能夠見到趙高的同志，且其手段之高，遠在趙高之上。

在古代，妄語的散播僅在有限的範圍之中，受騙的人，不致太多，今日的人類，有報紙、電話、電報、電視等做為散播妄語的工具，只要運用得巧妙，妄語的力量，無遠弗屆，說一句謊，可以欺騙全世界的人。

遠古的妄語，僅限於語言，如今除了直接的語言，更以新興印刷術的文字做為媒介，語言說過即消失，文字不但欺騙一時一地的人，更可於時空之中做縱橫面的滲透。

我們可以斷言：打開每天的報紙，報紙中便有很多很多的妄語，從時人的談話，到商業的廣告，誰能保證它們含有幾分真實的意向？特別是記者筆下的花邊新聞，不能說其全屬捏造，最低限度有好多的情節，是出自記者先生聰明的臆想。但是，可憐的讀者，誰個不受騙！

所以，今日來提倡戒除妄語，是絕對必要的。

妄語在佛教中說，分為三大類：大妄語、小妄語、方便妄語。最重要的是犯大妄語罪。大妄語具備五個條件，即成重罪不可悔：

（一）所向是人——對人說大妄語。

（二）是人想——認定對方是人，而不是非人或畜生。

（三）有欺誑心——蓄意要使對方受欺騙。

（四）說大妄語——自己未證聖果聖法，而說已證聖果聖法，乃至實未得四禪定，而說已得，實未見天來、龍來、神來、鬼來，而說見到天來、龍來、神來、鬼來。

（五）前人領解——對方能領解所說的內容，如對方是聾人、癡人、不解語人，及向非人、畜生等說大妄語，不犯重罪。

妄語的定義是不知言知，知言不知，不見言見，見言不見，不覺言覺，覺言不覺，不聞言聞，聞言不聞。

妄語的方法是自妄語、教人妄語、遣使妄語、書面妄語、理相妄語（現異惑眾，表示已非凡夫的身行威儀，又如默認、暗示、點頭、手勢）等。

凡是存心騙人，不論利用何種方法，使得被騙的人領解之時，不管能否達到妄語的目的（如求名聞利養），即成妄語罪。

故意的互相標榜，甲說乙是聖人，乙也說甲是聖人，以期求得第三者的恭敬供養，而實則皆非聖人者，也算大妄語罪。如果不以大妄語騙人者，一切欺誑，皆屬小妄語。若為救護眾生，菩薩可作方便妄語，比如有醉漢要殺某人，實見某人而騙醉漢言未見某人者，無罪。

大妄語具足以上所舉五個條件，成重罪不可悔；雖作大妄語而言詞不清或對方不解者，中罪可悔；向天人作大妄語，天人解者，中罪可悔，不解，下罪可悔；向畜生作大妄語，下罪可悔；欲說已得阿羅漢果，錯說已得阿那含果，凡是類此心口不相應者，雖作大妄語，使人領解，皆得中罪可悔。說世間妄語誑他者，皆為可悔罪。

妄語之中，尚包括兩舌、惡口、綺語，雖犯不失戒體，但犯可悔罪。兩舌是挑撥離間、東家說西、西家說東；惡口是毀謗、攻訐、罵詈、諷刺、尖酸、刻薄語等；綺語是花言巧語、誨淫誨盜、情歌豔詞、說笑搭訕、南天北地、言不及義等言語。受了五戒的人，皆應隨時檢點，否則動輒犯過，猶不自知。

妄語之中的大妄語，除非是不知慚愧、不解因果的人才會造次，常人最易犯的是小妄語，最難戒的是綺語；犯兩舌、惡口的機會，不會太多。如有三朋四友聚集一起，興高采烈，談笑風生，保證他們犯了綺語罪了（如果他們已受五戒的話）。所以，修行人應該守口如瓶。

在家的信士信女，最應注意的，乃在評論佛弟子，尤其是出家人的操守問題。在家人不得說出家人的過惡，如其過惡屬實，亦不可見人便說；如果缺乏由見、由聞、由疑而來的確實罪證，人云亦云，或捕風捉影地說某某人犯戒者，他自己便首先犯了無根（見、聞、疑，稱為證罪的三根）謗人罪。謗得愈重，自己得罪也愈重。

不過，要斷絕妄語，須證初果之後，博地凡夫，終難做到妄語戒的一向清淨，但能知所檢點，犯了小小口過，立即悔改，仍可不失為學戒的佛子。

第七節　飲酒戒

飲酒戒是佛戒的特勝，自五戒乃至大乘菩薩戒，無不戒酒；小乘的比丘，不戒肉食，但無有不戒酒的。這在中國，情況略有不同，有些吃長素的佛教徒，竟然並不戒酒，他們以為飲酒可以養生，他們抱著「飲不及亂」的觀念，貪戀杯中之物，其實這是犯戒的行為。

酒的本身，並無罪惡，所以飲酒屬於五戒之中唯一的遮戒。因為飲酒之後可能造成罪惡，為了遮止因飲酒而造成犯戒的罪惡，所以不許飲酒。飲酒雖不即是犯罪，酒卻最能使人犯罪，三杯一下肚，由於酒精的刺激，使得神經系統，興奮、膽大、衝動、盲目、失去了理智的控制，可以罵人、打人、殺人、強姦、放火。

在大、小乘經律論中，無不主張戒酒，同時還流傳著這樣的故事：在迦葉波佛時，有一個五戒信士，一向持戒清淨，有一天從外回家，口渴非常，見有一碗水色的酒，放在桌上，他以為是水，一口喝下了肚，誰知酒性發作時，他便連續地犯戒了——見到鄰家的雞，走進他的屋，他便偷了殺了煮熟了吃了；鄰居的太太不見了雞，便來問他，他見鄰居太太美得很，竟予強姦了；事後把他扭上公堂，他又支吾其詞，不肯招認。他由於誤喝一碗酒，連續犯了五條戒，酒的罪惡，可謂大矣！

另有佛陀時代，有一位名叫莎伽陀的阿羅漢，他的神力，能夠降伏毒龍，後於乞食時誤受信徒以水色之酒供養，喝下肚去，竟在歸途中醉倒了。佛陀見了，便問弟子們說：「莎伽陀先能降伏毒龍，現在還能折伏一隻癩蛤蟆否？」

什麼叫作酒？《四分律》中說：「酒者，木酒（果汁酒）、粳米酒、餘米酒、大麥酒，若有餘酒法作酒者是。」（《大正藏》二十二．六七二頁上）

如何算是犯飲酒戒？《四分律》中說：「酒色、酒香、酒味，不應飲；或有酒，非酒色、酒香、酒味，不應飲。」（《大正藏》二十二．六七二頁中）《十誦律》中說：「飲酢酒……甜酒……噉麴……噉酒糟……能令人醉者，隨咽咽波逸提。」「若但作酒色，無酒香無酒味，不能醉人，飲者不犯。」（《大正藏》二十三．一二一頁中）《根本薩婆多部律攝》中說：「酒變成醋，飲不醉人。」（《大正藏》二十四．六〇二頁中）無犯。但是《四分律》中說：「以酒為藥，若以酒塗瘡，一切無犯。」（《大正藏》二十二．六七二頁中）然此必須是醫生的處方，不得自作主張，假名以酒為藥，而享飲酒之樂。否則便是咽咽犯可悔罪。（波逸提，譯為「墮罪」）

飲酒的罪報很可怕，《四分律》中說有十過，第十過是「身壞命終，墮三惡道」（《大正藏》二十二．六七二頁上）；另有三十六失（《四分律》及《分別善惡報應經》），可知酒是飲不得的。

不過，必須具足三個條件，始成可悔罪。

（一）是酒——能醉人的飲料。

（二）酒想——明知是能醉人的飲料。

（三）入口——不得一滴沾唇，入口則一咽，犯一可悔罪。

從五戒的持犯上說，飲酒一戒是最容易持的，但要永不犯飲酒戒，須到四果阿羅漢的聖位，才可辦到。

第八節　五戒配三業十善

五戒的內容，講到這裡，大致已經略備。另有通常都將五戒十善分別解釋，故亦有將十善稱為十戒的，但在佛戒之中，並未把十善列為戒品。如說受十戒，一定是指的沙彌十戒，沙彌十戒的內容與十善是不盡相同的。實則十善可以包含在五戒之中的，所以五戒十善，通常是被連在一起的。修五戒十善，同得人天果報，十善實即五戒的分化，離開五戒，並不別有十善，這在經典中，有著很多的根據。

十善的內容是：不殺生、不偷盜、不邪行（亦稱邪淫，但此邪行之中，包括一切五欲之境的放逸之處，皆屬邪行）、不妄語、不兩舌、不惡口、不綺語、離貪欲、離瞋恚、離邪見。以類別而言，十善分屬身、語、意的三業，故亦稱為十善業；持修十善之行，乃為生於善道之行，所以謂之十善業道。

前面講妄語戒時，標明妄語一戒含攝不兩舌、不惡口、不綺語的三善，可知五戒實即概括了十善的身、語二業的七支善戒。至於意業所屬的離貪欲、瞋恚、邪見三支，如果不假身、語二業的表現，便不成其為善惡的造作。事實上，意業的三支，乃是分由身、語七支所攝受，意業支配身、語二業，身、語二業表現意業，意業不能不假身、語二業而有所造作；身、語二業，若無意業為其造作惡業的主宰，所造惡業，亦不會成為重罪，甚至根本無罪。所以，若談五戒，即已具足十善，若成十善的反面而為十惡，便是五戒的反面而為五不戒。

五戒配十善的情形，大致可以用下頁兩表說明：

五戒	離	十善	三業	
不殺生	離殺生	救生	身三業	十善業
不偷盜	離偷盜	布施		
不邪淫	離邪行	梵行		
不妄語	離妄語	誠實語	語四業	
	離兩舌	和諍語		
	離惡口	愛軟語		
	離綺語	質直語		
不飲酒	離貪欲	不淨觀	意三業	
	離瞋恚	慈悲觀		
	離邪見	因緣觀		

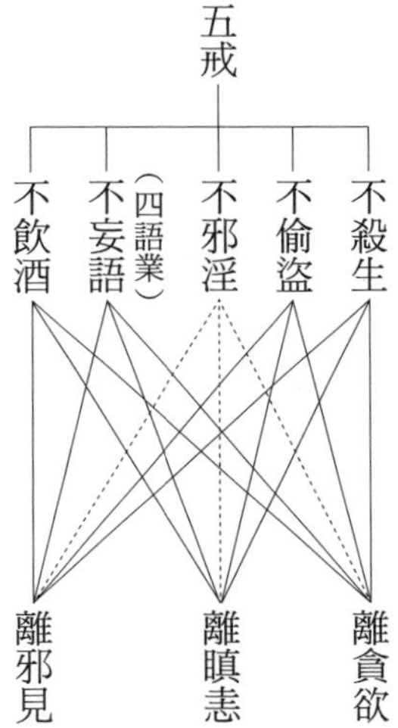

以上兩表，需要稍加說明：

第一表中的飲酒戒，配合貪、瞋、邪見的三意業，似頗牽強，實則不然。依佛法說，酒有事酒與理酒之分。普通飲酒是有物質型態的事酒；因為酒的性質能夠使人昏沉糊塗而失去理智，所以凡為貪、瞋、愚、癡的心理現象，亦皆稱為飲酒，那便是飲的無明煩惱的理酒，這要等到成佛之後，才能永不復飲。故此貪、瞋、邪見的三種意業，配為飲酒一戒，並沒有錯。

第二表以三種意業配合五戒，雖有十善之質，卻非十善的型態；因為十善的支目中並無飲酒戒。但以三種意業，配合五戒的行為造作，乃是絕對正確的。試述如下：

（一）殺生有三種：1.貪欲而殺：為貪肉食的美味，為貪因殺生販賣而得的利潤，為貪因殺生而得的代價或報酬。2.瞋恚而殺：為報仇洩憤，為惱羞成怒，為去除障礙。3.邪見而殺：為求福報，為求功德，為祈平安，為禱豐收。比如祭神祀鬼的屠殺畜類，甚有野蠻民族以獵取人頭，做為謝神的祭品者。此類殺業，皆屬邪惡知見之所促成，故稱邪見殺。

（二）偷盜有三種：1.貪欲偷盜：見利忘義，為求發財，為求享樂，為求生活得好些，為求貪心的滿足。2.瞋恚偷盜：嫉妒他人的財富，不滿他人發財，或為報復他人，而使他人遭受財物的損失，或為受了刺激，因而遷怒他人，致使偷盜以及損毀他人的財物。3.邪見偷盜：為求平安，為求願望的達成，比如我的家鄉，新婚的婦女或是久婚不孕的婦女，喜歡到寺院中偷竊出家人的鞋子以及佛前的莊嚴供具，拿回家去，壓在枕頭下面睡覺，她們以為如此作法，便會生兒子了，此可算是邪見偷盜的一種。

（三）邪淫有三種：1.貪欲邪淫：為貪淫欲的享受，不論和姦、誘姦或強姦，乃至淫業的買賣，但為貪圖淫樂而與夫婦之外的男女發生超友誼的關係者，皆是貪欲邪淫。2.瞋恚邪淫：為了怨仇而姦淫他人的母女姊妹與妻妾。記得在抗日戰爭期間，凡少數日軍下鄉，往往被中國游擊隊「吃」了，埋了，日軍察覺之後，便大肆下鄉掃蕩，見到房子就燒，見到男人就殺，見到女人，統予強姦或輪姦，姦淫之後，就是一刺刀！這就是瞋恚邪淫的一種了。3.邪見邪淫：為求功德，為求福報，為求子息，為求長生，乃至為求解脫而行邪淫者。古時有許多迷信的低級宗教，比如中國的道教，有「房中術」的說法，認為採陰可以補陽，採陽可以補陰，男女交媾是長生不老的修煉法門。印度教中也有類似的邪見，以為可在男女的淫樂之中解脫，說什麼「性命雙修」啦、「身心雙修」啦！還有一種邪見，一些久婚不孕的男女，有借胎借種的行為。其實，想從縱欲的方法中得到長生、禪定、解脫、功德、福報，乃至子息者，那是絕對荒唐的事。

（四）妄語有三種：1.貪欲妄語：為貪名聞利養，為貪酒色勢力等。2.瞋恚妄語：為使怨家受騙，為使一切惱亂於己及障礙於己的人與非人乃至畜生，受到損害，故作妄語者；因瞋而惡口與兩舌者，最為普遍。3.邪見妄語：以為說謊可以避難，罵人可以消災。比如中國鄉下人感冒之後，有用紙條寫著「出賣重傷風，一念就成功」的字樣，貼在路旁的樹上或牆上，那就是邪見妄語的一種了。

（五）飲酒有三種：1.貪欲飲酒：為滿口腹之欲，貪圖酒精的刺激，為求引導色欲的興奮（醇酒與美人，往往不可分）。2.瞋恚飲酒：所謂「借酒澆愁」，人在憤怒或失意之時，往往願意用酒來麻醉自己。其實，豈不聽說：「借酒澆愁愁更愁」嗎？3.邪見飲酒：為求養生，為求羽化，為求生天而飲酒者。比如一般人以為飲酒有益於健康；有人以為李太白飲酒，終成酒仙；有的低級宗教以為酒能通神，群神之中也有酒神；印度的裸體外道，甚至以為酒能幫助解脫。這些都是邪見，都是顛倒之見。別說旁的，但問讀者之中，你們見到一個面色鐵青（或面色通紅），滿眼血絲，酒臭衝人的醉漢或酒徒，會有什麼感想，以為可惡，抑是可親？

五戒配合十善，已經說明如上，明白了五戒的內容之後，我們可以介紹如何來納受五戒的戒體了。

第二章　求受五戒的方法及其功德

第一節　如何納受五戒

前面說過，受了三皈依的人，如想更進一步求得信佛學佛的實益，必須求受五戒，才算是學佛所學，行佛所行的開始，皈依三寶，僅是入門而已。如果入門以後，老是駐腳在門房的廊下，而不登堂入室，而不登樓參觀，而不更上一層，乃至登峰造極，那只能算是「玩票」式的三寶弟子（中國唱戲的有票友，雖是會唱幾折，但不專業從事，用近代語說，便是「業餘」的），因此，奉勸已經皈依了三寶的人，最好能受五戒，成為標準的在家佛子——優婆塞與優婆夷。聞說佛法，可以見道，受持五戒，可以證道，最高可證三果阿那含，進入不還位，死生淨居天，修成羅漢果。所以五戒的功能，最少可以做為人間與天上的護照，最高能夠做為超越生死大海的寶筏，既然信佛學佛，何不求受五戒？其實不受五戒而僅受三皈者，也不是真實的優婆塞（《毘尼母經》卷一：「優婆塞者，不止在三皈，更加五戒，始得名為優婆塞也。」《大正藏》二十四．八〇二頁中）。

因為不知五戒的內容，雖受戒，亦不得五戒，所以首先說明五戒的意義及其內容，現在既已大略明白，自可求受五戒了。

可是，求受五戒也不簡單，根據《優婆塞戒經》的規定，需要受了三皈六個月以上，始允於考查合格之後，予傳五戒。（《大正藏》二十四．一〇四九頁上）也有主張於三皈之後，須有三年或一年，最少四月，方許進受五戒的。但在佛陀時代，在家弟子信佛之後，三皈五戒，乃是接連並受的。比如佛陀最初的優婆塞弟子，是耶輸伽的父親，信佛之後便是這樣說：「我今皈依佛、皈依法、皈依僧，唯願世尊聽為優婆塞；自今已去，盡形壽不殺生，乃至不飲酒。」（《四分律》卷三十二〈受戒犍度〉之二，《大正藏》二十二．七八九頁下）以此可見，三皈之後，不必經過四月、六月乃至三年的時間。因此，也有人說，佛時的利根人可以如此，末法時代的鈍根人則不可如此，實際上，我們一般的狀況，並不講究這一問題。有人皈依三寶一輩子，也不求受五戒，有人剛進佛門，適巧遇到傳戒的機會，也就三皈五戒一齊受了。這在泰國，更有不同，他們的在家弟子，每逢佛日（齋日）進寺院，每次必受三皈五戒，我想那是為使戒品的堅固，絕非為了失戒而予重受的。此在中國不妨也可仿效。這與修持中的六念很有關係，念佛、念法、念僧、念戒、念施、念天，六念應常念，所以三皈五戒，應該經常受持。

受五戒在律中所見，均為向師自說（如耶輸伽的父親，即是一例），不由從師而受，如要成為五戒優婆塞或五戒優婆夷，向一阿闍梨一說即可，並無任何儀式的鋪張。但是中國的祖師如讀體大師，他以為：「當斯末運，迴異聖時，須假勝緣，助生正信。」（見〈授三皈五戒八戒正範條例〉）所以他也編了一部《三皈五戒正範》，直到現在仍為許多戒場的傳戒藍本。這於律法不行的近代中國佛教，不啻是一線傳承戒法的慧命。

五戒的傳授，有很多不同的說法：有的可以自說受，有的可以向非佛弟子受（如《佛說戒消災經》中，有一噉人鬼之婦，以噉人鬼說出三自皈五戒，即受持得戒），有說可以向五眾出家人前受，乃至於沒有出家人的時地，可以向白衣受五戒，有的則以為，需要儀軌，至少也得在上座比丘前受。最折衷的意見是：有上座長老比丘時，應向上座長老比丘受，否則應向一位清淨比丘受；若無清淨比丘，可向清淨比丘尼受；若無清淨比丘尼，可向清淨式叉摩尼（中國佛教已經無這一眾）

受；若無清淨式叉摩尼，可向清淨沙彌受；若無清淨沙彌，可向清淨沙彌尼受；若無清淨沙彌尼，可向白衣乃至非佛弟子及傍生異趣受。如今的中國，現比丘相的，仍然大有人在，五戒自應向比丘前受了。

五戒的隨分受與全部受，也有不同的說法：《優婆塞戒經》卷三〈受戒品〉中說：「若受三皈，受持一戒，是名一分；受三皈已，受持二戒，是名少分；若受三皈，持二戒已，若破一戒，是名無分；若受三皈，受持三、四戒，是名多分；若受三皈，受持五戒，是名滿分。」（因為戒由三皈而得，故皆列舉三皈，《大正藏》二十四．一〇四九頁上）這是許可五戒隨分受持的，但看各人的能力，可受幾戒即受幾戒，不要勉強受了，受後再破，罪就大了。所以說：「持二戒已，若破一戒，是名無分。」實則若持五戒，但破一戒，也算無分，如果僅持一戒，堅持不犯，尚是一分優婆塞（夷）。但在《薩婆多毘尼毘婆沙》（又稱《薩婆多論》）卷一中，卻不同意隨分受持的說法：「問曰：『凡受優婆塞戒，設不能具受五戒，若受一戒乃至四戒，受得戒不？』答曰：『不得。』『若不得者，有經說：有少分優婆塞、多分優婆塞、滿分優婆塞，此義云何？』答曰：『所以作是說者，欲明持戒功德多少，不言有如是受戒法也。』」（《大正藏》二十三．五〇八頁中）事實上在各部廣律中，殊難找到五戒可以隨分受持的根據，佛時的在家弟子，凡受五戒，總是說：「自今已去，盡形壽不殺生，乃至不飲酒。」（《大正藏》二十二．七八九頁下）但是隨分受持五戒的主張，卻為多數律師之所主張，近代的弘一大師亦頗堅信，他曾於《律學要略》中說：「若不能全持，或一、或二、或三、或四，皆可隨意。寧可不受，萬不可受而不持！」這也實是出於護持戒法的悲心，我們今天，也不妨採取《優婆塞戒經》的主張，俾使受戒的人對於戒法有一莊嚴肅穆之心，否則濫傳戒法，不唯不能提倡戒的精神，反將戒法送了人情，而致尊嚴掃地。據弘一大師說：「五戒中最容易持的是不邪淫、不飲酒，諸位可先受這兩條，最為穩當。」（《律學要略》）

五戒的受持時限，也有不同的說法：〈授三皈五戒八戒正範條例〉提到：「《成實論》云：五戒八戒，隨日月長短，或一年一月，乃至半日半夜。」這在廣律中也可找到根據，《十誦律》卷二十五，記載這樣一個故事：有名億耳者，從大海求寶脫險而歸，在歸途中於一夜間，宿一大樹下，竊見有床出、男人出、女人出，顏貌端正，著天寶衣冠，共相娛樂，但至夜盡天曉，即時床滅、女滅，有群狗來，噉此男子，肉盡骨在；第二夜亦復如是，億耳即予詢問，始知那個男子生時為屠夫，因日間殺生造罪，無暇行善，後由迦旃延尊者教他：「汝夜受五戒，可獲微善。」接著，億耳又於日間在一大樹下，見有床出、男人出、女人出，乃至一到夜晚，有百蟲出，噉此男子，肉盡骨在；億耳問之，始知這個男子生時邪淫他人之妻，耽樂不能自抑，後由迦旃延尊者教他：「受晝五戒，可獲微善。」（《大正藏》二十三．一七八頁中—一七九頁下）

這是說明五戒可以一日受或一夜受；可以單受日間或單受夜間，只要受了，就有功德，就有善報。但在《薩婆多毘尼毘婆沙》卷一中則說：「若受五戒，必盡形受。」（《大正藏》二十三．五〇八頁中）在《四分律》中，也主張五戒必須盡形壽——直到老死為止，一受永受。不過，有一折衷的解釋：戒有受法，也有捨法，受了再捨，捨了再受，則未嘗不可；受戒之後，必須持戒，如果捨戒，雖作惡業，亦無犯戒之罪，以前持戒的功德，仍然存在。所以我人受五戒，不妨作盡形壽想，如果不能持，隨時可以捨，可以逐條捨，也可全部捨。《薩婆多論》中說：「遇惡因緣，逼欲捨戒者，不必要從五眾邊捨，趣得一人即成。」要想捨戒，隨時找得一個解語的人，一說「我捨某戒」，即成捨戒，如於捨後，再想受戒，亦不為難，《義鈔》中說：「若自有染心，將欲犯戒，寧可捨已為之，後還懺受，亦得。」

（編案：參見《毗尼討要》卷三：「義云：若自有染心，將欲犯戒，寧可捨已為之，後還懺受，亦得。」推測「義云」是指「意義是」之意，而非指《義鈔》。）以此可知，受五戒的時間長短，當不是嚴重的問題，只要明白受與捨的道理規矩就行了。

在受五戒之前，也有資格的限定：《薩婆多論》卷一中說：「凡得波羅提木叉戒者，以五道而言，唯人道得戒。」（《大正藏》二十三．五〇九頁中）又說：「雖處處經中說龍受齋法，……得善心功德，不得齋也。」（《大正藏》二十三．五〇九頁下）自五戒以至菩薩戒，皆稱波羅提木叉，譯義為別解脫——持一戒有一戒的解脫功德，別別持，別別解脫，故稱別解脫戒。既然除人道以外，異類眾生，皆不得戒，除人之外，自也不必受戒。可是以大乘菩薩戒而言，五道眾生，唯除地獄，受戒但解法師語者，一切得戒。這在各部律中，亦均有龍王受五戒，與天人受五戒的記載。不過，這與我們人類無關緊要。

最要緊地，在人類之中，也有不夠資格求受五戒的，那就是犯五逆罪的人，以及自破淨戒或破他淨戒的人。做五戒阿闍梨（軌範師）的人，為人授五戒之前，必須首先問清：有沒有犯過五逆？有沒有自破淨戒或破他淨戒？如果不問而授，受戒者雖求戒也不得戒。

五逆罪是：殺父、殺母、殺阿羅漢、破和合僧、出佛身血。實際上，在此五逆之中，今日的俗人，只能犯到殺父與殺母的兩逆。不在佛世，所以不可能出佛身血（佛教史上僅有提婆達多一人犯了此罪）。俗人不能破僧，破僧有兩種：要有八個以上的比丘或比丘尼，始能破羯磨僧；要有九個以上的比丘，一人自稱是佛，始能破轉法輪僧；女人也不能破轉法輪僧的，因女人不能即身成佛，所以不能自稱為佛（佛教史上也僅提婆達多一人，犯了破轉法輪僧的逆罪）。時丁末法，很難有阿羅漢出世，要想得而殺之，自亦更非尋常事了。

自破淨戒與破他淨戒，倒是有可能的。受戒之後，犯了不可悔的重罪，稱為自破淨戒。他人持戒，而予初次使其破戒，稱為破他淨戒。這在上面已經說明。

照規矩，五戒八戒，皆應一一個別受，不得大眾集體一齊受，但在今世傳戒的場合，多是集體受的。究其個別受的原因，是在心不外緣，境界寧靜，戒師的開導，以及納受三皈五戒的戒體，可以一心一意，全部領會，受得上品戒體。否則，人多聲雜，心不寧靜，也不專一，那就差了，甚至不能得戒。因為戒品分三等：

（一）若於正受戒時，剛聞戒師法語，心即開通，發最上廣大之心，遍緣法界一切有情無情，悉願斷除一切罪惡，悉願修持一切善行，悉願廣度一切眾生者，得上品五戒。

（二）若於正受戒時，雖聽戒師開導，亦緣一切有情無情之境，但其願心不大，唯求自脫生死，全無度生之志者，得中品五戒。

（三）若於正受戒時，亦聽戒師開導，或以性智狹劣，或因心意散亂，故致緣境不周，但得戒相的守持，無能發揮戒體的功用者，得下品五戒。

如果心猿意馬或者聽不清戒師的言語，或者聽若罔聞，糊塗隨眾而跪拜起立者，只能種種善根，根本無戒可得。但在集體傳五戒時，如此的情形，卻大有人在。所以，如能方便做到的話，最好是個別受五戒。

根據讀體大師所編的《三皈五戒正範》，共有十項儀節，除了內容不同，方式則與授三皈儀節相似。它的十項儀節是這樣：

第一，敷座請師——由熟習儀軌的出家人為禮。

第二，戒師開導——由戒師演說五戒的意義，說明受五戒對於信佛學佛的重要性。

第三，請聖——奉請佛法賢聖僧寶，證明受戒；奉請梵釋諸天，護法神鬼，監壇護戒。

第四，懺悔——懺除無始以來的一切罪業，以求身心清淨，納受戒體，重新做人（佛也是人中成就的）。

第五，問遮難——詢問受戒者，今生以來，曾經做過佛法之所不容的大罪過否？如曾做過，即成遮障，難以受戒，故稱遮難。讀體大師列舉七條，與我前面所舉的五逆加破淨戒頗有出入：1.盜僧物，2.於六親男女中行淫，3.汙破僧尼梵行，4.父病時捨去不顧，5.母病時捨去不顧，6.師長有病時捨去不顧，7.殺害發菩提心眾生。

第六，受三皈——五戒以宣讀三皈文時，即是納受戒體，三皈三結，與三皈文儀相同。

第七，宣戒相——先問受戒者，能受持幾分戒，然後宣讀五戒戒相，盡形壽不殺生，乃至不飲酒，各各答以能持或不能持。（但其科文，似專為滿分受者作。）

第八，發願——開示受戒者，發大菩提心。

第九，勸囑——勸告受戒者，既發心受戒，即應依教奉持。

第十，迴向——以此受戒功德，迴向法界眾生。

對於傳授五戒儀軌的編訂，讀體大師在其皈戒條例中，也有說明：「今此正範，當於長老比丘所受。」又因寺中長老，皆為方丈和尚，故對戒師不稱阿闍梨，而稱和尚。至於「若是長老，未曾統眾，不任方丈，或二、三同修，或獨處無侶，苟偶善信發心來求戒者，第可開導，與之受戒。發願而已，餘儀不必全用」。

從讀體大師所編儀軌的內容看，自三皈以至菩薩戒，都是採用大乘戒的規模，事實上《優婆塞戒經》中的五戒，與普通五戒是不盡相同的，這在明末的蕅益大師及近代的太虛大師，均有說明。當然，如能使得一切戒，全部匯歸大乘菩薩戒，那是最好不過的事，唯有限於根機及環境的不同者，自亦不必使得所有的人，一進佛門，就要他們人人成為實踐菩薩道之大菩薩的。

蕅益大師所彙集的受五戒法，頗為簡明實際，茲錄如下，用供參考（《卍續藏》一〇六．七一六頁下—七一七頁上）：

「我某甲，皈依佛、皈依法、皈依僧，盡形壽為滿一分優婆塞，如來至真等正覺是我世尊。」（三說）

「我某甲，皈依佛竟，皈依法竟，皈依僧竟，盡形壽為滿一分優婆塞，如來至真等正覺是我世尊。」（三說）

（若善女人，即稱優婆夷。）

「如諸佛盡壽不殺生，我某甲亦盡壽不殺生；如諸佛盡壽不偷盜，我某甲亦盡壽不偷盜；如諸佛盡壽不婬欲，我某甲亦盡壽不邪婬；如諸佛盡壽不妄語，我某甲亦盡壽不妄語；如諸佛盡壽不飲酒，我某甲亦盡壽不飲酒。」

「隨受幾戒，則語幾戒，亦不應混濫也。以此受戒功德，迴向無上菩提，四恩總報，三有齊資，普與眾生，同生淨土。」

在家人受五戒，本為極其普通的事，只要面對一位戒師（或用梵語稱為阿闍梨），即可自說而受，如果自己不懂五戒的受法及其內容者，請戒師開導，傳授（受戒詞）即可。晚近以來，大家竟把傳五戒，看成了大佛事，廣事鋪張，勞師動眾，此雖為戒法做了莊嚴，卻將五戒的戒法壓在繁文褥節的高帽子下面透不過氣來了。

因此，我希望今後的中國佛教界，提倡普遍地傳授五戒，除了集體性的場合，不妨參考讀體大師的《三皈五戒正範》之外，其餘的則盡可能地減少麻煩。以我的看法，通常受五戒，有了如下的五項即可：

（一）請師開導五戒內容（簡明扼要），教授五戒的說詞（如已知者，此節可免）。

（二）問遮難（普通但問殺父母與破淨戒——自破破他，即可）。

（三）三皈三結（如蕅益大師所舉者）。

（四）宣讀或隨分選讀五戒的戒相（如蕅益大師所舉者）。

（五）發願迴向（通常用的〈迴向偈〉亦可，或以各人所願自白數語亦可）。

受一次五戒，最多不要超過十五分鐘，這樣清清楚楚簡簡單單地受五戒，要比擺大場面的更切實際，更容易得戒，同時，戒師也可在同一天中，為數人個別授戒，不致感到吃力。並可隨處均能為人授戒。

第二節　受持五戒的功德

佛教的究竟價值，是講三輪體空的：做事的人、所做事的本身、做事所產生的作用，全部空去，不著有無，才是學佛的最終目的。所以一切的善行，自無功德可言。但在凡夫而言，要做到這一步工夫，那是不可能的，否則他已不是凡夫了。

乘船的人，目的不在乘船，但是乘船，卻能使人達到所期待的目的地，船只是工具而已。同樣地，受五戒的人，目的不在於受戒的本身，但是受戒，卻能使人達到學佛的目的，戒只是方法而已。從世間法中說，利用工具或運用方法，必能產生正面的功利，或反面的罪過。受五戒，是行善的方法，故亦必有其應產生的功德。

修持五戒十善，若發出離心，即能因此而可證得初果乃至三果（四果者，必須出家），比如《根本說一切有部毘奈耶》卷三十一所載，小路比丘以半頌說十善法，善為譬喻，半頌說猶未了，聽眾之中，即有一萬二千有情，遠離塵垢，得法眼淨，明見真諦，或得煖法，乃至或有因此出家而證阿羅漢果。（《大正藏》二十三．七九八頁上）可知五戒十善，雖是學佛的起步，也可由此而能邁入聖城，了生脫死。

如果但求人天福報，或其戒力薄弱者，也可因此而不墮三塗，終將導致因緣的成熟，發出離心，越出三界。如果不能五戒全部清淨，但能堅持一戒，亦可保住人身；持戒的多少，以及戒力的強弱（係指對於可悔輕罪的持犯多寡而言），可以決定捨此一身之後的人天境界，持五戒的最高者，可生欲界第六天，依次向下，最少仍可做一個平凡的人，如想進入色界天乃至無色界天，須修禪定，到達初禪以上，始能進入色界天。同時，色無色界，不由五戒而得，但從禪定進取，所以外道不持佛戒，如果禪定工夫夠了，也可進入初禪以上的天界。從經律中看，修人天福報的功德，多半是生到四天王天及三十三天（忉利天）。

但從佛法的觀點上說，生天遠不如生在人間為好。天上的壽命，從四天王天向上數，一天比一天長，四天王天以人間五十年為一日，平均壽命為五百歲；到達第六他化自在天，以人間一千六百年為一日，平均壽命為一萬六千歲。對於五欲的享受，也一天比一天更為殊勝，但是，天人終是要壽終的，天福也有窮盡的，到了天上，光是享福，雖有求福的心情，也少求福的機會，天福盡了，命終還墮，可能不復為人，而入三塗道中。律中記載：目連尊者的在家弟子耆婆，也是當時的名醫，皈依三寶之後，免費為僧眾治病，以此功德死後生於三十三天，有一天目連尊者有一弟子病了，不知如何治療，便以神足去三十三天問耆婆，此時正逢天人各各駕車，馳往園中遊樂，誰也不睬站在一旁的目連尊者。耆婆見了，也只微一舉手，表示招呼，逕自駕車疾馳而去，目連尊者即以神力，停住耆婆的車子，並且責問他：「見了我，為何不下車敬禮？」他的回答是：「享樂要緊，不由自主。」並說：「我已算是好的，尚能舉手為禮，其餘的天人，連看都無暇看你一眼哩！」這是說，生了天，沉浸在欲樂的享受中以後，就忘了學佛修行了，也無心禮敬三寶了。

人間是苦的，但在五道之中，只有人才能夠因了受苦而行善求福，所以上面曾介紹，唯有人道受戒得戒。佛教是人間的佛教，學佛持戒，雖可報生天上，但是真正學佛的人，不要希望生天。這在《根本說一切有部毘奈耶》卷四十九中，又有一個故事：有一持戒比丘，夜間坐在一張矮床上，斂身入定，定中被一條毒蛇咬著了前額，雖然中毒身死，仍未知覺，因其尚未證道，未出三界，當其出定之時，即見有五百彩女，前後圍繞，問之始知已生三十三天為天人了。並且要他去禮帝釋天主，但他未染欲樂，反以為天女惱他，故頗感困惱地說：「我只禮佛陀，不禮天帝，並願天帝能來禮敬於我。」天女告訴他說：「只有進入妙地園中出家，可以得到天帝的禮敬。」因此，他便毅然放棄天福的享受，又去過出家的生活了。這是說，有心學佛的人，不要求享天福，也不應求享天福。（《大正藏》二十三．八九四頁中—下）

一切的業力，可由各人的願力來轉變，如果雖因受持五戒的功德，可以得到生天的果報，但也可以發願，願此功德還生人間，生生世世，見佛聞法，或做護持佛法的長者居士，或做弘法利生的清淨僧寶。如果沒有把握，或因志願不同，亦可願此持戒功德，迴向往生西方淨土，增長蓮台的品位，臨命終時，佛來接引，花開見佛，得不退轉。

五戒的功德，可以因人而異，在家人能由布施求福，受五戒的功德，則又超過一切財物的布施功德之上，但願在家的信士信女，發心受五戒；受了五戒，不要求生天上，最好是乘願再來人間，否則也應往生西方淨土。

即在現生而言，持了五戒的人，可減少許多不必要的煩惱與凶險，至少不再有因了主動的殺、盜、邪淫、妄語、酗酒而來的禍害。又據經中說，每持一戒，即有五位善神，隨身保護，若持五戒，即有二十五位善神，隨身保護，能使出入起居，皆得逢凶化吉。

佛法不唯能夠使人得到永久的安樂，也能予人以現世的安樂，受持五戒，便是求取這兩種安樂之寶的敲門磚。人間佛教的理想社會——輪王政治，也以十善為其準則，五戒若能普遍推行，儒家所說的大同世界也即在眼前了。

第四篇

了生脫死的門徑

——八關戒齋

第一章　八關戒齋及其內容

第一節　緒說

已經講了三皈與五戒，現在繼續再講八戒。

學佛之道，乃是逐段前進的，也是層層向上的。皈依三寶，只是信佛的初初入門，五戒十善，才是實踐學佛之道的真正開始。本來，在律典之中的佛陀時代，凡受三皈的，也必連帶著接受五戒；所以三皈五戒，從其根本要求上說是分不開的，後人之只受三皈不受五戒者，只是一種接引眾生的權宜之計而已。

受了三皈五戒，只要能夠如法奉行，絕對可保不墮三塗——畜生、餓鬼、地獄。五戒的功德，可以保住人身，乃至可以上生天道為天人。

但是，佛法的最終目的，是在教人了生脫死，三皈五戒之使眾生不墮三塗，也只是了生脫死的一種權宜之計，首先使之不往下墮，紮穩了腳根之後，再使之更上一層，而走上了生脫死的門徑。八關戒齋，便是這一了生脫死的門徑。當然，八關戒齋，僅是此一了生脫死之路的起點，只是一扇大門，只是一條路徑，進了門，上了路，還有更高更上的境界在等著我們哩！所以經中都說，持八關戒齋是眾生種的出世正因，而非出世之果。因為持五戒清淨者生天，持八戒清淨者，雖也是生天，但是，五戒生天，僅止於天，而不一定能夠了生脫死。八戒生天，雖生於天，終究必將得到了生脫死的涅槃之果。這是五戒生天與八戒生天的不同之處。

第二節　什麼是八關戒齋

戒，在佛教，從大體上分，共有兩大類別：一是漸次戒，一是頓立戒。

所謂漸次戒，是指在家的三皈五戒、出家的沙彌沙彌尼戒、比丘比丘尼戒。不受三皈五戒，不能受沙彌沙彌尼的十戒；不受沙彌沙彌尼的十戒，不得受比丘比丘尼戒；沙彌尼進入比丘尼的過程中，尚有式叉摩尼的六法，因其需要逐次上升，級級增加，故稱漸次戒。在家二眾，加上出家的五眾，共為七眾佛弟子，均以漸次戒而得名分序次。

所謂頓立戒，是指八戒與《梵網經》、《菩薩瓔珞本業經》（又稱《瓔珞經》）之菩薩戒，這兩種戒是在七眾戒之外的別解脫戒（梵語波羅提木叉），此戒與彼戒，雖然同為佛戒，但是不受三皈五戒，同樣可以直接來受八戒與菩薩戒（《瑜伽論》菩薩戒則仍為漸次戒）。

那麼，我們現在所講的八戒，既非七眾的漸次戒之一，為何要把它放在五戒之後來講呢？因為八戒之中包括了五戒的全部，又攝入了沙彌十戒的大部，為了理解上的方便，所以把它放在五戒之後，沙彌戒之前。

八關戒齋的內容是這樣的：

（一）不殺生。
（二）不偷盜。
（三）不非梵行（不淫）。
（四）不妄語。
（五）不飲酒。
（六）不著香花鬘，不香油塗身；不歌舞倡伎，不故往觀聽。
（七）不坐臥高廣大床。

（八）不非時食。

我們看來，就可知道，此八戒之中，除了六、七、八的三條戒，其餘前五條戒，則與五戒相同，不過第三條的「不邪淫」，在此改為「不淫」了。

其實，這八條戒，就是沙彌十戒的前九條，除了未將第十條的「不執持生像金銀寶物」列入之外，則與沙彌戒完全一樣，只是把沙彌戒的六、七兩條，在此合為第六戒的一條了。所以，也有人將此八戒依沙彌戒分列為九條的，因為最後一條的「非時食」戒，不是戒而是齋，不非時食稱為齋，過中午不食稱為持齋（持齋絕不是等於吃素），過了中午而食，稱為「非時食」。八關戒齋，也就以此持齋為體為主為本為要，故而前面八條稱為戒，後面一條稱為齋。齋的意義是「清淨」，從事相上說，過中午而食者，即為雜亂不淨，所以三世諸佛，皆是過中午不食的；從根本說，身、口、意的三業清淨，便名為齋。

不過，八關戒齋與沙彌十戒的最大區別，是在僅於六齋日的一日一夜受持，不像沙彌戒是需要終身受持的。正因沙彌終身受十戒，故其最高可證阿羅漢果，八關戒齋一日一夜受持，雖種出世正因，也不能即身而證阿羅漢果。但是佛陀慈悲，因為世上儘管有很多人希望信佛學佛，而期走出生死之道，然由各各不同的差別因緣，使得許多的人皆無法走出這一生死之道，有的為了他們本身的職業；有的為了妻子兒女的糾纏等。所以，希望走上出世之道的人很多，能夠走上出世之道的人則很少。因此，開出一個方便法門，使那些嚮往出世生活而又無法達到目的的人，也有機會來過過出世的生活，種植出世的善根。八關戒齋，就是此一廣大的方便法門。八關戒齋，既然是沙彌十戒的前九條，故也相近於沙彌十戒的分日受持了。出世的生活，是以沙彌的生活為基礎為開始，分日受持沙彌十戒的前九戒，也就相近於出世生活的分日受持了。八關戒齋是一日一夜受持，多受一次即多一次的收益，通常是以陰曆每月的初八、十四、十五、二十三及月底最後兩天，通稱為六齋日，在此六天之中，天天受固然好，如因環境的限制，僅受五天乃至一天，也是好的。

第三節　為何要受八關戒齋

為何要受八關戒齋？大概的意思，前面已經說過，是為種植出世的善根，受持八關戒齋，雖僅一日一夜，終究必因此一功德而將得到涅槃之果！

那麼，為何八關戒齋具有如此的功德呢？

這一點，我們應注意到，八關戒齋的重心，是在設法關閉眾生的生死之門。八關戒齋的作用，是在由此關卡而走出眾生的生死之門。生死的主要關鍵，端在淫欲與飲食的二大禍源，儒家說：「食、色，性也。」依佛法的觀點來說，眾生之成為眾生的根本原因，飲食為生死的增上助緣，淫欲是生死的根本原因，一切眾生，皆因貪戀淫欲之樂，所以既助成了後代子孫的生死，自身也被生死之索所束縛纏裹！眾生之有淫欲，乃是與生俱來，淫欲之形成兩性的交接，則又必在飽暖之後，飽暖屬於衣食，食比衣更重要，有食無衣，可以飽也可以暖，有衣無食，終必飢餓而死。所以淫為生死根本，食為生死助緣，若能超越於淫欲與飲食之外，必已了生脫死——三界之中，雖至無色界的非想非非想處天，已無淫念，但仍不離識食，故仍不出生死。為了超越生死，所以戒淫，為了抑制淫欲，所以持齋。出世的生活，端從戒淫與持齋做起，飲食雖為生死的助緣，淫欲卻由飲食的滿足而起，正因如此，持齋雖非戒，卻是戒之體了。

也許讀者要懷疑：八關戒齋的內容，明明有八條或九條。為何只說淫戒與持齋才是八關戒齋的重心呢？

這要知道，八關戒齋的前五戒，除了將第三戒的「不邪淫」改為「不淫」，其餘則與五戒一樣，可見其重點是在於戒淫，故與五戒不同；至於第六條「不著香花鬘，不香油塗身；不歌舞倡伎，不故往觀聽」，以及第七條「不坐臥高廣大床」，目的也是為了間接地戒淫。著花、塗油、塗香、唱歌、跳舞、彈琴、雜伎、坐寶座、臥大床，不論自己做也好，去看他人做也好，對於修道的人來說，總是不相宜的，這些都是放縱情欲的媒介，都會使人想到淫欲上乃至做到淫欲上去的東西，故其仍屬戒淫的範圍。至於第八條持齋，不用再解釋了。

正因為八關戒齋，是重在淫欲與飲食的戒除與節制，所以持了八關戒齋，就是種植了出世之因的功德。在家俗人而想種植出世之因的功德者，就該受持八關戒齋，不論你已受了三皈也好，受了五戒也好，受了菩薩戒也好，都可以也應該再來受持八關戒齋的，因為八關戒齋與三皈、五戒、菩薩戒的受持，並無衝突。這是一日一夜受，今日受了，到明日天明，就可不再受此戒齋的限制，如果下次要受，必須重新再受，這實在是非常方便而功德很大的波羅提木叉，不像五戒是終身受戒，菩薩戒是盡未來際時受持。

第四節　八關戒齋的內容

八關戒齋的內容，前面已經大略地介紹過了，現在再來稍加解釋。

一至五戒，除第三淫戒之外，完全與五戒相同，我們不再解釋，讀者可參看「人間天上的護照——五戒十善」第一章。即使淫戒一條，我在該文中，也已提到：「每月的六齋日，不得行淫。」不過，但持五戒而不持八關戒齋的人，雖說六齋日不得行淫，萬一行了夫婦的正淫，也不算犯戒。唯於《梵網經》菩薩戒輕垢第三十條，也有如此的規定：「……為白衣通致男女，交會婬色，縛著。於六齋日，年三長齋月（正月、五月、九月為長齋月），作殺生劫盜，破齋犯戒者，犯輕垢罪。」（《大正藏》二十四．一〇〇七頁上—中）這是說：受了《梵網經》菩薩戒的人，也應於每月的六齋日及每年的三個長齋月中，皆不得犯殺生、偷盜、淫欲、非時食等的行為，否則便跟持八關戒齋的人一樣，成為犯戒罪！這在《梵網經》戒中，稱為「不敬好時戒」；五戒之人，不敬好時，雖非犯戒，總也不是好事，今在八戒之中，如果不敬好時，那就成為犯戒了，這是與五戒情形不同之處。同時，八戒的不淫，還有更進一層的要求，《佛說齋經》中說：「一日一夜持心如真人（如來），無婬意，不念房室，修治梵行，不為邪欲，心不貪色，如清淨戒，以一心習。」（《大正藏》一．九一一頁上）在此最要緊的，是要向佛陀看齊，雖僅一日一夜，也希望做到百歲比丘那樣的梵行清淨，身不犯淫行，口不說淫語，心不念淫意，在此一日一夜之中，完全要以出世離欲的身心來自期自處，凡是一念淫意現前，或者回憶過去的淫境，或者想像未來的淫樂，便算齋不清淨。這一要求，比起菩薩戒的「不敬好時戒」，又要嚴格得多了。但是，菩薩應持六齋，故在《優婆塞戒經》中有「持六齋戒」的規定。

現在，我們從第六戒起，分條研討如下：

第六條：不著香花鬘，不香油塗身；不歌舞倡伎，不故往觀聽。

因為八關戒齋是重在教人出離世間，重在種植出世之因，所以從事相上看，是屬於自求解脫生死的小乘法門（不要輕視小乘，若無小乘行的基礎，大乘行便無從落實。自己不能生死自主，先喊：「我不入地獄，誰入地獄。」那是等同犯罪墮地獄，而非乘願救地獄了；要知道，唯有自主的能力愈強大，能做到化度的範圍愈深廣）。故也不要說：「為了接引眾生，一生補處的菩薩也要用花鬘瓔珞來做莊嚴。」要知接引眾生是一回事，求了生死又是一回事。

「著香花鬘」，是印度的美化裝飾品，用香花結成花冠，綴成花圈，連成花串，或用金銀寶物鑲嵌連綴而成，戴在頭上，掛在胸前，披在肩上，乃至垂吊佩飾於全身上下。如在今天來說，女人的項鍊、項圈、耳環、髮夾、飾帽、別針、手鐲、鑽戒、指環等等，男人的手表、金戒、領帶上的飾物等等，皆屬香花鬘的同一性質，所以南傳小乘比丘與沙彌，他們的手上是不戴表的，原因即在於此。現在各地大乘比丘出國訪問，接受歡迎，有用夏威夷式的花圈，敬獻於項間佩掛者，乃是不合要求的事。在此不著香花鬘的涵義之中，當也包括了不著華麗高貴色彩與色彩鮮豔的衣服在內，這是不能不注意的。出家人著袈裟——壞色衣，是終身的事，在家人於持八關戒齋的六齋日，衣著自也應當力求樸素為宜。這在佛陀時代，有一個例子：當時有一位非常有錢有地位的貴婦人，叫作毘舍佉母，有一次，她去拜見佛陀，直到走近祇園精舍的門口，才發覺她是盛裝出來的，一身都是珠光寶氣的花鬘瓔珞，她覺得去見佛陀是不該如此的，但又不便再退回家去卸裝，於是就將那些花鬘瓔珞卸下來，隨便向精舍裡的樹下一放，樸樸素素地去見佛陀。以此可見，弟子為了恭敬佛陀，所以不敢打扮得花枝招展去拜見，我們為了了生脫死而受八關戒齋，自是更不應該盛裝豔抹了。

「香油塗身」，本來也是印度的習俗，印度地處熱帶，皮膚需要經常潤滑，所以有錢的人，不論男女，都有塗油的習慣，有的人，每洗一次澡，便得塗一次油，故此「塗油」，也有清潔劑的成分在內；比丘比丘尼不許塗油，但遇有病，佛也准許塗油，這在律中，常可見到，用油塗腳，更是平常的事。不過，俗人，尤其是有錢的人，均用上等的香油。過出家生活的人是不可用香油塗身的。今日市場上所賣的香水、香皂、香粉、香脂、香膏、香油等等，在受八關戒齋的日子，自也一律不得使用（如果比丘比丘尼用香料塗身，那是持戒不淨的徵象）。以上兩點，男人比女人容易持，女人之愛美心理，是與生俱來的。但是，不聽說「女為悅己者容」嗎？女人美化自己的容貌，乃為求取男人的愛慕與歡心，其中富有挑逗引誘的淫意在內，所以佛陀要求，在家弟子們於受了八關戒齋的日子裡，要把這些全部放下。如說為了交際與應酬的理由而不能放下，那麼你可在沒有交際應酬的日子，再受八關戒齋，絕不可既然受了，又要去犯，受戒功德大，犯戒罪更大！所以泰國的在家人，如於六齋日（他們稱為佛日），受八關戒齋，「那是一日夜不回家的，夜間就

和衣睡在佛殿的四邊。」（見淨海法師的〈泰僧安居記〉，《海潮音》四十三卷三月號）

對於香料的運用，律中也有指示：塗在佛殿裡，塗在僧房裡，或因住處房內有臭氣，亦可燃燒各種好香來熏。如有患眼、患瘡，醫師處方，教用香料為藥，並且非以香料塗抹不能治好者，也可以用。在今天，好像已極少用香塗瘡的實例了，故也沒有開用的必要。

「歌舞倡伎」，是娛樂，以世間法來說，人之對於娛樂，是不能缺少的，人類自初民開始，便有簡單的歌唱與舞蹈，因為娛樂是調劑人類生活的一種產物，所以娛樂之於世界各民族中，自古以來，均受重視。不過娛樂的範圍很廣，娛樂的效果，也有善與不善，所以今世的社會，要提倡正當的娛樂而取締不正當的娛樂，娛樂之有益於人的身心者，為正為善，有害於人的身心者，為邪為惡。故在中國的古聖先賢，要「制禮作樂」、「禮者養也」，禮的目的，在培養中正和平的國民性，是為了發揚人性，提高人格而設。「樂者樂也」、「樂則安，安則久」，樂的目的，是在陶冶和樂互助的國民性，是為了上下和敬，長幼和順，族里和親而設。其實禮樂二者，相互為用，才能產生敬順和樂的效果：有樂有禮，雖樂而不流於淫亂，有禮有樂，雖禮而不滯於呆板。因此，娛樂的價值，可以達成移風易俗的目的。

既然如此，我們佛教，怎麼要教人「不歌舞倡伎」呢？其原因，是在嚮往出世，既已嚮往出世，哪還有閒情逸致來享受世間的娛樂呢？出世者的態度，絕不可仍以順世的心來衡量，否則也就不成其為出世者的態度了。既求出世，不可再以廣度眾生的理由來隨順世俗，若尚未證入聖果聖位，空言隨順世俗而廣度眾生者，那你隨俗而流，順流以去，是真的；廣度眾生，則絕難做到！所以《瑜伽論》菩薩戒中，菩薩為度眾生，可開七支罪，雖犯戒而有功德，但又明文規定：「出家菩薩，為護聲聞，聖所教誡，令不壞滅。」（《大正藏》三十．五一七頁下）《攝大乘論》則說地上的菩薩，為度眾生，可開十惡，雖犯十惡，仍多功德。《根本說一切有部毘奈耶雜事》（略稱《根本雜事》）卷三十七中說，佛陀為度樂神善愛健闥婆王，也去天上親奏千弦琉璃箜篌。八關戒齋既是出世戒（本質與出家戒一樣），我們既然不是地上的聖位菩薩，為了解脫生死，持齋之日，不做歌舞倡伎，不享聲色娛樂，誰說不該？

當然，佛陀並不禁止在家弟子的歌舞倡伎，為了供養三寶，俗人可以歌舞做為奉獻，這在大、小乘經典中，均有記載。唯其應以讚揚三寶的功德為先決條件，否則不得演奏於三寶之前（今人有以佛化電影、佛化歌曲、佛化戲劇來弘揚佛法者，自是不違佛制的，但是出家人絕不可參與演出）。如在寺院中由俗人演奏歌舞而屬於讚揚三寶功德的，並且專為出家人演時，佛陀是准許看的，至於到以歌舞倡伎為營業的娛樂場所去看，佛陀則絕對地禁止。我以為這有幾點理由：1. 娛樂場所的歌舞，好壞不等，以娛樂為商業的人，為了「票房價值」，迎合低級趣味的色情演出，乃是極平常的事；2. 娛樂場所的觀眾，男女混雜，賢愚不類；3. 出家人的生活，應以攝心閑靜為職志，應以禪誦聽教為要務；4. 出家人的服飾形貌與俗人殊異，易受俗人的注目，易招俗人的譏謗。有這四點理由，修道人是否應該進出於娛樂場所呢？受了八關戒齋的人，可能與第四點無關，與前三點則是有著密切關係的。但我看到淨海法師報導泰國的比丘生活，他們可以看電視，也可以聽收音機中的歌唱，根據佛制要求，他們看的電視，應該是有關佛教化的節目，他們所聽收音機中的歌唱，也該是讚頌三寶的歌唱。泰國實情如何，我則不得而知。

關於「歌舞倡伎」的內容，《梵網經》菩薩三十三輕垢戒說：「不得聽吹貝、鼓、角、琴、瑟、箏、笛、箜篌、歌叫、伎樂之聲；不得樗蒲（賭錢）、圍碁（棋）、波羅賽戲（象棋）、彈碁（漢宮人粧奩戲）、六博（即今雙陸戲）、拍毬（球戲）、擲石、投壺（競技用，如今之鉛球、標槍、打靶等）、八道行城（西域以棋子分八路進退遊戲）、爪鏡（圓光法）、蓍草（易卜）、楊枝（樟柳神）、缽盂（攪水碗法）、髑髏（耳報法）而作卜筮。」（《大正藏》二十四．一〇〇七頁中；多分參照蕅益《梵網經合註》括註，《卍續藏》六十．七四〇頁下）

蕅益大師在《沙彌十戒威儀錄要》中又說：「唱曲吟詩，名之為歌；掉臂蹴足，名之為舞；吹簫、彈琴、雙陸、圍棋、擲骰、賻錢、醫、卜、星相、投壺、射箭、馳馬、試劍等，並名倡伎。」（《卍續藏》一〇六．六八五頁下）從此可以明白，不歌舞倡伎的內容，是包括了一切的歌舞技藝與雜耍了。

「不故往觀聽」，是說只要不是存心蓄意去看去聽，如果道經其前者，不為犯戒，但也不得因為偶爾道經其前，便駐足觀聽，或隨逐觀聽——這要注意了，爭看街頭巷間的熱鬧，也是不許可的。

第七條：不坐臥高廣大床。

關於律中的「床」這樣東西，中國人可能還不大明白，床在我們是專門用來睡覺的，但在西域，床的涵義較廣，睡覺用的叫作床，起居用著坐的也叫床，床有大小及高矮不等，有的高大得需要好多人來抬，有的卑小得可用一隻手輕輕地移動。因此，有的床可以二人乃至數人坐臥兩用，有的床是只能坐不能臥的。故在佛典中的床與座，往往通用或並用的，如說「身為床座徧大千」，這是說明願心之大，載德之厚，能以一己而廣度大千眾生的意思。經中常說佛陀「敷座而坐」，但也有敷座而臥的，如《鼻奈耶》卷四中說：「時世尊四疊甕憂多僧（七條衣）敷床（座）上，僧伽黎（大衣）著頭前，右脇臥師子座，累膝互屈申腳……。」（《大正藏》二十四．八六六頁上）又如西藏達賴與班禪喇嘛的「坐床大典」，實也即是「陞座大典」，所謂「金床」，也就是「寶座」。

明白了床的涵義之後，我們可以解釋高廣大床了。

蕅益大師《沙彌十戒威儀錄要》稱：「牀足但高一尺六寸，坐時腳不掛空，過此量者，即名為高；但可容身轉側，過此即名為廣。既高且廣，即名為大。」

（《卍續藏》一〇六·六八五頁下）這是根據《四分律》比丘戒單提法八十四條而來。

唯有淡泊了物質的享受，才能提高精神的領域；唯有簡單了物質的生活，才能勇猛於道業的精進。既然嚮往出世的境界，自當放下感官的貪著了。資生的用品愈好愈美，我們就愈是會被資生的用品所役所轉，甚至愛護資生的用品要比愛護自己的道心更為熱切；資生的用品愈高貴，我們的心也就愈是因了資生用品的高貴而現得高傲我慢起來，一有高傲我慢之心出現，道心也就走得無影無蹤了。所以唐代悟達國師，因受沉香寶座，一念名利心起，竟遭人面瘡報。

再說，床上刻畫雕漆、綾羅綢帳、繡枕錦被等等，都算是高貴，如果再加床身寬廣高大，試問那對於一個修行的人是適合的嗎？一個人睡在這樣好而且大的床上，會有些什麼樣的心理反應，當亦可想而知了！

在家人，受了八關戒齋的日子，應該男女夫婦分床分房睡；如果家裡只有雙人床，沒有單人小床，不妨特為自己購置一張單人小床，專備六齋日臥用。否則雖受戒齋，亦不得戒齋。

出家五眾，對於這條，尚有規定，在此不舉。

第八條：不非時食。

前面已經說過，八關戒齋的過中午不食是非常要緊的，而且是最主要的一條。受八關戒齋而不持此「不非時食」，固然不成戒齋，出家而不持「不非時食」，便不能為俗人做八戒阿闍梨（師）；不終身持「不非時食」者，也不得為俗人做八戒阿闍梨，不得為俗人授八關戒齋，更不得做沙彌戒和尚乃至比丘戒和尚；沙彌不持「不非時食」，不得受比丘戒。這是非常嚴正的一條。

在佛陀時代的印度，外道婆羅門，均持「不非時食」，佛在《舍利佛問經》中說：「諸婆羅門，不非時食，外道梵志，亦不邪食。」（《大正藏》卷二十四．九〇二頁下）中後不吃東西，身心都很輕爽。雜想妄念也會減少。

不非時食，是說過了日中之後，除了飲水，不得再吃任何食物。俗人也許不慣中後不食，到了晚上也許會飢餓難忍而反增煩惱，甚至形成胃病。這一點，我要普勸：如你萬不得已，你可以方便吃糖減餓；可以吃果子汁，但要先用清水滴淨，並且不得吃果子肉。如果你能忍受的話，反正一個月只有六天，為什麼不勇敢一些來忍受一下呢？如說營養不夠，那是多餘的顧慮，大陸時代的軍人，每天都是吃的兩

餐，也未見餓死的。至於詳細的情形與理由，我有一篇〈佛教的飲食規制〉，可以參看。（見拙著《律制生活》）

第二章　六齋日及其戒齋清淨

第一節　什麼是六齋日

八關戒齋，是俗人在每月的六齋日受持的。前面說過，陰曆的初八、十四、十五、二十三，以及月底的最後兩日，便是六齋日。

不非時食，是印度的內外道通行的，六齋日也是印度的內外道共同守持的。在此，我們必須明白，佛法與外道，在人天法的許多觀念中，是可以相通的，外道雖不如佛法的深廣博大，外道在人天法中所見境界，有許多在佛教是可以承認的。只要是對的，外道說了正法，雖為外道所說，仍應得到尊重，如果是不對的，佛子說了邪法，雖是佛子所說，還是不能採信，這也是佛教的偉大之處。

六齋日，梵語叫作逋沙他（poṣadha）。這與佛教每半月布薩說戒的布薩，是同一義，意為「長淨」，長養善法，清淨梵行的意思。

其實比丘半月布薩說戒，與六齋日的關係很深。如《薩婆多部毘尼摩得勒伽》卷六：「王舍城諸外道，八日、十四日、十五日，集一處唄誦，多得利養，眷屬增長，爾時瓶沙王信佛法僧，往詣佛所……佛言聽諸比丘，八日、十四日、十五日，集一處唄誦說法。」（《大正藏》二十三．六〇三頁上；印度當時將一個月分為二月，稱為白月與黑月，每月只有十五天，只有初一到十五，沒有十六到三十）至於布薩，原因亦為「王舍城諸外道梵志於月三時為集會，眾人群來周旋，共為知友，供養飲食。佛勸瓶沙王制之，有比丘對白衣說經，白衣施食比丘等者，原為月二回，次第增為六齋八齋等。」（見丁福保《佛學大辭典》八六二頁）乃至增為十齋日的。可見比丘的半月布薩一回與八戒的半月布薩三回，是同出一個原因了。

那麼，為什麼要選這六天為齋日呢？

《大般若經》卷十二：「六齋日，月八日、二十三日、十四日、二十九日、十五日、三十日，諸天眾會。」（《大正藏》八．三一〇頁下）

《四天王經》：「諸天齋日，伺人善惡，須彌山上即第二忉利天，天帝名因，福德巍巍，典主四天，四天神王，即因四鎮王也，各理一方。常以月八日遣使者下，案行天下，伺察帝王臣民、龍、鬼、蜎蜚、蚑行、蠕動之類，心念、口言、身行善惡；十四日遣太子下；十五日四王自下；二十三日使者復下；二十九日太子復下；三十日四王復自下。」（《大正藏》十五．一一八頁中）

《大智度論》卷十三：「問曰：何以故，六齋日受八戒修福德？答曰：是日惡鬼逐人，欲奪人命，疾病凶衰，令人不吉，是故劫初聖人，教人持齋修善作福，以避凶衰。」（《大正藏》二十五．一六〇頁上）

關於六齋日的由來，傳說很多，各部經中，大同小異，《大智度論》所列最詳，如有興趣，可以參閱《大正藏》第二十五冊一六〇頁。

《大毘婆沙論》卷四十一：「三十三天……於白黑月，每常八日、若十四日、若十五日，集善法堂，稱量世間善惡多少。……見造善者，便擁護之；見造惡者，即共嫌毀。」（《大正藏》二十七．二一二頁下）

好了，我們不再多舉了，其實，我們持戒齋的目的，不是怕天神來伺察善惡，不是怕疾病凶衰，也不是怕天神的嫌毀，而是為了種植出世之因。不過，每月之中，既有如此的六天，比較重要，所以佛陀也就選了這六天，做為八關戒齋的齋日。絕不是說，唯有此六天可作齋日，其餘日子便不可作齋日；更不是說，只此六天應該持戒齋，其餘的日子便不該作戒齋日。因為凡是受持戒齋，日日受持，日日均有功德，六齋之日僅持其中的一日，也有一日的功德。如果不持戒齋而反造惡業，六齋日作了固然得罪，平日作了，同樣也要遭報。佛陀沿用印度外道所通行的六天，來勸在家弟子們受持戒齋，也是一種權巧方便。

第二節　怎樣算是戒齋清淨

八關戒齋，看來僅僅八條，要求受持清淨，實也不太容易。身不作惡：不殺；不盜；不淫；不著香花鬘，不香油塗身，不歌舞倡伎，不故往觀聽；不坐臥高廣大床。口不作惡：不妄語，不飲酒，不非時食；只要決心來做，是可能做得到的。至於要使意不念惡，那就很難了。最難控制的是妄念的紛紛湧現，並且不絕如縷，心志稍不集中，妄念便會趁隙而入，妄念之中，有善有惡有無記，善的不妨，無記亦無多損，惡念之來，念殺生、念偷盜、念淫欲、念妄語、念飲酒，乃至念非時食，只要一念生起，不論念過去、念未來，均為齋不清淨，唯其若未涉及身、口二業，仍不是破戒。

如果有人準備於明日受持八關戒齋，以為明日既不能行殺、行盜、行淫，乃至不能於非時而食了，便於今天故意放縱一番，這樣的人，明日雖能受持戒齋清淨，也是不算清淨；或有人今天受持八關戒齋清淨，卻存意明天去行殺、行盜、行淫，乃至準備非時而食者，還是不算清淨。持戒齋者，貴在心念出離世間，貴在放下五欲的束縛，如果心不清淨，便是齋不清淨，豈可懷著貪樂五欲之心，而來受持戒齋？

因此，佛在《優婆塞戒經》卷五中說：「若欲受齋，先當敕語，遮先諸惡，乃得成就；若先不遮，輒便受齋者，不名得齋。」（《大正藏》二十四．一〇六三頁中）可見，受齋之先，不但先從身心清淨而做準備，更要以口宣告他人，使得他人也知道我要受持戒齋了。

如何才能做到戒齋清淨，蕅益大師於《優婆塞五戒相經箋要》的末後說：「凡齋戒日，不得鞭打眾生；不得身口作不威儀事。……不得起貪欲、瞋恚、煩惱等邪覺，更須修六念。以上四禁，若有犯者，雖不破齋戒，而齋戒不清淨。」（《卍續藏》一〇六．七四九頁下）

六齋日受了八關戒齋，為防妄念叢生，為增戒齋功德，最好的方法是專持六念：

（一）念佛：佛為慈悲導師。念佛的法門，能除愚癡；念佛的實相，能除惡意；念佛的相好，能除怒習。

（二）念法：法為諸佛之母。佛所說法，無量無邊，但以三十七道品，能夠逐層而上，完成修證之功，所以應念三十七道品，其內容是：

1. 四念處——觀身不淨、觀受是苦、觀心無常、觀法無我。

2. 四正勤——未生惡不生、已生惡滅除、未生善令生、已生善增長。

3. 四如意足——欲（慕樂修持之法）、念（一心正住其境）、精進（修習不懈）、慧（思惟心不散）。

4. 五根——信（信於正道）、精進（勤求不息）、念（一心觀想）、定（一心寂定）、慧（內性自照）。

5. 五力——由五根而發生五種力量，破除五障；信力遮煩惱、進力除懈怠、念力破邪想、定力破妄想、慧力破一切邪外。

6. 七覺支——念（思念修諸道法，而使定慧均等）、擇法（以智簡擇法之真偽）、精進（以勇猛心離邪行、行正法）、喜（心得善法，即生歡喜）、輕安（斷除身心麤重，身心輕利安適）、定（心住一境）、行捨（捨諸妄謬、捨一切法）。

7. 八正道——正見、正思惟、正語、正業、正精進、正定、正念、正命。

（三）念僧：僧是人天福田。根據《佛說齋經》的記載，此所謂念僧，是念的真實僧，或勝義僧，乃是證得四果與向四果的四雙八輩的聖僧。但凡夫比丘僧，也應恭敬供養，此處所謂念，乃是念其功德，所以要念勝義真實僧，平日依止學習，仍當以持戒有素的世俗僧為主。因為梵語僧伽 samgha 一字，意為和合眾，或者單譯為眾。印度四人以上即為眾，所以比丘比丘尼四人以上，可稱為僧伽，俗人四人以上，也可稱為僧伽，所以佛弟子共分七眾乃至九眾；所以《阿含經》有將「皈依僧」譯為「皈依眾」的，因此有人以為，既稱皈依眾，就不必一定要皈依出家人了。其實，凡立此一謬論者，已招大罪！因為佛陀從未說過皈依僧者即是皈依在家眾的，處處都說是「皈依比丘僧」。佛初成道，未度比丘，先度在家弟子，便令皈依未來比丘僧，即是最大的明證。因有人誤解了僧的定義，故此附帶說明。

（四）念天：天上長壽安樂。因為受持八關戒齋一天一夜，其功德即可感生欲界六天的果報，所以一心念念，生天的果報，長壽安樂。

（五）念戒：持戒三業清淨。八關戒齋，雖僅八條，然其戒力的範圍，亦可大至無窮無極，持一殺戒，即可於一切眾生分上得不殺的功德，餘戒亦可類推準知；八戒的究竟，亦能具攝定共戒（由定而發，又稱禪戒，由定力而自然不犯，故稱定共戒）、道共戒（證得聖果，階登聖位，雖不受戒持戒，也能與戒相應而一往清淨，故稱道共戒）、三聚淨戒（攝律儀戒、攝善法戒、攝眾生戒，這是大乘菩薩戒的境域了）。因為五戒是一切戒的基礎，八戒自也更是一切戒的基礎了。故其功德大小，可以隨人而異，以菩薩心持五戒，五戒即成大乘戒；為求人天福報持菩薩戒，菩薩戒也等於五戒了。

（六）念施：普濟一切貧窮。貧窮有三種：財產貧窮、修福修道的方法貧窮、做人處世的膽識貧窮。所以布施也有三種：財物布施、佛法布施、無畏布施。財物能使眾生的物質生活改善，佛法能使眾生的精神生活充足，無畏能使眾生鐵肩擔道義，擇善而從，勇猛直前。根據《大智度論》的解釋是這樣的：持戒之人不犯他人的財物，且以自己的財物施與他人，稱為財施；能為他說法，使之開悟得道，稱為法施；一切眾生皆有畏死之心，持戒之人無殺害之心，能使眾生沒有畏懼感，稱為無畏施。（《大正藏》二十五．一六二頁中）

以上介紹了許多的名相，枯燥無味，對於初入佛門的人來說，的確是一件困難的事，單把六念的內容分辨清楚，已經很不容易，再要一心一意地念此六念，那就更不容易了。不過，這是修持八關戒齋法門的一種規定，如能如法做到，自是好事，萬一於一時之間用不上六念的工夫，改用持名念佛念菩薩的聖號，也可通融，比如小乘經中的念佛，那是念佛的功德相好，在彌陀宗中的念佛，卻是專心持念阿彌陀佛的聖號了。如果再有方便法門，比如持咒、誦經、禮懺，那也可以。比如《地藏菩薩本願經》中說：「若未來世眾生，於月一日、八日、十四日、十五日、十八日、二十三、二十四、二十八、二十九日乃至三十日，……能於是十齋日，對佛菩薩、諸賢聖像前，讀是（地藏）經一遍，東西南北，百由旬內，無諸災難，當此居家，若長若幼，現在未來，百千歲中，永離惡趣。」（《大正藏》十三．七八三頁中—下）我們看，十齋日是於六齋日之外，另加一日、十八日、二十四日、二十八日的四天，其餘六天即是六齋日；十齋日可讀誦《地藏經》，六齋日當亦可誦《地藏經》了。還有《藥師經》中也說：「受持八分齋戒，……復應念彼（藥師）如來本願功德，讀誦此（藥師）經，思惟其義，演說開示。」（《大正藏》十四．四〇六頁下）由此也可證明，受持八戒之日，不唯可以誦經——六齋日的由來，本為瓶沙王請佛於此六日說法的，已見前面徵引。

第三章　八關戒齋的條件與受法

第一節　唯有人類可受戒

《薩婆多毘尼毘婆沙》卷一中說：「凡得波羅提木叉戒者，以五道而言，唯人道得戒。」（《大正藏》二十三．五〇九頁中）八戒也是波羅提木叉戒，故除人類而外，異類眾生，上至天人也不得戒。又說：「雖處處經中，說龍受齋法，以善心故，而受八齋，一日一夜得善心功德，不得齋也，以業障故。」（《大正藏》二十三．五〇九頁下）又說：「一、男，二、女，三、黃門，四、二根，四種人中，唯男、女得戒。」（《大正藏》二十三．五〇九頁下）也就是說，雖在人類之中，也只有生理正常的男人與女人，才能得戒。

第二節　犯五逆破淨戒者不得戒

《薩婆多毘尼毘婆沙》卷一中說：「如是男女中，若殺父母、殺阿羅漢、出佛身血、破僧輪（以上為五逆）、汙比丘尼、賊住（非法而住僧中者）、越濟人（為了生活非為佛法而出家者）、斷善根，如是等人，盡不得戒。」（《大正藏》二十三．五〇九頁下）

《優婆塞五戒相經》中說：「犯佛弟子淨戒人者，雖無犯戒之罪，然後永不得受五戒乃至出家受具足。」（《大正藏》二十四．九四三頁上）所謂「淨戒人」是指守持不淫戒的人，如果他人堅持不淫戒，初次誘逼，與其行淫，便稱破人淨戒了。比丘、比丘尼、式叉摩尼、沙彌、沙彌尼，以及受持八關戒齋日的優婆塞與優婆夷，均不得使之破戒，否則自己便永無求受任何佛戒的資格了。不過，通常均以破女尼的淨戒為主，破男人的淨戒，總不是尋常的。然在《十誦律》卷四十中有這樣一段記載：「佛在舍衛國，有一婆羅門生女，面貌端正……名曰妙光……是女以先語沙門婆羅門：『共我行欲！』因緣故墮惡道，在彼國北方，生作婬龍。」（《大正藏》二十三．二八七頁下——二八八頁上）這僅僅誘使沙門婆羅門與她行淫，尚未造成破他淨戒的事實，她便因此而墮淫龍了！

第三節　受持的時限

關於受持八關戒齋的時限，各經論中，所說不一。

《薩婆多毘尼毘婆沙》卷一中說：「問曰：『受八戒法，得二日、三日乃至十日，一時受不？』答曰：『佛本制一日一夜，不得過限。若有力能受，一日過已，次第更受，如是隨力多少，不計日數也。』」（《大正藏》二十三．五〇九頁上）又：「問曰：『若欲限受晝日齋法，不受夜齋，得八齋不？若欲受夜齋，不受晝齋，得八齋不？』答曰：『不得。』所以爾者，佛本聽一日一夜齋法，以有定限，不可違也。」（《大正藏》二十三．五〇九頁上—中）這是說明八戒唯有一日一夜受，不得數日連受，也不得單受白天而不受夜間，或單受夜間而不受白天。雖在《根本說一切有部毘奈耶皮革事》中，億耳於曠野見到單受日齋與單受夜齋的果報者，但在《薩婆多毘尼毘婆沙》卷一中又接著解釋道：「有云：此是迦旃延欲度億耳故，作變化感悟其心，非是實事。」（《大正藏》二十三．五〇九頁中）

但在《成實論》中則說：「有人言：此法但齋一日一夜。是事不然！隨受多少戒，或可半日乃至一月，有何咎耶？」（《大正藏》三十二．三〇三頁下）《藥師經》中也說：「有能受持八分齋戒，或經一年，或復三月，受持學處。」（《大正藏》一四．四〇六頁中）又說為了供養藥師如來：「應先造立彼佛形像……七日七夜，受八分齋戒。」（《大正藏》十四．四〇六頁下）這是說八分齋戒，不一定要在六齋日受持，受持之際，可以或一年，或三月，或七日七夜，連續受持的。

不過，依照八戒的受戒文字來說，乃以「一日一夜」為準為常，為正為主，如果環境許可，最好是一日一夜受持，好在每月只有六次。如果環境不許可，或者發心連續受持，附近又沒有能為受戒之師，為免每日往返之勞，也不妨限年、限月、限數十日、限數日來受持。

第四節　求受的方式

《優婆塞戒經》卷五中說：「如是（八）戒者，不得一時二人並受。」（《大正藏》二十四・一〇六三頁中）八戒只能一人一人地單獨向八戒師求受，其中的原因，根據靈芝律師的解釋是：「不得多者，恐人參混，心不專一。泛論皈戒，獨受為佳，則心不他緣，法無通濫。今多眾受，於理雖通，終成非便。」（《四分律行事鈔資持記》卷下三，《大正藏》四十・四〇七頁下；《卍續藏》七十・四十六頁上）

《薩婆多毘尼毘婆沙》卷一中說：「夫受齋法，必從他受。於何人邊受？（出家）五眾邊。」（《大正藏》二十三・五〇九頁上）《優婆塞戒經》卷五也說：「不得佛像邊受，要當從人。」（《大正藏》二十四・一〇六三頁上—中）可見，八戒應向出家的比丘、比丘尼、式叉摩尼、沙彌、沙彌尼前求受。但在《成實論》及《大智度論》中，又許可自誓受。《成實論》中說：「若無人時，但心念口言：我持八戒。」（《大正藏》三十二・三〇三頁下）不過自誓受也是有條件的，比如《梵網經》菩薩戒，可以自誓受，唯其應在：「若千里內無能授戒師，得佛菩薩形像前受戒，而要見好相（佛來摩頂、見光、見華，種種異相）。」（《大正藏》二十四・一〇〇六頁下）如果不是沒有能授八戒的出家五眾的情形之下，當然還是向出家五眾求受八戒的好。

受八戒，可往寺院中求受，也可在自家中請八戒師來授。蕅益大師則說：「優婆塞受齋，就寺為便，優婆夷受齋，就家為便。」（《卍續藏》一〇六．七五〇頁上）男人去寺院，女人則在家。但此沒有硬性規定，唯視實際情況，隨緣求受八戒就好了。

第五節　齋日的準備

八戒雖以六齋日為常經，但逢佛菩薩誕日，自己的生日，父母的死亡日，或為六親眷屬做諸功德之日，以及一切紀念、懷恩、修福、祈禱之日，均應酌情受持八戒。儒家每逢祭祀大典，也有「齋戒沐浴」的準備工夫，如《禮記．曲禮》說：「齋戒以告鬼神。」《孟子．離婁》也有：「齋戒沐浴，則可以祀上帝。」不過，儒家齋戒的意義，雖可與佛教相通，其內容則不同。

受持八戒之前，身、口、意三業，即應清淨下來，故於《增一阿含經》中說：「我今懺悔，不自覆藏，依戒法成其戒行，受八關如來齋法。」（《大正藏》二．六二五頁中）又如《薩婆多毘尼毘婆沙》卷一：「若人欲受八齋，先恣情女色，或作音樂，或貪飲噉，種種戲笑，如是等放逸事，盡心作已而後受齋，不問中前中後，盡不得齋；若本無心受齋，而作種種放逸事，後遇善知識，即受齋者，不問中前中後，一切得齋；若欲受齋，而以事難自礙，不得自在，事難解已而受齋者，不問中前中後，一切得齋。」（《大正藏》二十三．五〇九頁上）

上文所言的「中前中後」，應予說明：八關戒齋的求受時間，應以持齋日的清晨為正規，最少也該是在中午以前，今日的泰國，就是在中前受的：「每逢佛日和星期天，早晨七、八點鐘，就有很多男女佛教信徒，手裡拿著鮮花香燭，和私人簡單用的東西，陸續來到佛寺做早課與聽僧人說法……說法之前，先為信徒們說三皈五戒……信徒中也有受八關齋戒的……受五戒與受八關齋戒，是同在一起的，不過當僧人宣說到第六、七、八戒時，受五戒的人不用答『持』。」（淨海法師〈泰僧安居記〉，《海潮音》四十三卷三月號）但如遇到逆緣阻礙，只需心念受齋，延遲到中午以後再補行求受，也是可以的。如《俱舍論》中也說：「我恆於月八日等必當受此近住律儀（即八關戒齋），若旦有礙緣，齋竟，亦得受。」（《大正藏》二十九．七十五頁上）

第六節　如何納受戒體

有關八關戒齋的內容及其要求，介紹至此，大致已經完備了，現在再來介紹納受戒體的方法。

本來，三皈、五戒、八戒，說戒受戒，都是很簡單的，只要準備的工夫做夠了，受時就很容易。但在中國的大寺院中，一切講究排場，所以讀體大師，也為八戒的傳授，編了一篇〈授八戒正範〉，共分八節儀式，其綱目如下：

（一）敷座請師——由引禮師領導迎請和尚陞座。

（二）開導——略示八戒的意義及持齋的方法。

（三）請聖——迎請佛、法、僧及護法龍天。

（四）懺悔——懺除往昔惡業，悔斷未來惡業。

（五）受皈——以三皈納戒體。

（六）宣戒相——宣說八戒戒相條文。

（七）發願——發願以此功德，攝取一切眾生之惡，使成無上菩提，同在彌勒的龍華三會，了生死，化有情，生極樂。

（八）勸囑迴向——說明八戒的受持功德，並勸以此功德，迴向一切眾生。

此一〈授八戒正範〉，雖然很好，做起來的場面也很隆重莊嚴，但是所需時間較長，受戒之時，除了授戒師，還要引禮師，戒師若非住持方丈，行來頗為不易。因此，弘一大師曾經根據《佛說八種長養功德經》，錄編一篇〈受八關戒齋法〉，現在照抄介紹如下：

「皈命一切佛，惟願一切佛菩薩眾，攝受於我。

我今皈命勝菩提，最上清淨佛法眾。

我發廣大菩提心，自他利益皆成就。

懺除一切不善業，隨喜無邊功德蘊。」

先當不食一日中（案即一日夜中過午不食），後修八種功德法。（以上三說）

我名某甲，唯願阿闍梨攝受於我，我從今時，發淨信心，乃至坐菩提場，成等正覺，誓皈依佛，二足勝尊；誓皈依法，離欲勝尊；誓皈依僧，調伏勝尊。如是三寶，是所皈趣。（以上三說）

我某甲淨信優婆塞（案受八戒者，正屬在家二眾，亦兼通於出家諸眾，如《藥師經》中所明。此文且據在家者言，故云優婆塞，若出家者，隨宜稱之），唯願阿闍梨，憶持護念，我從今日今時，發起淨心，乃至過是夜分，訖於明旦日初出時，於其中間，奉持八戒。所謂：1.不殺生，2.不偷盜，3.不非梵行，4.不妄語，5.不飲酒，6.不非時食，7.不花鬘莊嚴其身及歌舞戲等，8.不坐臥高廣大床。我今捨離如是等事，誓願不捨清淨禁戒八種功德。（以上三說）

我持戒行，莊嚴其心，令心喜悅；廣修一切，相應勝行；求成佛果，究竟圓滿。（一說）

又誦伽陀頌曰：

「我發無二最上心，為諸眾生不請友。
勝菩提行善所行，成佛世間廣利益。
願我乘是善業故，此世不久成正覺。
說法饒益於世間，解脫眾生三有苦。」

以上文中的案語，均係弘一大師原文。唯其主張出家諸眾亦持八戒者，必須加以說明：根據律制要求，八戒乃是沙彌十戒的前九戒，只要受了沙彌戒，就已終身須持八戒，至於比丘戒，更不用說，已經包括了八戒，所以，出家諸眾，乃自然而然是終身受持八戒的。但是，弘一大師之所以說出家諸眾也當受八戒者，正因今世的出家諸眾，殊少依律而行。多數出家人，別說比丘戒或沙彌戒，連八戒也未能受持啊！

現在再錄《在家律要廣集》卷一中的〈受八關齋法〉如下，用供參考（《卍續藏》一〇六．七五九頁上—下）：

先應教受三皈法：

我某甲皈依佛，皈依法，皈依僧，一日一夜為淨行優婆塞（夷），如來至真等正覺是我世尊。（三說）

我某甲皈依佛竟，皈依法竟，皈依僧竟，一日一夜為淨行優婆塞（夷），如來至真等正覺是我世尊。（三說）

次應教受戒齋法：

我某甲若身業不善，若口業不善，若意業不善：貪欲、瞋恚、愚癡故。若今世、若先世，有如是罪，今日誠心懺悔，身清淨、口清淨、心清淨，受行八戒。

如諸佛盡壽不殺生，我某甲一日一夜不殺生。

如諸佛盡壽不偷盜，我某甲一日一夜不偷盜。

如諸佛盡壽不婬欲，我某甲一日一夜不婬欲。

如諸佛盡壽不妄語，我某甲一日一夜不妄語。

如諸佛盡壽不飲酒，我某甲一日一夜不飲酒。

如諸佛盡壽不著香花鬘，不香塗身，我某甲一日一夜不著香花鬘，不香塗身。

如諸佛盡壽不歌舞倡伎，不往觀聽，我某甲一日一夜不歌舞倡伎，不往觀聽。

如諸佛盡壽不坐高廣大牀，我某甲一日一夜不坐高廣大牀。

如諸佛盡壽不非時食，我某甲一日一夜不非時食。

我今以此八關戒齋功德，四恩總報，三有齊資，普與眾生，同生淨土。（或各有願求，俱可加入迴向，但不可離於佛法）

這篇〈受八關齋法〉，似較弘一大師根據《佛說八種長養功德經》所錄編的還要簡要，三、五分鐘之內，就可把這堂受八戒的佛事做好。並且這是將八戒與一齋，分列為九條，稱為「戒齋法」而不稱「齋戒法」。其實，用「齋戒」二字，是受儒家「齋戒以告鬼神」及「齋戒沐浴」的影響，依照八戒齋的次序言，應該稱為「戒齋」而非「齋戒」。所以筆者本篇行文均用「戒齋」，徵引他文者，則隨文而錄。或也有人以為，八戒以齋為體，稱為「齋戒」，那也不無道理。

另有此處是「如諸佛」受持戒齋，在《中阿含經．持齋經》中，則是比照「阿羅漢」受持的。

第四章　受了八關戒齋以後

第一節　捨戒

本來，八關戒齋的受持，僅僅一日一夜，故也無所謂捨戒，既然受了，就不該捨戒，也用不著捨戒的。但是為防萬一，在《薩婆多毘尼毘婆沙》卷一中，也有捨八戒的許可：「若受齋已，欲捨齋者，不必要從五眾而捨齋也，若欲食時，趣語一人，齋即捨。」（《大正藏》二十三．五〇九頁中）也就是說：如因逆緣，或因煩惱，或以飢餓難忍時，只要向一個懂事懂語的人一說，便算捨齋。在《義鈔》中也說：「若自有染心，將欲犯戒，寧可捨已為之，後還懺受，亦得。五戒十戒同此。」這是說：不能守持，應捨戒，以後要受，懺悔之後，仍得再受。

第二節　稱呼

前面說過，八戒是七眾戒之外的頓立戒，受了三皈五戒的人，可以加受一日一夜的八關戒齋，未受三皈五戒的人，同樣可以求受八關戒齋。但是，這有一個稱呼上的問題：受了三皈五戒的人，稱為優婆塞（近事男——親近三寶承事三寶）與優婆夷（近事女），加受了八戒，乃至菩薩戒者，仍然稱為優婆塞與優婆夷。如果不受三皈五戒而僅於齋日受八戒者，稱為什麼呢？《薩婆多毘尼毘婆沙》將這稱為「中間人」，也就是說，受持戒齋之日，稱為優婆塞、優婆夷，平日則不名之為優婆塞與優婆夷了。

又有將受了八戒的在家男女，稱為「近住男」與「近住女」的，這是說：八關戒齋是出世正因，出世的究竟（不是菩薩道的究竟）則是阿羅漢果，所謂「近住」，是指所住境地接近阿羅漢，或者是指親近阿羅漢而住，因其心樂於出離世間，故又較「近事」優勝了一層。《大毘婆沙論》卷一二四中說：「受八戒齋……問何故此律儀名為近住，答近阿羅漢住，故名近住。」（《大正藏》二十七・六四八頁下）實際上也應如此，通常受八戒的人，多半是先受了三皈五戒的人，不受三皈五戒，單受八關戒齋，那是很少有的。

第三節　功德

受持八關戒齋，雖僅一日一夜，如能受持清淨，其功德之大，乃是不可限量的。

《佛說齋經》中說：「奉持八戒，習五思念（即六念），為佛法齋，與天參德，滅惡興善，後生天上，終得泥洹。」（《大正藏》一．九一一頁下）受持八戒，雖生天上，必將泥洹（即涅槃），而得了生脫死，這是多大的功德果報了！

《優婆塞戒經》卷五中說：「受八戒者，除五逆罪，餘一切罪，悉皆消滅。」又說：「若能如是清淨，受持八戒齋者，是人則得無量果報，至無上樂。」又說：「彌勒出時，百年受齋，不如我（釋尊）世一日一夜。」又說：「善男子！是八戒齋，即是莊嚴無上菩提之瓔珞也。」（《大正藏》二十四．一〇六三頁中）

《阿含經》中說：「若於六齋日，奉持八戒一日一夜，福不可計。」（參照《大正藏》二．六二五頁下—六二六頁上）

《涅槃經》中記載一個廣額屠夫，於日日中，殺無量羊，後遇見舍利弗，即發心受八戒，經一日一夜，命終得生天上。（《大正藏》十二．四七九頁中）

《菩薩處胎經》中說：「八關齋者，諸佛父母。」（《大正藏》十二．一〇五二頁上）

第四節 普勸受持八關戒齋

受持八關戒齋，既有這樣大的功德，八關戒齋要求雖嚴，但也未必不能如法做到。我人學佛的目的，絕對多數是希望出離生死的，但於在家弟子，若不種下出世之因，殊難獲致出世之果。同時，受了五戒的人，再持每月六日的八戒，也不是一樁多大的難事，一月之中，僅六天不吃晚飯（過中午不食），那是容易做到的事，八戒齋中，主要是在此條不非時食的「齋」戒；這條守了，其他八戒比守五戒是困難不了多少的。所以在早期大陸時代的在家弟子，受八戒的很多，在南傳國家受八戒的則更普遍。在今日的臺灣以及海外，受八戒的風氣很低，即使有些人受，也是不夠如法。因此，我很希望提倡這一受八戒的風氣，故而不厭其煩地廣徵博引，寫了這篇文字。但願讀了這篇文字的人，能夠響應並促成這一受持的風氣。同時弘一大師也說：「若嫌每月六日太多，可減至一日或兩日，亦無不可。」（《律學要略》）

這也正如《優婆塞戒經》中所說：「如是齋者，既是易作，而能獲得無量功德；若有易作而不作者，是名放逸！」（《大正藏》二十四·一〇六三頁中）

第五篇

解脫之道的基礎

——沙彌十戒與式叉六法

第一章　出家與出家的目的

第一節　何謂出家

已經講了八關戒齋，現在要講沙彌十戒了。在八戒一文裡面，曾經屢次說到，八戒是出家沙彌戒的分日受持，但是八戒的受持者，是以在家人為主，所以比沙彌戒少了一條「持銀錢戒」，所以仍是在家戒的一種。真正的出家戒，是從沙彌十戒開始，沙彌不受十戒，仍不算是合格的出家人，所以沙彌十戒，才是出家戒的基礎。出家戒的目的，是在求得解脫生死的涅槃之道，三世諸佛在人間成佛，都是現的出家相，沒有不經出家而能成佛的諸佛，所以沙彌戒又是解脫之道的基礎了。

出家，並不是佛教最先發明的，更不是佛教所專有的，在釋迦世尊尚未降生以前的印度，就有很多種類的外道沙門 śramaṇa，沙門是印度對於各類出家人的通稱，意思是息心或淨志。佛教創立之後，為別於外道沙門（如沙門婆羅門），故將佛教的出家人，稱為沙門釋子，意思是釋迦座下的出家弟子。

出家修行的觀念與型態，幾乎是世界各個高級宗教所通有的現象，宗教的最高目的與嚮往，無不是在求取肉欲的解脫與心靈的自在，所以宗教之為宗教，不論其手段或方法如何，它的追求，必然是出世的。正因為要求出世，禁欲主義的出家生活，乃是必然的步驟。因此，除了伊斯蘭教之外，東、西方的各種高級宗教，多少都含有出世的色彩或禁欲的思想。

但是，出家的型態，雖為許多的宗教之所共有，由出家而得到真正解脫生死的境界，卻只有佛教。因為，出家的型態雖然相近，出家的內容則完全不同。佛教的宗教生活，是基於人性的逐級昇華，是出於理智的分段抉擇，是從佛陀親證親悟的境界中所漸次流出，既不是極端的禁欲，也不是極端的放縱，乃是本著理性的泉源，順著人性的昂揚而接通貫透出家的生活。所以佛教的出家生活，是基於人倫的關係，而做層次的昇華，由五戒、八戒的在家生活，而至沙彌十戒及比丘戒的出家生活。五戒就是基於人間社會的倫理觀念而來。因此佛教雖願人人都來信佛學佛，但卻絕不勉強人人都來出家而人人都過出家的生活。人們是否適宜在佛教中出家，但看他是否已能接受由倫理觀念所昇華而成的戒律精神而定。這一由倫理觀念昇華而成的出家戒律，便是解脫生死的涅槃之道。這不是突然的超出生死，這是由人間倫理的人性或理性的逐級昇華而完成，所以這不是懸空的，更不是脫節的，而是基於生死之因的在家生活的昇華，最後由於蛻變而達於超脫生死的涅槃境界。這與其他的神教依靠上帝的力量來拯救的形式與觀念，是完全不同的。

第二節　出家的性質與作用

在佛教，出家人分為五種：那就是沙彌、沙彌尼、式叉摩尼、比丘、比丘尼。這五種，也就是五等或五類，男的受了十戒，稱為沙彌，女的受了十戒，稱為沙彌尼；男的受了出家戒的全部戒，稱為比丘，女的受了出家戒的全部戒，稱為比丘尼。式叉摩尼，是沙彌尼至比丘尼階段中的一個過程，每一個沙彌尼，必須經過兩年式叉摩尼的過程，才能受比丘尼戒而成為比丘尼，這主要是為了防止女人在俗時已懷了孕來出家，才這樣規定的，因為沙彌尼的時間是不限定的，如果女人出家時已經十八歲，受了沙彌尼十戒，隨即便予受式叉摩尼法，經過兩年，沒有懷孕的現象，習慣於出家的生活，到二十歲，便可受比丘尼戒了。

出家的意義，上面已經談過，至於出家的性質，佛教分為三類：

第一，身心俱出家：身體住於山林寺院，是身出家；心裡不再戀慕世俗的五欲之樂，不計名利的得失，是心出家；身心一致，安心樂道，便是身心俱出家。這是出家的正軌，也是出家的本分。

第二，身出家心不出家：有人雖然剃了頭髮，穿了僧衣，住於寺院，不婚不嫁，或也做到潔身自愛，但他們的內心與外表，不能一致，身心矛盾，外表是出家了，內心卻渴想著五欲，他們是為了生活而出家，乃至是為了社會的聲望與地位而出家，他們對於出家的生活方式，雖然不感興趣，但為生活問題及社會關係的牽制，又不得不勉強下去。這種人是最可憐憫的，他們得不到現實生活的情趣，也得不到佛法給予的利益，他們卻能得到可怕的來世果報，因為他們對於佛教的信仰，是會有問題的，他們的出家生活也不能完整無瑕的。所以這是佛所訶責的一種，卻又是末法時代常見的一種！

第三，心出家身不出家：這是聖位菩薩，他們並不貪戀五欲之樂，為了化度眾生，卻常化現在家人的身分，蓄妻生子，如維摩詰及賢護，就是這樣的。唯其雖然居家而受用妻子，他們的心境卻是不耽不著的，無貪無欲的，清淨明潔的。不過，這絕不是一般凡夫所能做得到的，故也不是出家的通軌，不能成為出家生活的法式。

佛教之有出家的生活方式，也有多層的作用：

第一是為了生脫死的理由而有：這是重於出世精神的嚮往，而有出家生活的要求。

第二是為警世導俗的理由而有：這是針對著那些迷戀於聲色之陣、沉醉於五欲之海的人們，開出清醒解毒的法門。

第三是為佛法住世的理由而有：這是著眼於僧團的建立，以期有規律而永久地展開並繼續弘揚佛法的任務。

但是，既在佛教中出家，絕對的多數，應該並且必然要兼有三種全部的作用：對自己是求解脫生死，對他人是為警世導俗，對佛教則為住持弘揚。三者缺其一，便不能完美。出家而不自求了脫生死，那是不必出家的；出家而不警世導俗，那就有違佛法化世的精神；出家而不住持佛法，那就有負佛法的大恩。

第三節　出家的目的

在一般人的觀念中，出家與自殺的意義，幾乎是相同的；在事業上、愛情上、金錢上、名位上，受了重大的打擊，遭了不可挽回的失敗，所以心灰意冷，再也沒有勇氣面對現實，再也不想奮鬥下去之時，第一條路，最簡單，就是以自殺的方法，結束這一無可奈何的生命；第二條路，比較不簡單，但也很容易，就是遁入空門，披剃出家，青磬紅魚，了此殘生！

這種觀念，絕對不是佛教出家的本來面目，但也無可否認，確有如此的人物，進入佛門出家。這些人物的進入佛門，不會有大的建樹，也不致有大的破壞，然而，社會上形成對於佛門僧侶的若干歧視，則由於他們而來。

事實上，佛陀時代的出家弟子，多數是人間比丘，僅僅少數是靜居山林，專事持戒與修禪的阿蘭若比丘。所謂人間比丘，是以行化人間為要務的出家人，出家人的解脫生死，固然要修禪，修禪固可了生死，但如貪著於世間禪定的定樂，那卻反因了修習禪定而會障礙了脫生死的法門。所以佛教的出家人是以求智以自了為第一目的，以智慧去教化人間，則是第一要務。至於持戒，乃是斷絕生死之因的一種方法，但僅持戒而不厭離生死者，持戒的功德，只能得到人天的果報，而不能了脫生死；如僅自求解脫而不助人解脫者，最多成為羅漢卻不能夠成佛。佛教的修持方法，是以戒、定、慧的三學並重，持戒及修定的目的是求慧的產生，慧的功用，是在指導自修戒定並且度人解脫，所以三學之中缺一不可，而以慧為中心。這一點將在後面菩薩戒一文中詳細討論。

出家人放下一切，看破一切，不做是非之爭，不介人我長短，所以是難得的。然亦正因如此，便被一般人誤以為這是消極思想的表現。其實，佛教的出家人，自己放下看破，是積極的，教人放下看破，也是積極的。人間的罪惡與禍亂，豈不全由於放不下看不破的人太多而來？我們出家人，一邊教自己並教他人放下看破，同時也教自己並教他人直下承當：名利私欲要放下看破，救人救世要直下承當，這能算是消極嗎？

所以，佛教的出家目的，為了自求解脫是其一，為了助人解脫是其二，並且是以自救救他為手段，同得解脫為目的，手段只是為求達到目的的一種方法而已。

佛教有一句古訓：「出家乃大丈夫事，非將相所能為。」若以我的解釋是這樣的：將相是豪傑的型範，大丈夫是聖賢的型範，豪傑是憑氣勢而成，聖賢則稟氣質而成，聖賢的氣質能涵容豪傑的氣勢，豪傑的氣勢中則未必就有聖賢的氣質。佛教的出家人是以佛的型範自期，佛為解脫眾生的生死之苦與解答眾生的生死之謎而出家修證，佛教的出家人的目的，在原則上，也是與佛一樣。出了俗家，離了妻子，是為走出生死之苦的苦海之家，是為協助他人乃至一切眾生，也能走出生死之苦的苦海之家。所以在佛教中出家，最好是在年輕力壯的時候；若從愛情及事業上失意敗北之後，再來出家，佛教雖不拒絕，但也並不鼓勵，並不會怎樣熱烈地歡迎他們。

第二章　沙彌戒與沙彌的類別

第一節　何謂沙彌沙彌尼

佛教的出家人共有五種，本文只能先談三種，那就是沙彌、沙彌尼、式叉摩尼。在律典中，通常稱此三種為三小眾。因為從大體上說，二十歲以前的出家男女，不得受比丘戒及比丘尼戒，雖然三小眾的年齡，並不限止在二十歲以前。因此，一則是年歲小，二則是戒的等級小，所以稱為小眾。

現在，我們先說沙彌的問題。沙彌與沙彌尼戒是相同的十條，沙彌與沙彌尼所不同的是隨大眾而學的威儀；沙彌要隨學比丘律儀，沙彌尼要隨學比丘尼律儀，比丘與比丘尼戒有部分不同的，沙彌與沙彌尼所隨學的律儀，因此也有部分不同的。但在沙彌沙彌尼的本位十戒上，則是完全相同的，只要明白了沙彌戒，也就會明白沙彌尼戒，所以我們講十戒，只講沙彌戒。

沙彌，是梵文 śrāmaṇera 的音譯，這在中國有新舊兩種譯法，舊譯是「息慈」，是息惡行慈的意思，新譯是「勤策」，是接受大比丘僧勤加策勵的意思；在義淨三藏的譯作中，通常又以「求寂」來稱沙彌，是求取涅槃之道與圓寂之果的意思，圓寂是圓滿寂靜，也就是究竟涅槃的解脫之道。出家是為自求解脫而又協助他人解脫，沙彌，便是出家之道的第一階層。所以一做沙彌，就被稱為「求寂」。我以為「息慈」、「勤策」、「求寂」的三種譯義，「求寂」最為恰當。不過，佛教通常稱呼在家出家的佛弟子，多以梵文的音譯為準。

沙彌尼，是「求寂女」的意思。佛經的翻譯中，多以尼（ni）音代表女性。式叉摩尼，有的譯為式叉摩那，實則仍是以尼音代表女性。我們又見到《善見律》卷二（《大正藏》二十四．六八六頁上），將女夜叉，譯成「夜叉尼」的；《雜阿含經》卷四第九十九經，也將婆羅門女稱為「婆羅門尼」的，可見尼的一音，乃是佛經翻譯中用以代表女性的通稱。

第二節　沙彌十戒的內容

沙彌十戒，我們已在八戒一文中介紹了其中的九條，只有一條「執持金銀寶物戒」，尚須加以介紹。但其十戒的戒相條文，在此仍有重加列出的必要，以俾完成沙彌十戒的型態。所謂沙彌十戒，就是：

（一）不殺生。

（二）不偷盜。

（三）不非梵行（不淫）。

（四）不妄語。

（五）不飲酒。

（六）不著香花鬘，不香油塗身。

（七）不歌舞倡伎，不故往觀聽。

（八）不坐臥高廣大床。

（九）不非時食。

（一〇）不捉持生像金銀寶物。

這十條戒的內容意義，凡在八戒之中已經講過的，在此不再重講，唯其前九戒與八戒不同的是受持的時間，八戒是一日一夜受持，沙彌戒是終身受持。另有一點不同是六、七兩戒的分合互異，八戒把沙彌戒的六、七兩戒合為第六戒的一條，沙彌戒則將八戒的第六條分為六、七兩戒。

現在，我們來講沙彌戒的第十條「不捉持生像金銀寶物」。這一條，通常稱為「銀錢戒」。出家人為了破除貪心，破除人們所謂「人為財死」的習性，又所謂「人無千年之壽，但有萬年之計」，人的財富欲與儲蓄癖，可謂是與生俱來的，有了一百希望一千，有了一千希望一萬，乃至成為百萬富翁、千萬富翁，而到希望壟斷世界的經濟，整個世界，都屬於他一人所有。其實，這在工商業的資本主義社會中是受到鼓勵的；在民生主義的大同世界中是不受歡迎的；在我們的佛教中，更是不予許可的。財富可以造福人群，是無可否認的事實，財富能夠成為人的主人，人們反成為財富的奴隸，也是不可否認的事實。財富是身外之物，這是誰都知道的，但要把財富看作身外之物來支配，那就很難做到了。所以財富是最可能役使人的一樣東西；所以佛教的出家人，是主張不蓄積財富，乃至以為捉持了財富，都是犯戒的行為。釋迦世尊看透了財富對於人們的束縛性，以及人類對於財富的占有欲的強烈感，所以解除了出家弟子們的這一條可怕的鍊索，乃至禁止出家的弟子們捉持財富，否則的話，老是在財富的問題上動腦筋、起貪著，那還能夠「看得破、放得下」嗎？那還能夠一心一意地為道而努力嗎？

置財富於無用之地，在佛教初創的時候，的確是可以做得到的。日中一食，是從沿門托缽而得；樹下一宿，是到處可以求得的安身之所。印度的熱帶樹，樹身高大，樹葉茂密，宿於樹下，幾乎是在天然的帳篷之內。印度的氣候是很熱的，即使最冷的冬夜，佛陀試驗，也僅需三衣就可禦寒了。同時，印度當時的風俗，死了人多半是抬入屍林（相當今日的公墓），露天放置，任其腐爛，乃至任由鳥獸食噉；死人的衣服，出家人就可撿來利用，製成所披的三衣；為死人送葬的死者家屬往往也把所穿的送葬衣（或許如今的喪服），隨著死人，棄置墓地。所以佛教比丘的糞掃衣的來源，也以「塚間衣」為主。食、住、衣的問題解決了。另有行的問題，在當時也是很簡單的，除了渡河，或許要乘船，在陸地上的象馬車乘，多是用作王家或軍隊作戰的，普通平民殊少有乘坐的機會；出外經商旅行，貨物用車，人也以步行為主，出家人則更以行腳遊化為本分，所以旅費川資也是用不著的，乃至規定「不得無病乘車」。生活在這樣環境與情形下的出家人，還有財富做什麼呢？所以，出家戒的第一特色，便是「銀錢戒」。八戒是在家弟子受持，俗人不能沒有銀錢，所以不制這一條；出家人可以做到，所以一旦出家，就要求受持這一條戒。

然而，佛教的出家人一天天地多起來了，出家人的體格有強壯的，也有羸弱的了，出家人的習性，有甘於淡泊的，也有禁不起風霜雨露的，甚至還有一些貪財習氣特別重的人，沒有積蓄，便不能辦道修持了。因此，佛陀為了事實的需要，漸漸地，准許出家的僧眾，有了僧房寺舍，有了生活必需品的積蓄，也有了准許接受財富的開例。

因為貨幣這樣東西，畢竟是人類文明的產物，它可以做有無相通的媒介。施主對於出家人的供養，應該是「衣」、「食」、「臥具」、「湯藥」。但是，能施的施主之家裡，不可能就是開著布店、糧食行、家具製造廠，以及藥房的。即使開店，也不會四種俱全的；萬一俱全了，拿了物品來布施出家人，也未必就是適合需要的。因此，貨幣的接受，對於出家人而言，勢必不能絕對地禁止了。因此，為了三寶的理由，可以接受，為了他人的理由，可以接受，乃至為了自己的理由，也可接受。但在原則上，仍不許自受自蓄，所以，佛陀又為出家弟子們，制了一種說淨法。所謂說淨法，乃是另請一位俗人為淨主，凡是收受了銀錢貨幣，便說這是為哪位俗人代收的，這是哪位淨主的，而不是我自己的。這樣一說，便可收下了。從表面看，這個說淨法，好像是莫須有的，其實確有遵行的價值，因為出家人在本質上是絕對不受銀錢的，說淨法是一種不得已的方便，絕不可因為有了說淨法，便能貪得無厭。說淨法可以警策出家人，不要接受太多的銀錢。如果以為有了說淨法，便可多多益善地貪求不已，那就失去說淨法的意義了。所以，出家人最好能夠不受銀錢，如果因有需要（比如儲作病時的醫藥費及日常的生活費），自然不妨以說淨法來接受銀錢。

根據律中的規定，出家人是依眾靠眾的，出家人是生活在僧團中的，出家人的生活必需品，均應由其所在的僧團——常住來供給；所以常住在寺院，可以接受銀錢，但也限制得非常嚴格。比丘不可親手捉持，沙彌或可捉持，如有五戒淨人，則應由五戒淨人負責接受並保管，乃至由普通俗人蒙起眼睛，帶了他將銀錢置放於一個指定的處所。這些種種，在今天已經無法做到的了。能不貪得無厭，已是難得，絕對不持金錢，似乎已是不可多見的事了。

現在，再把「生像金銀」四個字解釋一下。在這四個字中，主要是「生像」二字，需要解釋。歷來對此「生像」二字，有兩種解釋法：

第一，「生色者金，似色者銀」。生成的黃金，稱為生色，以銀鍍成金色的，稱為似色，似也就是像的意思。

第二，生者是生就的金銀珠玉等的寶物。像者是用金銀寶物製作成的金器、銀器，乃至珠、玉、珊瑚、瑪瑙、水晶、硨磲、瑠璃、琥珀、玳瑁、文犀、象牙之類所製成的種種寶器。

出家人，不但不可捉持金銀錢幣，一切的寶物寶器，都不可捉持，當然更不許收藏與儲積了。因為東西好了名貴了，就會對之生起貪著之心，一對外物起貪著之心，那就心隨物轉而不能運心轉物了，更不能自在解脫了。這有一個故事，可資說明：過去有一個出家人，他已看破了世事名利，獨自藏於靜處修習，既不訪客，也不接見來訪的客人，但他就是喜歡珍惜他的一隻食缽；另一位道人知他有著這麼一個缺點，就去敲擊他的食缽，當他聽到了人敲擊他的食缽時，他便忙不迭地從僻靜處趕了出來，就怕他的食缽被人敲碎了。然而，那位敲缽的道人卻教訓他了：「我知道你，一切放得下，就是一缽放不下。」

第三節　沙彌的等位與類別

沙彌，在佛陀初期的僧團中是沒有的，沙彌在佛教中的出現，較之比丘尼的出現，早了一些，那大概是在佛陀的親生子羅睺羅隨佛出家時，才開始有沙彌的。

佛教的出家人的僧團，也像是個大家庭的情形相似，出家人出了俗世的「有為家」，便進了出世的「無為家」，在這個無為而不做生死之業的家庭中，有男、有女、有老、有少、有長、有幼，融融洽洽，和樂相處。沙彌進入僧團，是為佛教的人才增添新生力量的後起之計。所以，沙彌的分子，是以兒童為主。

但是，年齡已滿二十歲的人，初入僧團，或因師資不足，或因衣缽未備，或因其他事故而未能受持比丘戒的，仍然列於沙彌之數；另有六十歲以上、七十歲以下的老年人，來到僧團中求度出家，佛陀是准許為他們剃度的，但卻不許他們受比丘戒了，所以也被列入沙彌之數。

我們說過，沙彌的主要分子是以兒童為主，但是也有限制，兒童須在七歲以上，並且有能力為僧團大眾的曬食場上，做驅逐鳥雀、烏鴉等工作者，始可度為沙彌；所以律中規定：七歲以下有能力驅烏不應度，七歲以上無力驅烏亦不應度。律中也規定七十歲以下能自己照顧生活的，可以出家為沙彌，七十一歲以上能、不能，皆不度。

主要的原因是比丘們沒有太多的時間與精力去照顧太老與太小的弟子；太老太小的人，既無法忍耐出家人的生活，也無法自己照顧自己，所以不希望他們出家。可見佛教的僧團，是以青年為主的。

因此，沙彌的成分，共分為三個等位的兩種類別：七歲以上、十三歲以下，稱為驅烏沙彌。十四歲以上、十九歲以下，稱為應法沙彌；這是最合乎要求的沙彌年齡，因其已能順應沙彌行法而做了，所以稱為應法沙彌。二十歲以上、七十歲以下，稱為名字沙彌，二十歲至七十歲的人，本可成為比丘，唯因因緣不足，而居沙彌之位，故稱名字沙彌。這是三個等位。另有兩種類別是：剃髮染衣（改裝）而尚未受沙彌十戒的，稱為形同沙彌。型態雖同沙彌，但仍未具沙彌的資格，仍是俗人的本質，所以稱為形同沙彌。已受沙彌十戒的，稱為法同沙彌，這是真實的沙彌，這是由於沙彌戒法的受持而成的沙彌，所以稱為法同沙彌。現將沙彌的三位兩類列表如下：

三位沙彌
- 七至十三歲——驅烏
- 十四至十九歲——應法
- 二十至七十歲——名字

- 已受十戒——法同
- 未受十戒——形同

兩類沙彌

第三章　沙彌投師與沙彌出家

第一節　何人能做沙彌之師

在中國，沙彌是子孫傳代的小廟上的產物，沙彌也只有小廟上的當家住持夠資格剃度。十方道場的大叢林裡，寧可收受未滿二十歲即受比丘戒的冒牌比丘，也不會容納童年剃度的沙彌；據說，這是為防偏黨鬥爭的緣故。

在佛制的僧團中，為沙彌剃度做師，乃是沒有特權階級的。沙彌在僧團中，也是到處受歡迎的，沒有子孫傳代的所謂小廟，也沒有十方道場的叢林的分別，凡是佛教的道場，都是十方常住，出家人任到一處道場，不論大小，沒有不歡迎的道理，也沒有把你當作外人看的道理，在何處住下，就要負起護持此一道場的義務，也可享受此一道場中的所有權利。沙彌，是隨著剃度師走的，但在任一道場中住下，除了服從剃度師並服侍剃度師之外，也得接受道場執事比丘的差遣及所分配的工作。所以沙彌隨師到了任一道場住下，也是任一道場的沙彌。在佛世的僧團中，到處都有沙彌的蹤跡與沙彌的活動，甚至在僧團中也不能沒有沙彌。因為有許多事，比丘不許做，沙彌則可以代做。所以沙彌在僧團中的重要性，並不因其年齡小而不受歡迎。

在修證方面，沙彌可跟比丘一樣，小小年紀，同樣可證四沙門果，所以佛陀也開示大家，不要小視年幼的出家人，並以王子雖小將能做王，毒蛇雖小能使人中毒為比喻，要大家應該尊重年小的出家人。所以沙彌在出家眾中的位次雖小，也不致受到大人的歧視。

僧中的利養，沙彌幾乎跟比丘有著同等享受的權利。比如《十誦律》卷二十七中說：「沙彌若立若坐，次第諸檀越手與布施，多少應屬沙彌。」（《大正藏》二十三．一九八頁下）又說：「若諸檀越不分別，與作四分，第四分與沙彌。」（《大正藏》二十三．一九八頁下）又說：「安居起衣，與沙彌分；隨比丘所須物，與沙彌分；因緣衣，與沙彌分；未說非時衣，與沙彌分。」（《大正藏》二十三．二〇二頁上—中）

至於何人能度沙彌出家，雖無特權階級，但有資格限制。

《大比丘三千威儀經》說：「（比丘戒）滿十歲，當得度人；若不知五法，盡命不得度人。五法者：一者廣利（比丘及尼）二部戒；二者能決弟子疑（問及所犯輕重之）罪；三者弟子（在）遠方，力能使弟子來；四者能破弟子惡邪見及教誡勿使作惡；五者若弟子病，能好看視，如父養子。」（《大正藏》二十四．九一三頁下）又說：「若不知五事者，終身不得度人，度人者得突吉羅罪。」（《大正藏》二十四．九一三頁下）又說：「比丘欲起沙彌，法有五事：一者當知四《阿含》，二者當知戒，三者當知經，四者當知有慧，五者當有德。復有五事：一者當持戒，二者當不犯戒，三者當能解經，四者當忍辱，五者當自守一切。」（《大正藏》二十四．九二〇頁下）

因為沙彌戒的十戒和尚，就是剃度師；如果剃度師未還俗、未死亡，也未去遠方，具足比丘戒的戒和尚，也就是剃度師。所以剃度沙彌的資格，亦應同於為人做比丘戒和尚的資格。在《僧祇律》卷二十八中，有十事規定度人的師資：「（佛說）從今日，有十法成就，聽度人出家受具足。何等十：一、持戒，二、多聞阿毘曇（論），三、多聞毘尼（律），四、學戒，五、學定，六、學慧，七、能出罪、能使人出罪，八、能看病、能使人看，九、弟子有難，能送脫難，能使人送，十、

滿十歲。」又說：「下至滿（比丘戒）十歲，知（比丘比丘尼）二部律，亦得（度人出家）。」（《大正藏》二十二．四五七頁下）

《善見律》說：「若不解律，但知修多羅（經）、阿毘曇（論），不得度沙彌。」（《大正藏》二十四．七八六頁中）

綜合以上所舉三種律本對於師資的要求，可以得出一個結論：為人做師度沙彌，最好能夠具備《僧祇律》所舉的十德，如若不然，至少也不能缺少兩個條件：一是比丘戒臘滿足十年，二是通解二部律典。若再缺少二者之一，那就不夠資格剃度沙彌了。原因是自己不滿十夏，很難窮通律儀，若不通解律儀的行持作法，生活起居，持犯開遮，輕重等次，那又用什麼東西去教誡他的弟子呢？這在律中有個比喻：自己尚未斷乳，何以有能去餵他人之乳呢？

比丘也只能剃度沙彌，而不得剃度沙彌尼，因為佛也從未親自度過一個女人出家，佛曾親度許多的比丘，親度過兩個沙彌——難提及耶奢，但未親度一個女眾（《薩婆多論》卷二，《大正藏》二十三．五一二頁中—下），這在律中有明文記載。尼眾的最初是由八敬法而出家，後來即由尼眾剃度尼眾，所以《沙彌尼離戒文》（這個離字有問題）中要說：「自非（聖）菩薩阿羅漢，不可度尼。」（《大正藏》二十四．九三九頁中）女人可以在佛法中出家，但為防止漸染，杜絕譏嫌，不許比丘剃度女人出家，比丘也不得做比丘尼的和尚，只能做尼眾的羯磨阿闍梨與教誡阿闍梨。

沙彌尼應由比丘尼剃度，資格的要求，大致與比丘度沙彌者相同；所不同的，比丘尼需要戒臘滿十二年以上，才許度人出家。

第二節　剃度沙彌的規矩

無論比丘或比丘尼，除了具備上面所說的資格而外，尚須求得僧團大眾的同意，所以在律中另有一種乞度沙彌（及尼）羯磨。若要度人出家，先得向僧中求乞，如果僧團大眾以為此人已滿十夏，已有能力教誡弟子，已有足夠的力量來負擔弟子的衣食所需，便予許可，否則便不許可；僧團既不許可，那就不得度人出家了。如果僧團大眾未能集合一堂，度人的比丘（尼），應當逐房白知，使得大眾了解，取得大眾的同意，然後才得為人剃度。

這有兩層理由：第一，曾有比丘，自己不夠做師度人，竟然自行做師度人；度人之後，不能如法教誡，無力如法供給衣食所需，致引起外人的譏嫌，所以需要取得大眾的同意，由大眾來衡量度人者的資格。第二，曾有比丘度一個孩童出家，既未得到孩子父母的同意，也未取得僧團大眾的認可；孩子的父母進入寺院，詢問了其他的比丘，都說不知此事，未見此兒，事實上卻又被那父母發現了他們的兒子，已經剃了頭，出了家，於是譏嫌比丘們不該以有道之人而說無道的妄語。所以佛陀規定，度人出家者，必須先要求得僧團的認可。

再說度人出家的數目，也是有限制的。《毘尼母經》卷八中有這樣的規定：「受大道人具足戒已，十二月中教授一切大道人所作法竟，然後更有受具足者，當為受；未滿十二月不得受也。沙彌受大戒已，後更得受一沙彌。」（《大正藏》二十四．八四四頁中—下）這是說，十二個月之中，只能度一人出家，第一個沙彌弟子受比丘戒後的十二個月之中，也不得另度第二個沙彌出家，應在第一個沙彌受了比丘戒的十二個月之後，再度第二個沙彌。《毘尼母經》卷八中又說：「沙彌尼受戒，式叉摩尼戒二年，不得度（另一）沙彌尼，式叉摩尼受具足（比丘尼）已，得度沙彌尼。比丘尼亦如大僧（比丘）十二月中教其所應作法竟，後若有式叉摩尼欲受具足，聽與受具足。」（《大正藏》二十四．八四四頁下）這是與比丘相同的，一年之中，只能為一個弟子受具足戒，但又不相同的，兩年之中，只能有一個式叉摩尼弟子，一個沙彌弟子。

在道宣律師的《四分律刪繁補闕行事鈔》（略稱《行事鈔》）卷下之四中說：「四分（律）不得（同時）畜（同蓄）二沙彌。」（《大正藏》四十．一四九頁下）又說：「（僧）祇（律）中不得畜眾多沙彌，聽一，極至三人。」（《大正藏》四十．一四九頁下——一五〇頁上）

這一不得同時剃度兩個沙彌出家的規定，也有兩層理由：第一，曾有一個比丘同時蓄著兩個沙彌，那兩個沙彌無知而又貪欲，以致兩人互相行淫，為了防止類似事件的發生，所以只許有一個沙彌。第二，沙彌弟子多了，剃度師的教導力及供給力，往往不能兼顧並重，沙彌弟子們，不能得到應得的供給，不能受到應受的教育，唯恐誤人子弟而又為害佛教，所以不得同時蓄有眾多的沙彌。但在律中也有開例：如果為師者的智慧高深，福力殊勝，能教能養，不妨可蓄兩個沙彌以上。

在律中又說，師分四等：第一是有法又有衣食者，第二是有法而無衣食者，第三是有衣食而無法者，第四是無法亦無衣食者。弟子的理想之師，自然是既有佛法可學又有衣食可用的大德比丘，投在這種比丘座下的弟子，那是不該離開的；如果雖有佛法可學，而無衣食受用，那也不要離開；佛法是難得的，衣食是易得的。如果僅有衣食而無佛法的比丘，那是不足為師的；至於既無佛法也無衣食的比丘，那根本不必也不可投他為師的了。

事實上，只知廣收徒眾出家，自己又不能如法教導出家弟子的人，那是有罪的。如《菩薩善戒經》卷四中說：「旃陀羅（印度在四姓以外操惡業的賤民）等，及以屠兒，雖行惡業，不能破壞如來正法，不必定墮三惡道（地獄、餓鬼、畜生）中；為師不能教訶弟子，則破佛法，必定當墮地獄之中。為名譽故，聚畜徒眾，是名邪見，名魔弟子！」（《大正藏》三十．九八三頁上）

當然，今日的出家人，能有幾位是通曉二部律的呢？如要合乎規定，幾乎無人敢度俗人出家了。所以我有一個希望，若不能自行教育弟子，最少也要轉請他人代為教育，佛學院的出現，就是投合這一時代的要求。

第三節　沙彌出家的儀式

沙彌，需要出家，出家之後與受十戒之前，雖不是法同沙彌，已被稱為形同沙彌了。

出家，有出家的儀式。中國的小廟帶小和尚，很少舉行出家的儀式，一般的出家人，既不知道出家的儀式如何作法，也不懂得出家儀式的可貴，這是非常可惜的事！

出家之有出家的儀式，正像學校開學之有開學典禮，黨員入籍之有入黨的宣誓，乃至總統就職之有就職大典的宣誓就職。儀式雖是一種形式的表現，但卻由於形式的表現，能夠影響到心理的轉變。所以無論哪一種宗教，都會有他們的儀式，乃至最原始的宗教信仰，雖然沒有宗教的倫理，他們卻把宗教的儀式，當作信仰的中心。如果專事儀式的舉行，而無宗教信仰的倫理價值，那是原始宗教，那是佛教所反對的。佛陀時代的婆羅門僧侶，便是只知繁複的宗教儀式而不知宗教理念價值的宗教道具，所以佛教反對。甚至初期的佛教，根本沒有任何的宗教儀式，但到後來，僧眾多了，儀式的要求也跟著來了，沙彌出家的剃度儀式，最早的雛型，也就是由於羅睺羅出家的事實需要而來，乃至全部的戒律，也都是由於事實的需要而來。佛陀發現了一個問題，就為僧團大眾做一項規定，甚至隨著事實的發展，能將某一項規定，修正到五、六次之多，最後便成為一條戒律。

沙彌出家的儀式，在《行事鈔》卷下四中有詳細的規定，那是由道宣律師根據《四分律》、《度人經》、《善見論》等的資料編集而成。（《大正藏》四十．一五〇頁）這一儀式的最初，是由於比丘們隨便接受沙彌出家，致使不能如法教導，被度者也就不能如理如法地生活於僧團之中，所以規定：由僧團大眾集會一起，與度人者白二羯磨，由度人者在僧團大眾之前，具儀三乞，當僧團大眾的羯磨人將此乞求度人者的意思，向大眾做一番宣布，再做兩番徵求同意的說明，此便稱為白二羯磨，如果大眾之中，沒有異議，便算默認同意，度人者便為沙彌剃度。

但是，沙彌出家，須有二師：一是剃度師，也是戒和尚；另一是教授阿闍梨。所以出家者應先禮請和尚，和尚代為禮請阿闍梨。

出家者請了二師之後，先於道場中，設兩個座位，準備給二師就座。然後便以香湯沐浴，表示除去俗人的氣味。浴罷仍著俗服，向俗家的父母尊長，一一拜辭，互跪說偈：

「流轉三界中，恩愛不能脫；
棄恩入無為，真實報恩者。」

說偈完了，便脫俗服而改著僧裝。入道場，至和尚前，胡跪合掌，和尚為說人身的毛、髮、爪、齒、皮等種種不淨之相，使之觀想，色身不淨，如幻不實。厭離生死而決志出家。接著便至阿闍梨前為之香湯灌頂，並讚：

「善哉大丈夫，能了世無常；
捨俗趣泥洹，希有難思議。」

出家者再禮十方諸佛，而自說偈：

「皈依大世尊，能度三有苦；
亦願諸眾生，普入無為樂。」

接著，阿闍梨即為剃髮。若有觀禮者，則為同誦出家偈：

「毀形守志節，割愛無所親；
棄家弘聖道，願度一切人。」

阿闍梨當於頂中，為少留幾根頭髮，然後到和尚之前胡跪，和尚執剃刀問道：「今為汝去頂髮，可不？」出家者答「爾」之後，和尚便為剃去頂髮。接著授與袈裟（無縫縵條衣），出家者應該頂戴而受，受了交還和尚，經過三次授與，和尚便替出家者著袈裟，並為說偈：

「大哉解脫服，無相福田衣；

披奉如戒行，廣度諸眾生。」

出家者著好袈裟，即行禮佛，而又遶壇三周，說自慶偈：

「遇哉值佛者，何人誰不喜？

福願與時會，我今獲法利。」

接著禮謝二師，再下座，而接受俗家六親的拜賀。

這是很簡單的儀式，如果省略不做，真是說不過去！

但在義淨三藏的《南海寄歸內法傳》卷三中，更為簡單，他說：「僧眾許已，（和尚）為請阿遮利耶（即阿闍梨），可於屏處，令剃頭人為除鬚髮，方適寒溫，教其洗浴，師乃為著下裙，方便撿（檢）察非黃門等。次與上衣，令頂戴受。著法衣已，授與缽器，是名出家。」（《大正藏》五十四．二一九頁上）這裡多了一項和尚為出家者於浴畢著下裙，就便檢查是不是正常的男子或女子，不正常者，不予剃度。

第四章　沙彌受戒及其持犯威儀

第一節　受戒的次第

沙彌出家改裝之後，就要談到受戒的問題了。沙彌戒雖以十戒為主，但卻須先受了三皈五戒，然後再受十戒。《五分律》與《十誦律》都說：先與五戒，後受十戒。《薩婆多毘尼毘婆沙》也說：「先受五戒，以自調伏，信樂漸增，次受十戒。」（《大正藏》二十三．五〇八頁上）若不受五戒，直受十戒，授戒僧得小罪。因為七眾戒是漸次戒，應該依次而受，不得一進佛門出家，便受沙彌十戒，這在受者的心理上，恐怕準備不及！但也有人持相反的意見，以為五戒是在家戒，何必在出家之後還要受此五戒。其實，多受一次，不是更好嗎？律中既然有此規定，為什麼要怕麻煩呢？再說，佛教的戒律，是依人間社會的倫理觀念為基礎，出家戒是倫理關係及其要求的一種昇華，若不先從五戒開始受起，那便脫節懸空了！根據弘一大師的《四分律刪補隨機羯磨隨講別錄》中說：「剃髮已，先以五戒調伏身心，久處六月，給侍眾僧，信樂漸增。……待限滿已，和僧為受十戒。」這是更加嚴格了，先受五戒，半年之後，才能受沙彌十戒哩！

然在中國，小和尚上廟出家，既然很少舉行如律的出家儀式，更少受戒的儀式，不論五戒、十戒、比丘戒、菩薩戒，全部是交給傳戒的道場去一手包辦。中國的傳戒道場，也僅是照著《傳戒正範》，呼喊、跪拜、唱念一番，在短短的數十天中，像演戲似地按著劇本做作一番，就算傳戒得戒了！傳戒道場只注意眾多戒子的跪拜唱念的整齊好看，不注意戒子們是否領略了受戒的意義，是否能夠得戒？至於戒師的資格，能否合乎律中最低的要求，那更是不加過問的了。

因為中國的剃度師不管授戒，衡之以律，剃度師不是親教師（和尚），而只相等於依止師或者是教授師。事實上，為沙彌授五戒十戒，都是很簡單的事，為什麼中國的剃度師們要放棄這一神聖的權利與義務呢？

第二節　沙彌十戒的受戒儀式

在讀體見月律師編訂的《傳戒正範》中，沙彌戒是初壇儀式的程序。因為要適用於集體傳戒，所以排場的鋪張很大，儀節也很繁複。其實，受沙彌十戒的場面是不必那麼大的。照律中所見，傳授沙彌十戒，只要一位戒和尚，一位教授師，就夠了。乃至在《薩婆多毘尼毘婆沙》卷一中說：「受十戒時，和尚不現前，亦得十戒；若受十戒時，和尚死者，若聞知死，受戒不得，若聞不死受戒得戒。」（《大正藏》二十三．五〇八頁下）這是告訴我們，受十戒，和尚也可不現前，若和尚已死而不知其死，受十戒者，仍可得戒。受十戒時，和尚在前，固然如法，萬一和尚他去，只要有一阿闍梨，也可受十戒。這是一樁極其簡單的佛事，晚近的中國僧人把它當作大佛事來看，真是小題大作！

在道宣律師《行事鈔》卷下四的〈沙彌別行篇〉中，對於傳授十戒儀式的編訂，也是相當簡單的，一共分為三門：1.受戒的因緣：如請得二師，出家先受三皈五戒，再問遮難（障戒之惡）。2.明戒體：以三皈，納戒體。3.明戒相：宣說沙彌十戒的條文，然後為說五德及十數，受戒儀式便告圓滿。（《大正藏》四十．一五

○頁中——一五一頁上）如若依準大乘佛事的通例，加上發願迴向，也就行了。近人續明法師，曾照這一程序，編訂了一種受十戒儀規，簡明扼要，我以為值得介紹，值得推行；現已收在續師所著《戒學述要》一書中，不妨參考採用。但其仍有文言的附註說明理由在內，我以為說明的文字，應在儀式之外，所以我想再予刪增簡化如下：

剃髮並已受了五戒，受戒者便在佛前，至誠懺罪：

「往昔所造諸惡業，皆由無始貪瞋癡，

從身語意之所生，今對佛前盡懺悔。」（三遍三拜）

懺罪之後，至和尚戒師前，先行禮拜，再胡跪合掌。戒師便問遮難：

「善男子！聽：今是至誠時、實語時，我今當問汝，汝當如實答。

汝不犯邊罪耶？（答）無。

汝不汙比丘尼（尼則「汙比丘」）耶？（答）無。

汝非賊住入道耶？（答）非。

汝不破內外道耶？（答）無。

汝非黃門耶？（答）非。

汝非弒父耶？（答）非。
汝非弒母耶？（答）非。
汝非弒阿羅漢耶？（答）非。
汝非破僧耶？（答）非。
汝非惡心出佛身血耶？（答）非。
汝非是非人耶？（答）非。
汝非畜生耶？（答）非。
汝非二形人耶？（答）非。
汝字何等？（答）某甲。
汝和尚字誰？（答）上某下某大和尚。
汝生年幾歲？（答）若干歲。
汝衣缽具備否？（答）具。
汝父母（尼則加入「夫主」）聽汝出家否？（答）聽。
汝非負人債否？（答）非。
汝非奴否？（答）非。

汝非軍公現職之官人否？（答）非。

汝是丈夫（尼則「女人」）否？（答）是丈夫。

汝是丈夫，有白癩、癰疽、乾痟、癲狂等病（尼則加入「大、小便二道合、陰道、大小便常漏、涕唾常出」）否？（答）無。」

問完遮難，戒師應對受戒者說：

「六道眾生，多是戒障，人雖得受，若有遮難，亦不堪受。汝無遮難，定得受戒。汝當發增上心，誓度一切眾生。戒是諸善根本，能作三乘正因；戒是佛法中寶，能護持善法，令正法久住。汝當一心諦受，隨我而白：

『我某甲，皈依佛，皈依法，皈依僧；我今隨佛出家，某甲為和尚，如來至真等正覺是我世尊。』（三說三拜，便得戒）以下三結：

『我某甲，皈依佛竟，皈依法竟，皈依僧竟；我今隨佛出家已，某甲為和尚，如來至真等正覺是我世尊。』」（三說三拜）

既發戒已，即為說戒相並問答：

「盡形壽不殺生，是沙彌（尼）戒，能持否？（答）能持。

盡形壽不偷盜，是沙彌（尼）戒，能持否？（答）能持。

盡形壽不得淫，是沙彌（尼）戒，能持否？（答）能持。
盡形壽不妄語，是沙彌（尼）戒，能持否？（答）能持。
盡形壽不飲酒，是沙彌（尼）戒，能持否？（答）能持。
盡形壽不著香花鬘不香油塗身，是沙彌（尼）戒，能持否？（答）能持。
盡形壽不歌舞倡伎及故往觀聽，是沙彌（尼）戒，能持否？（答）能持。
盡形壽不坐臥高廣大床，是沙彌（尼）戒，能持否？（答）能持。
盡形壽不非時食，是沙彌（尼）戒，能持否？（答）能持。
盡形壽不捉持生像金銀寶物，是沙彌（尼）戒，能持否？（答）能持。」

說戒相已，為說沙彌五德：

「請僧福田經云：『沙彌應知五德：一者發心出家，懷佩道故；二者毀其形好，應法服故；三者永割親愛，無適莫故；四者委棄身命，遵崇道故；五者志求大乘，為度人故。』」

「沙彌應知十數：一者一切眾生皆依飯食（破自餓外道）；二者名色（破自然外道）；三者痛痒想（破梵夫為因外道）；四者四諦（破無因果外道）；五者五陰（破神我外道）；六者六入（破一識外道）；七者七覺意（破不修外道）；八者

八正道（破邪因外道）；九者九眾生居（破色無色天計涅槃外道）；十者十一切入（破色空外道）。」（此十皆係法相名數，初學者可能不易聽懂，故我以為亦可酌情不用）

最後發願迴向：

「受戒功德殊勝行，無邊勝福皆迴向；
普願沉溺諸眾生，速往十方淨佛剎。
十方三世一切佛，一切菩薩摩訶薩，
摩訶般若波羅蜜。」

受戒佛事完了，受戒者禮謝二師，並接受俗親朋友及觀禮居士的頂禮慶賀。

現在需要解釋的是遮難的內容。其中的弒父、弒母、弒羅漢、破僧、出佛身血，是五逆罪，已在前面五戒中講過，不必再講；非人是鬼神的變化，畜生是龍畜的變化，二形是兼具男女兩種性器官者；自「汝字何等」以下的十條，文義明顯，不必解釋，所應解釋的是頭上的五條。

所謂「邊罪」，是指曾經受過佛戒，不捨戒而又犯了殺人、行（邪）淫、偷盜五錢以上、妄稱自己是聖賢等的四條重戒，便被棄於佛法大海的邊外，不能再來受戒，所以稱為邊罪。所謂「汙比丘尼」，是指曾經破壞清淨比丘尼的梵行戒者，這在《善見律》卷十七中有細的說明：「於（比丘尼的口中、陰道、肛門）三處行婬，皆名壞比丘尼，若摩觸比丘尼，不障出家；若以白衣服強與比丘尼著，就行婬，亦名壞比丘尼，不得出家；若比丘尼樂著白衣服，就行婬者，不障出家；若初壞者不得出家；第二壞者，不障。」（《大正藏》二十四．七九二頁中）女人汙壞淨比丘者，亦成戒障。所謂「賊住入道」，是指在俗之時，曾經偷聽比丘（尼）說戒、羯磨，以及冒充比丘（尼），參加僧團的法事者稱為「賊住」，不許出家。所謂「破內外道」，是指本是外道，而來佛教中求度出家，後來又去做了外道，現在再來佛教中求度出家，他的目的是在尋求佛教的缺點，蒐集佛教的資料，去做破壞佛教的工作，所以不許出家。所謂「黃門」，本是東漢宦官的宮禁職稱，佛典因而譯忍男忍女、不男不女、可男可女者為黃門，若收他們出家，置於比丘中或置於尼中都不行的，所以這些人不能出家。

受持佛戒，都有戒障，都有條件，但以比丘比丘尼的條件最嚴，要求最高，戒障最重，遮難最多。沙彌沙彌尼是做為比丘比丘尼的基礎，所以在受沙彌十戒之前，就應問這些出家的遮難。

第三節　沙彌戒的範圍與持犯

前面說過，沙彌戒雖僅十條，但於比丘（尼）的具足戒，也得隨從學習與守持。在這裡，隱有一個問題：就是沙彌未受具足戒，從何而學比丘戒？這似乎是從未有人問過的問題。小眾不得聽大眾的說戒羯磨，所以古德多認為未受具足戒者，亦不得閱讀大戒，否則便成「賊住」而障受大戒。既不得聽，也不得讀，將由何而學？也許以為可從僧團的生活中體驗而學，但那終是不成的；一般比丘，每半月聽戒一次，也得五年的時間，始能把戒律學好，何況是沙彌？所以我想，非具足者不得聽戒的原因，主要是防止因有犯戒比丘於說戒羯磨時，發露、懺悔、出罪等情，被小眾或俗人聽了而生起輕謗譏嫌的過失。至於大戒的戒相條文，至少對於沙彌是可以閱讀的，外道以及非正信的俗人，則不應使之閱讀。南傳國家的俗人可以研究大律，開例的原因，可能也是基於這一觀念。但在《僧祇律》中規定，比丘若向未具足者說五篇七聚之名，便犯越毘尼罪，這是比丘不應鼓勵小眾及俗人看律的有力根據。

不過，具足戒對於比丘比丘尼，分為五篇七聚，也就是五等罪名的七類罪行，對於沙彌沙彌尼，只有一種罪名，稱為突吉羅，犯了大戒的突吉羅罪，是突吉羅；犯了大戒的波羅夷罪，也是突吉羅。唯其犯了十戒的前四根本戒的突吉羅，應該逐出僧團，稱為「滅擯」。若犯大戒波逸提罪中的「起惡見」（謂佛說行淫欲非障道法），比丘向其三番勸諫，而仍不捨惡見者，亦予逐出僧團。若犯其餘各戒均可以突吉羅法懺除。

但據《善見律》卷十七說：「沙彌有十惡應滅擯。何者為十？殺、盜、婬、欺、飲酒、毀佛、法、僧、邪見、壞比丘尼。」（《大正藏》二十四．七九二頁上）唯其犯了前九惡，若能至誠懺悔，懇切改過，仍或可受比丘戒，「壞比丘尼」者，終身不得出家。事實上，遮難中的「邊罪」，就是犯了此十惡的前四惡，這似乎是說：犯四邊罪，若能至誠懺悔懇切改過，雖犯邊罪，仍或可受比丘戒。

小眾要隨學大戒，但也不是全部隨學。義淨三藏《南海寄歸內法傳》卷三的〈受戒軌則〉中說：「但於律藏，十二無犯。」「十二者為何？一、不分別衣，二、離衣宿，三、觸火，四、足食，五、害生種，六、青草上棄不淨，七、輒上高樹，八、觸寶，九、食殘宿食，十、壞地，十一、不受食，十二、損生苗。」又說：「斯之十二，兩小非過：其正學女，後五便犯。」（《大正藏》五十四．二二一

九頁中）

這需要略加解釋：比丘有三衣，比丘尼有五衣，所以有分別何種場合應該披著攜帶何種衣，沙彌只有兩件同樣的縵條無縫衣，一當上衣，一當下衣，而無分別；比丘比丘尼不得離三衣而宿，主要在大衣，沙彌無大衣，所以不犯；比丘不得觸火煮食，沙彌可以觸火為病比丘煮粥乃至為大眾熱飯；比丘即使很早吃飽了正餐之後，縱然未到正午，施主仍有美食供養，肚子仍可再吃，但也不得再吃，這叫作「足食」，如果一定想吃，那就要請另一尚未足食的比丘作「餘食法」，由另一作法的比丘先吃一口，然後自己再吃，沙彌年幼，不能耐飢，所以不受足食的限制；生種是五穀及瓜果的種子，比丘不得損害，沙彌則可代大眾處理；不淨是指的大小便利及涕唾等穢物；上高樹有失威儀，這兩條是防止俗人譏嫌而制；比丘不得捉觸寶物，沙彌可代大眾捉持；曾經接觸過的食物隔夜，稱為殘食，與殘食同室而宿，稱殘宿食，比丘不得再吃，沙彌可以再吃；比丘不得掘地或教人掘地，沙彌可以為大眾為三寶而掘地；凡是食物，不經他人授予，比丘概不可吃，沙彌不受此限，並為比丘做授食人；生苗是草木之類，草木是鬼神所依，所以比丘不拔草、不伐木，沙彌則不受此限。正學女是式叉摩尼的意譯，在這十二條中，前七條不持不犯，後五條不持便犯，這是與沙彌及沙彌尼的不同之處。

第四節　沙彌及沙彌尼的威儀

關於沙彌沙彌尼的威儀，在《大正藏》中有如下的五種典籍可資研究參考：

《沙彌十戒法并威儀》（一卷）

《沙彌威儀》（一卷）

《佛說沙彌十戒儀則經》（一卷）

《沙彌尼戒經》（一卷）

《沙彌尼離戒文》（一卷）

但因這五種典籍的內容，前後重複，沒有統一的綱領，初學者很難摸著頭緒，所以有明末的蓮池大師加以整理而集出《沙彌律儀要略》一書，稍後又有弘贊為之增註；另有明末蕅益大師集出《沙彌十戒威儀錄要》一書；前者詳細而後者簡明，各有可取，頗有參考讀閱的價值，現今的臺灣印經處，有單行本流通。

在《沙彌十戒法并威儀》中說：「沙彌七十二威儀，總有十四（類）事。」

（《大正藏》二十四·九二九頁下）在《沙彌尼離戒文》中說：「威儀七十（件）事。」（《大正藏》二十四·九三八頁下）除了有關男女個別的威儀不同而外，沙彌沙彌尼的威儀，多半是相同的。

現在我願將我自己以為是重要的一些威儀，分成男女兩組，摘錄如下：

（一）沙彌威儀

1. 師教沙彌法：當敬大沙門；不得呼大沙門名字；大沙門說戒經時不得盜聽；不得求大沙門長短；大沙門有誤失，不得轉向他人說；不得屏處罵大沙門；不得輕易於大沙門前戲笑，及學其語言行相；見大沙門經過，除在讀誦、飯食、工作之時，當即起立；道中與大沙門相遇，應站於一側迴避；若戲笑時見大沙門，即當停止。

2. 沙彌事師法：當視師如父想；當早起；欲入師戶當先三彈指。當為師準備漱洗物；當掃地灑水；當為師摺衣被，拂拭床席；師出未還，不得捨房中去；若有過，師為教誡不得還嘴辯理；當低頭受師語，並思念行之；出戶當還將門關妥。

3. 沙彌白師法：除了漱口、飲水、大便、小便及在界中四十九尋（每尋八尺）內佛塔禮敬等五事之外，凡有所作，皆須向師請示稟白。

4.沙彌入眾法：當明學；當習事；當為眾人服務；當為大沙門授物；當禮佛；當禮比丘僧；當問訊上下座；當留上座坐處；不得諍坐處；不得於座上遙相呼叫及笑；不得數數起立外出；若眾中呼到自己名字，即當起應；摩摩帝（執事比丘）令有所作，當先白師。

5.沙彌作值日法：當惜眾物，不得當道中作事；作事未了，不得中途捨去；作事之際若遇師喚，當報摩摩帝；當服從摩摩帝指導教令，不得違逆。

6.沙彌入浴法：當低頭進浴室；浴室中當避上座之處；不得以水相戲互澆；不得以水澆火使滅；不得調笑；不得損壞浴室器物；不得用水太費；不得在浴池中擦用肥皂。

7.沙彌入廁法：欲大小便，當即行；行時不得左右顧視；至廁門當先三彈指，使內中人知覺，不得催促先在廁中人之出；登上廁池再行三彈指，使噉糞鬼神知避；不得低頭視察自己陰部；不得「嗯嗯」作大聲；不得唾痰汙壁；不得畫壁及地；不得久留廁上；廁中逢人，不得為作禮，當避道而去；離廁時當洗手，未洗手不應持物；當以水洗大小便道，稱為洗淨，不洗淨不得禮佛；當清水漱口，不漱口不得誦經。

8.沙彌禮師法：師坐禪，不應作禮；師經行，不應作禮；師進食，不應作禮；師說經，不應作禮；與師相逢左面，不應作禮；師盥洗，不應作禮；師臥病，地汙，不應作禮。

9.沙彌入白衣家法：到人家門，應自審威儀，亦不得見人而故作威儀。無男子家，不宜入門；家有佛堂，入則先禮佛；入家若坐，當先顧視：有兵器處，不應坐；有寶物處，不應坐；有婦女衣飾物之處，不應坐；不得獨與女人於屏障處共坐共語；不故弄小兒；不多言，不戲笑；當靜默坐；當正坐；不得結拜白衣做父母姊妹。

10.沙彌入市法：當低頭直往直返；不得與女人前後互隨而行；不得左右顧視東張西望而行；不得故視女人；不得往看熱鬧。買物不得諍貴賤，不坐女人店鋪；若受欺侮，方便避之，勿從求直；若已買妥甲處貴物，乙處雖賤，亦不得再捨甲處而取乙處，致令甲處生恨。

11.沙彌入尼寺法：當有同伴共去；入寺當先禮佛；若無特備客座，不得坐；不得作不適時宜之說法；若從尼寺還，不得說彼之好醜；不得與尼書信往還；不得假借針線及互為裁作洗滌衣物。

（二）沙彌尼威儀

1. 沙彌尼外出法：外出不得獨行，應與大尼或二、三尼同行；若無尼，則與清信優婆夷同行；當視足前六尺而行；不得與男子共行或同道相隨。

2. 沙彌尼睡眠法：不得仰臥、伏臥、左脇臥，當右脇吉祥臥；不得袒裸、自露；不得以手置於陰部。

3. 沙彌尼入白衣家法：不得至婦女房中說笑；不得至灶下坐食；不得與婢女私語；不得獨往廁所；不得與人共同登廁；不得上男廁所；不得手授男子物，當置於地（或適當之處），使之自取；不得觸弄小兒。

4. 沙彌尼入浴法：不得共優婆夷露浴；不得談論洗浴事；不得與優婆夷互看共洗；不得與小兒共洗；不得取他人已洗之水洗；不得自看形體之隱處。

5. 沙彌尼入僧寺法：當隨大尼或二、三人去；入寺當先白知事僧；不得與比丘同室宿；不得與比丘共座坐；不得共比丘相形笑；不得坐臥沙彌衣被中；不得與比丘共器食；不得誤著比丘衣。

以上是沙彌及沙彌尼威儀的縮影，實則也是比丘及比丘尼威儀的縮影，沙彌尼亦應同學沙彌威儀的共通部分。在家居士六齋日，亦應學持沙彌威儀。這是應該知道的事。

今日的僧尼，除了服裝異於俗人而外，能夠不犯淫行、不吃酒肉，已算了不起的。至於真比丘行，根本已無法夢見，男女僧俗的生活界限，幾乎也蕩然無存。女尼認俗人富豪為義父母者，競以為榮，能為有錢俗人執勞者，亦以為幸。至於抱持小兒而弄者，已是司空見慣，如此的僧尼品格，焉能望其住持佛教而振興佛教？然而，冰凍三尺，已非一日之寒，豈能僅怪今日的僧尼？這是歷史的業績啊！

第五章 式叉摩尼的種種

第一節 什麼叫作式叉摩尼

式叉摩尼是梵文 śikṣamāṇā 的音譯，中國有好多種譯法：式叉、式叉摩那、式叉摩那尼、式叉摩尼，都是指的一種名稱；它的意思，則有舊譯「學法女」及新譯「正學女」的兩種。

這是佛制女人出家，成為比丘尼之前的必經過程，但又是被中國佛教久已遺忘了的一種名稱。所以，晚近以來，多數的佛教徒，對於式叉摩尼的意思，已經不解，且有誤解。有人以為在寺中從小帶髮修行的女子，便是式叉摩尼。其實，那是不對的，未落髮也未改裝的女子，僅是居士女的一種。居士分為在家與在寺的男女四種：在家的男女居士，稱為近事男與近事女；在寺的男女居士，稱為近住男與近住女。所以，住於寺中帶髮修行的貞女，乃屬近住女的一種，她們是居士的四眾之一，尚未進入出家五眾身分的階段。

中國現有許多女子，住於寺院而仍帶髮俗裝者，自以為是出家人，那是她們不懂佛制所致，實則她們還是俗人的身分。南傳佛教的泰國，現在沒有出家的女性，但仍許可女人落髮披縵衣而住於寺院中修行，她們在出家人之中沒有地位，依舊是俗人的身分，但她們能夠落髮披縵衣，形相已同沙彌尼，這比中國女子住於寺院既不落髮也不改裝，卻自稱是出家人者，實在是更值得敬佩，更值得嚮往的現象。

至於式叉摩尼，乃是沙彌尼與比丘尼之間的必經過程。女子出家，若不先經沙彌尼及式叉摩尼的兩個階段，便不能進入比丘尼的地位。男子出家，只有沙彌及比丘的兩個階段；女子出家，則比男子多了式叉一階。這不是佛陀歧視女性或袒護男性，乃是由於事實的需要而增加了式叉一階。

最初的女性出家，是依據八敬法成為比丘尼的，不經沙彌尼，也沒有式叉摩尼。後來，出家的女性漸漸多了，分子複雜了，水準不一了，有些女子自己出家不久，竟又度人出家了，於是師資的問題與師資的要求發生了，所以最少要十二年的戒臘及明戒律者，始可為師度尼。

有些比丘尼度了在俗的女子出家，一出家就受比丘尼戒，就成為比丘尼，然於不多幾天之後，那些不慣出家生活的女子，竟又很快地自動還俗了，於是出家過程的限期要求也發生了，所以也要受沙彌尼戒。又有一些比丘尼度了女子出家，不知已婚未婚，不知有孕無孕，乃至求度出家的女子，自己也不知曾否受孕，當他們出家成了比丘尼之後，竟然有人大腹便便地生下了孩子，招致俗人的譏嫌毀謗，以為比丘尼犯了淫戒。於是，佛陀不得不為女子的出家，增加了式叉摩尼一個階段。

沙彌尼的階段，是不受時間限制的，式叉摩尼的階段，則期限為兩年，以這兩年的時間，一則磨鍊女子的性情，使她們漸漸地習慣於出家的生活，二則用來觀察女子的生理，是否曾經受孕。也許有人以為用兩年的時間來觀察女子的懷孕與否，似乎太長了，其實，所謂兩年，《僧祇律》卷三十九中說：「二年者二雨時。」（《大正藏》二十二．五三六頁中）也就是說從今年的雨季開始，到明年的雨季終了。在中國則可解為度過兩個年節，而不必是足足的兩年，比如今年的十二月三十日到後年的正月初一日，就算是兩年了，實際上僅是一年零兩天而已，以這樣的時限來驗明女子的有孕無孕，豈不是很恰當的事嗎？當然，若以今日的科學儀器檢驗，就不必那麼長的時間了。唯其俾使女子能夠漸漸地習慣於出家生活起見，這兩年式叉摩尼的階段，還是需要的。即弘一大師在其《四分律刪補隨機羯磨隨講別錄》中說：「六法淨心，二歲淨身；前者試看大戒受緣，後者可知有胎無胎。」

第二節　式叉摩尼的年齡

關於式叉摩尼的年齡，各部廣律所載，大致相同而略有出入。

《四分律》卷四十八中說：「聽童女十八者，二年中學戒，年滿二十，比丘尼僧中受大戒；若年十歲，曾出嫡者，聽二年學戒，滿十二，與受戒。」（《大正藏》二十二．九二四頁上）這是說若是十八歲的未嫁女出家，受了沙彌尼十戒，便接著經過兩年式叉摩尼的階段，以便學習出家生活中的重要戒律，到了滿二十歲的時候，便可受比丘尼戒而完成女子出家的最高階段；若是十歲年齡的曾嫁少婦（印度女子發育很早，十歲左右嫁人結婚的不稀奇），同樣也只須經過兩年的式叉階段，到十二歲時，就可以受比丘尼戒而成為比丘尼了。女子比男子早熟，雖是十二、三歲的少婦，她們的體質與智能，就可跟二十多歲的成年人相等了。所以律中准許十二歲的曾嫁女受比丘尼戒，卻未見二十歲以下的男子可受比丘戒的記載。

但在《根本說一切有部苾芻尼毘奈耶》卷十八中，有著稍微不同的記載：佛言：「若曾嫁女年滿十二或十八歲者，應與二年正學法，方授近圓（比丘尼戒）。」（《大正藏》二十三・一〇〇四頁下）這裡所說的「十二」，是自十二歲起，再學兩年的式叉摩尼法，到十四歲時，才可受比丘尼戒。這與《四分律》所說自十歲經二年式叉階段，十二歲受比丘尼戒的規定，相差了兩年。究竟哪一種記載比較更對，那就不得而知了。我想，在印度，用《四分律》的記載是可通的，在中國，即使用《根本說一切有部律》的記載，還嫌太早，中國女子十二歲嫁人的，終究是少見的例子。

《薩婆多論》的記載與《四分律》相同：「尼十二得（受具）者，為夫家所使，任忍眾苦。」（《大正藏》二十三・五五九頁中）《毘尼母經》卷八的記載，則與《根本說一切有部律》相通：「若女人十歲，已有夫主者，度令出家受沙彌（尼）戒，滿二年後，得與受式叉摩尼戒，復滿二年後，得受具足戒。」（《大正藏》二十四・八四四頁下）

另有一個問題，律中只說了十八歲以前的曾嫁及未嫁女，若要出家，必先經過兩年式叉摩尼的階層，卻未說到二十歲以上的女子出家，應該如何？據理推測，二十歲以上至五十八歲以下的女子，若來佛教中求度出家者，都該經過兩年式叉的階段。否則，習慣與否及受孕與否的兩個問題，依然存在。

第三節　什麼是式叉摩尼法

式叉摩尼的階位，雖在沙彌及沙彌尼之上，他們的戒品，仍然是沙彌尼戒的戒體，雖然另於尼僧中白二羯磨（在尼僧團中先說明一遍，再作兩番徵求同意的宣布，稱為一白二羯磨，簡稱白二羯磨），授與六法，但卻並不別有戒體可得，所以《四分律刪補隨機羯磨疏》（簡稱《業疏》）中說：「此學法女，無戒體也；但受別教，位過沙彌。」（《卍續藏》六十四．八九九頁下）因其另受六法的緣故，所以階位高過了沙彌。在所有的戒位之中，這是最特殊的一個階位，其他戒位，均有戒體可得，唯此一階，僅得別加六法而已。這個六法，就叫作式叉摩尼法。

什麼是式叉摩尼法？式叉摩尼除了嚴持沙彌十戒，另外加上六法，那就是：

（一）與染汙心男子（髮下膝上）身相觸——成年男子並知對己有染汙心者。

（二）盜人四錢以下——價值四錢以下乃至一針一草。

（三）故斷畜生命——故意殺害異類眾生使之死亡者。

（四）小妄語——相反而說見、聞、覺、知者。

（五）非時食——日影過中而進食者。

（六）飲酒——乃至一滴沾唇者。

式叉摩尼犯了沙彌十戒的前四戒——四根本罪，逐出僧團——滅擯；犯了這裡所舉六法之中的任何一法，必須重新白二羯磨，重受兩年的六法。若犯其餘，但名缺行，悔改即除。

在《根本說一切有部苾芻尼毘奈耶》卷十八中，又有式叉摩尼六法與六隨法的規定，內容與《四分律》的規定，頗有不同。現在照抄如下（《大正藏》二十三・一〇〇五頁上）：

六法者：

（一）不得獨在道行。

（二）不得獨渡河水。

（三）不得觸丈夫身。

（四）不得與男子同宿。

（五）不得為媒嫁事。

（六）不得覆尼重罪。

六隨法者：

（一）不得捉屬己金銀。

（二）不得剃隱處（腋下及大小便道）毛。

（三）不得墾掘生（潮濕而能生草木）地。

（四）不得故斷生草木。

（五）不得不（由人）受（自取食物）而食。

（六）不得食曾（經接）觸（之）食（物）。

在《僧祇律》卷三十八中說，式叉摩尼「二歲應隨順學十八事」，既未列六法，也未列六隨法。所謂十八事者，那是：「一切比丘尼下，一切沙彌尼上飲食；於其不淨，比丘尼淨，於比丘尼不淨，於其亦不淨；得與比丘尼同室三宿，與沙彌尼亦齊（止）三宿；得與比丘尼授食，除火淨五生種已，從沙彌尼受食；（比丘尼）不得向（其）說（比丘尼的）波羅提木叉（五篇七聚戒名），從波羅夷乃至越比丘尼罪，得語言：不得婬、不得盜、不得殺人；如是比丘得教，不得聽布薩、自恣；至布薩（半月說戒）自恣（安居解夏）日，至上座前，頭面禮僧足已，作（如）是言：『我某甲清淨，憶念持。』如是三說已，却（退後）行而去；後四波羅夷（比丘尼共有八波羅夷，較比丘更加後四波羅夷即是：1.與染心男子肩以下膝以上身相觸；2.與染心男子捉手、捉衣、入屏處、共立、共語、共行、身相倚、共期；3.知他比丘尼有重罪而為覆藏不向人語；4.順從供養被僧舉罪而不與共住之比丘），若一一犯者，應更受學法。若十九僧伽婆尸沙已下（《僧祇律》比丘尼有十九條僧殘戒，《四分律》只有十七條），一切作突吉羅悔；若破五戒，何等五：非時食、停食食（即是吃了一次又吃一次的數數吃）、受金銀及錢、飲酒、著香華，隨其犯日，從始學戒滿。」（《大正藏》二十二．五三五頁上—中）

我們看了上面所舉三種律本，都有不同的規定。不過中國是一向弘揚《四分律》的，若以《四分律》的規定做為式叉摩尼的基本法式，自然較為適宜了；至於其餘兩種律本的規定，也不妨參考遵行，能夠多持一些戒，總是可喜的事。可嘆的是，中國的佛教，目前沒有式叉摩尼的一階，古代是否曾經有過，我還不曾見到可靠的記載；照律制而言，女性出家，若不先經式叉摩尼的兩年，根本不能受比丘尼戒，即使受了比丘尼戒，也是不能得戒。所以我很希望今日有志有願、有守有成、有能有力的大心尼眾姊妹們，應該來為律統與律制的重振而努力一番，不要苟且偷安地永遠是不倫不類的附屬品。

式叉摩尼白二羯磨及受六法的儀式，也很簡單，因為現下的中國佛教已不遵行，故也不必錄出。如若一旦能夠遵行時，自亦不難從律本之中尋出應用的。

第四節　悔罪法

最後，介紹一下突吉羅罪的懺悔法：

突吉羅罪，共有兩種：一是故意犯，一是無心犯；所以懺法也有兩種：一是對一人懺，一是自悔責心懺。其如下表：

突吉羅罪	故意犯	對一大德懺
	無心犯	自悔責心懺
		兩種懺悔法

對人懺，應該具足威儀，向一大德，胡跪合掌，作如是白：「大德憶念。我某甲沙彌（尼），故犯某某，突吉羅罪，今向大德發露懺悔，願大德憶念，慈愍故。」受懺大德即云：「自責汝心。」答言：「爾。」

自責心懺，也應具足威儀，至佛前焚香禮拜，胡跪合掌而白：「我某甲沙彌（尼）誤犯某某，突吉羅罪，今發露懺悔，更不敢作。」也有以為責心懺悔時不必到佛前去的，隨時犯了，隨時心念悔過，也就可以了。

式叉摩尼，除犯了所加的本法，應該別行而外，其餘的過犯，也只有突吉羅的一種，懺悔方法與沙彌沙彌尼相同。

比丘不得以比丘尼為懺主而向比丘尼悔罪，比丘應向上座比丘或同學同法的清淨比丘悔罪，比丘尼則可向比丘悔罪；至於沙彌，位在比丘尼之下，理應可向比丘尼悔罪，但是，沙彌是隨比丘而住於比丘寺院，自也用不著捨近就遠地去向比丘尼悔罪。

第六篇

通向涅槃的橋樑

——比丘比丘尼戒綱要

緒說

比丘戒與比丘尼戒，是佛戒之中的重要大戒，所以也是最繁複的一種佛戒，從佛法住世的角度上看，這要比菩薩戒更加重要。故在漢譯《大藏經》中，有關比丘比丘尼戒的廣本大律，即達四、五百卷，歷代祖師註疏著述，尚不包括在內。我於南下閱藏的最初兩年，也將重心注於比丘比丘尼的廣律之中，但在這本書中，我只以三萬多字的篇幅，來約略地介紹比丘比丘尼戒。因為：第一，這是一本通俗性的書，它的讀者，大部分可能是在家人，俗人未必絕對不可看比丘及比丘尼律，但亦不必向所有的俗人詳細介紹出家戒；第二，嚴格地說，在中國現代的環境下，比丘及比丘尼戒的如律得戒，而又能夠如律持戒的，那是很不容易的事。憑心而言，我自己也是未曾真得比丘戒的一個「比丘」，甚至我也不是一個如法的沙彌，僅是現出家相的優婆塞而已！縱然希望如律而行，那也困難重重。

即使如此，本篇文字的內容，我仍不鼓勵尚未具足比丘及比丘尼戒的讀者讀它；當然，我也不會強烈地反對。

我對比丘比丘尼律的研究，幾乎耗盡了我數年來的全部精力，無非是想從律中找出中國佛教衰頹的原因，並資發掘振興中國佛教的方案，所以邊讀邊錄，邊做筆記，使它們的每一個問題，歸納成一個中心，做成一篇心得，並加進自己的意見，剖視那些問題，也正視那些已經「死」了許多世紀的問題，使它們重新復活而成為我們現實的問題。我是試著做復活律典的工作，不是做泥古不化的工作，否則也根本不用我來浪費紙墨；古來的律著，已經夠人啃的了。但我的文字，雖有自己的看法，卻不會違背律典，甚至敢說：事事都有根據，讀者可以查對。讀者讀了本篇，可以參閱拙著《律制生活》，那都是單獨對於各種重要律制問題的專題介紹。

第一章　比丘及比丘尼的起源

第一節　什麼叫作比丘比丘尼

比丘是梵文 bhikṣu 的音譯，主要的意思是「乞士」，上從如來乞求佛法而養育法身的慧命，下向俗人乞求衣食以存活色身的生命，所以叫作乞士。另外還有「怖魔」、「破惡」、「淨命」、「淨持戒」等意思。因為出家學佛為比丘，必將了脫生死而不再受魔業及魔境的困擾和支配了，魔王少了一個可以利用和支配的魔民，所以感到恐怖；比丘持戒能破煩惱惡業，所以是破惡；比丘不以苦力、經商、種植、賣藝、售技而謀生活，乃以清淨乞食而自活命，所以稱為淨命；比丘以盡其一生的形相壽命，堅持清淨戒律，所以稱為淨持戒。

比丘的同音異譯，尚有「比邱」、「煏芻」、「苾芻」等數種。中國的古德註疏中，有人以為「苾芻」是一種草的名稱，據傳說，此草有五種勝德：一體性柔軟，二引蔓旁布，三馨香遠聞，四能療疼痛，五不背日光。所以取為出家人的命名。其實，經晚近學者的研究，這種附會想像的解釋是不正確的。苾芻是新譯，比丘是舊譯，它的梵文原字，只有一個，並沒有什麼草名的根據。又有人說「德比孔丘，故名比丘」，那更是無稽。

比丘尼是梵文 bhikṣuṇī 的音譯，它的意義與比丘相同，只是以尼音表示女性；所謂比丘尼，也就是女比丘或女乞士的意思。在音的異譯方面，也另有「比邱尼」、「煏芻尼」、「苾芻尼」的數種。

在佛教之中，據說三世諸佛都有僧俗男女的七（或九）眾弟子，比丘在七眾之首，比丘尼在比丘之次，這是佛教徒中的兩種主力或基幹，佛陀在世，佛教的活動是以佛陀為中心，佛滅之後，佛教的活動便以出家人為中心，比丘尼以比丘為中心，在家弟子以出家僧團為中心，如果沒有了比丘比丘尼，佛教的住世便將失去宗教的價值，而僅剩下哲理或學說文化的價值。

第二節　比丘比丘尼的出現

在我們的世界上，無疑地，比丘及比丘尼的出現，是由兩千五百多年以前，人類之中出現了一顆光芒萬丈而又爍古照今的明星——救人救世並救一切眾生的大悲佛陀釋迦世尊。

佛教有許多的名詞，是沿用古印度原有的語彙而注於新鮮的內容，至於七眾弟子的命名，有些似乎也是採同樣的方式而來。比如《五分律》中有十一種比丘，其中的乞比丘，便不是佛教的如法比丘。不過，我們可以肯定，七眾佛子的涵義，絕不同於其他外道的徒眾，其他的外道，也未能將他們徒眾的位別層次，分得如此地細密和謹嚴。

據《五分律》卷十五中說，佛成道後，初受離謂及波利兩賈客的供食，便令此二人受二自皈：皈佛、皈法。又為斯那婆羅門的女兒須闍陀授二自皈。（《大正藏》二十二．一〇三頁上—中）因為當時尚未度五比丘，尚無僧寶可作皈依。可見比丘的出現，是在優婆塞及優婆夷之後了。但是據《四分律》卷三十二〈受戒犍度〉的記載，佛陀的七眾弟子，是以比丘為上首，也以比丘出現得最早，那就是在鹿野苑中初轉佛法之輪，初傳佛的聖教，度了他在出家初期中的五個侍從。這五個侍從是由淨飯王派遣來陪伴太子修行，並且服侍太子修行的。後來由於釋迦太子放棄了極端的苦行，致被五個侍從誤以為太子退了道心，所以輕視太子而背離了太子。太子成道之後，卻懷念「此五比丘，執事勞苦，不避寒暑，侍衛供養」（《大正藏》二十二．七八七頁中）的情分，便首先度了他們五人。這就是最早的比丘，也就是最有名的五比丘。

至於比丘尼，在七眾佛子之中，地位雖僅次於比丘，但是比丘尼的出現，卻是很晚的事了。據說佛陀成道的那一天，也就是阿難尊者的誕生日；女人能在佛教中出家，是由於阿難尊者的同情而代為請求佛陀的恩准。那時的阿難尊者，已經出了家，成了比丘，做了佛陀的隨身侍者；成道後的佛陀說法四十九年，佛將入滅時，《根本雜事》卷三十七中阿難也自稱：「我隨佛後二十餘年。」（《大正藏》二十四．三九一頁下）《長阿含經》卷三則說：「得侍二十五年。」（《大正藏》一．十九頁下）《善見律》卷五，也說佛成道二十年後，才由阿難做侍者。由此推想，佛陀座下之有比丘尼的活動，至少已較五比丘的出現晚了二十多年。但在弘一大師《四分律刪補隨機羯磨隨講別錄》中記載：「如來成道十四年，姨母愛道求出家。」究竟如何，則待考證。不過，無疑地，佛陀的姨母大愛道，便是最早也是最有名的大比丘尼。據說當時跟隨大愛道一同出家的，多達五百位屬於貴族階級的釋種女人。

第三節　中國最早的比丘與比丘尼

中國人知道有佛教，史家們相信是從東漢明帝永平八年（西元六十五年）開始，但在最初的二百年中，傳教的工作已很可能迅速地普及到了全國的人民，傳教的教士，則以西域來的梵僧為主。中國人信了佛教之後，雖然也有很多落髮離俗的，但是尚未見有傳戒與受戒的記載。中國人成為正式如律的比丘，是在曹魏廢帝嘉平二年（西元二五〇年），由於中天竺的曇摩迦羅到了中國的雒陽（古代的洛陽），建立了羯磨受戒法之後的事了。

中國之有比丘尼，是在劉宋文帝元嘉七年（西元四三〇年），有罽賓國的沙門求那跋摩，到了揚州；又於元嘉十年，有僧伽跋摩到了揚州，當時正有師子國（錫蘭）先後來了兩批比丘尼，所以初建了中國尼戒的律統。可見中國的比丘尼，又較中國的比丘遲了一百八十年的歷史。唯其當時是否就是二部僧中秉受比丘尼戒，則亦很難推定。

以上的資料，出於道宣律師的《行事鈔》。（《大正藏》四十．五十一頁下）又據近人竺摩法師的研究說：「在中國，女子出家學佛最早的，照梁朝寶暢法師所著四卷《比丘尼傳》所載，其中自晉至梁，有七十四尼入傳，而以釋淨檢為中國第一個出家的比丘尼。」（《海潮音》四十三卷十月號）我們從《比丘尼傳》中可以看到，淨檢比丘尼，是在晉愍帝建興年中（西元三一三──三一六年），因「於宮城西門」一寺內聽沙門法始講經之後，便發心出家的。

但是很不理想的，中國的第一個比丘尼，就是直接在比丘僧中受了比丘尼戒，他先向西域沙門智山受十戒，然後於東晉穆帝升平元年（西元三五七年），「浮舟于泗，撿（檢）等四人，同壇上，從大僧以受具戒。」（《大正藏》五十．九三四頁下）這一個時代，比較《行事鈔》所載的早了七十六年。他在發心出家後四十年，才受具戒，可見求戒之難。

若從高僧傳中找根據，中國高僧的歷史，又可溯上推早七十年了。因為《梁高僧傳》中的中國第一個沙門，是嚴佛調。《梁高僧傳》卷一中說：「時又有優婆塞安玄，安息國人。」「亦以漢靈之末，遊賈雒陽。」「玄與沙門嚴佛調，共出《法鏡經》。玄口譯梵文，佛調筆受。」「調本臨淮人。」（《大正藏》五十．三二四頁中—下）

從這一史實看來，嚴佛調是中國臨淮地方的人，臨淮位於現在安徽省盱眙縣的西北；他在漢靈帝末年之際，曾與安息國的安玄居士共譯《法鏡經》，那時他的身分是沙門；漢靈帝末年，是西元一八九年，所以又比曹魏廢帝嘉平二年（西元二五〇年）早了六十一年。不過嚴佛調雖是中國有史可考的第一位高僧，但他是不是中國的第一位比丘，那就不得而知了。因為《梁高僧傳》只在「支婁迦讖傳」中，僅僅提到嚴佛調幾句，只說他是沙門，未說是不是比丘。

第二章　僧尼戒律的由來及種類

第一節　戒律的由來

我們已經說過，佛教的戒律是由於事實的需要而制，比丘比丘尼戒的完成，也不是一天的事。在最初的佛教僧團中，根本沒有成文的戒律條文，所有的出家弟子，都有很深很厚的根器，往往都在佛陀三言兩語的開示之下，便能悟證聖位，低則得法眼淨，見道證初果，高則直證四果阿羅漢，所謂「初果耕地，蟲離四寸」，這是由於聖位的道力而致的道共戒。僧團之中，既多是位階聖果的聖弟子，所以在道共戒的道力之下，自然合乎戒的要求而不犯罪，既不犯罪，所以也沒有制戒的必要。

據律中的記載，舍利弗先請佛陀制戒，佛陀則說無犯不制。佛在《五分律》卷一中說：「舍利弗，我此眾淨，未有未曾有法；我此眾中，最小者得須陀洹。諸佛如來，不以未有漏法而為弟子結戒。」—（《大正藏》二十二．二頁上）這與菩薩戒是不同的，菩薩戒是諸佛法爾，三世諸佛一律以菩薩戒而成佛，菩薩戒不是某一尊佛所制，而是諸佛同制，本來如此。比丘戒是根據事實的需要而制，佛陀雖然知道必須要制哪些戒，但他絕不預先制定，這有兩重理由：一是表示民主，二是表示尊重弟子們的人格，如果不犯便制，弟子們當然會接受，但那不是出於弟子們的意思，而是出於佛陀的強制了，犯了罪才制戒，這是出於僧團大眾的一致要求。我們在律中可以看到，佛陀從未主動地制過一條戒，都是由於有人犯了過失，遭受了外人的誹謗譏嫌，才由知足、少欲、樂頭陀、知慚愧的弟子們稟告佛陀而由佛陀制戒；為了順從大眾的要求，佛陀甚至也不惜將他已制的戒條再三地修正，這都是表現著充分的民主風範。佛陀絕不希望弟子們有過失，好心出家的弟子們，自也絕不希望僧團中有過犯，這是一種自尊心的要求。如果佛陀預先制戒，便表示看不起他的弟子們，並也看準了弟子們必將有過失出現，這對僧團大眾幾乎多了一層憂慮，甚至有尚未犯罪之先，就被加上了枷鎖的感觸，這樣的作法，無疑是侮辱了弟子們的人格；犯了過失再制戒，那是出於犯戒的原因而制戒，不是佛陀的強制。

佛陀制戒的精神，從表面看，是佛的意思，從實際看，乃是僧團大眾的意思，佛陀僅是制戒過程中的主持人或證明人。戒是僧團大眾的防腐劑，這一防腐劑的處方者或配方者是佛陀，要求處方或配方的，則是僧團大眾；佛陀是為僧團大眾看病的醫生，僧團大眾是請佛陀醫病的患者。因此，如果人尚不曾患病，先就給他處方配藥，他一定會罵你是在觸他的楣頭；人患了病，才給他醫療，他便感激萬分了，這是眾生所以為眾生的通常心理。

因此，我們深深地體會到，佛陀是一位多麼偉大而慈悲的大導師啊！佛陀救護眾生，用心無微不至，既尊重大眾的意思，並也處處護念到眾生的缺點。想到這裡，不禁要使我們感動得熱淚盈眶了！

除了大乘菩薩戒是諸佛相同的而外，諸佛所制的比丘比丘尼戒是不盡相同的。不過，行淫、偷盜、殺人、大妄語，這四條根本大戒，諸佛也是相同的。如《善見律毘婆沙》卷八中說：「一切諸佛，波羅夷罪無異結；四波羅夷，不增不減。」（《大正藏》二十四．七二九頁中）除此之外，不唯諸佛所制不同，即使我們所見的諸部廣律所收集的，也各有多少出入了。

據《僧祇律》的記載，佛陀為比丘們制第一條戒，便是淫戒。那是：世尊於毘舍離城，成佛五年，冬分第五半月，十二日，食後，東向坐一人半影，為長老耶奢伽蘭陀子制。

第二條制的是盜戒：世尊於王舍城，成佛六年，冬分第二半月，十日，食後，東向坐兩人半影，為瓦師子長老達膩伽，因洴沙王及糞掃衣比丘制。

第三條制的是殺戒：世尊於毘舍離城，成佛六年，冬分第三半月，九日，食前，北向坐一人半影，為眾多看病比丘，因鹿杖外道制。

第四條制的是大妄語：世尊於舍衛城，成佛六年，冬分第四半月，十三日，食後，東向坐三人半影，為聚落眾多（相互妄稱是羅漢而大得信施供養）比丘及增上慢比丘制。（《大正藏》二十二．二三八頁上—二六二頁上）

在各部律中，僅《僧祇律》載明制戒的年月日時，《僧祇律》中，也僅此四條波羅夷戒，載明制戒的年月日時。但是據說，初十二年，只有犯一戒制一戒，並無再犯的人。

即使如此，我們已可明白，佛陀為比丘制戒，已是成佛之後的第五年冬季了。這也說明了佛教的僧團中，到五年以後，分子漸漸複雜了，有許多根機稍淺的人進入了比丘僧團，發生了問題，所以必須制戒防腐，到了第六年以後，問題更多了，所以在一個冬季尚不足五十天的短時間內，竟然一連制了三條重戒。於是，比丘戒的創制，可能斷斷續續地，一直到了佛陀入滅之前，才告停止。像這樣完全本著當時當地的實際情況的需要而制成的戒律，自然不能與諸佛所制的戒律完全一樣，自然也不能將此戒律條文，完全適應於各個不同時代及不同地域中的比丘生活了。所以佛在《五分律》卷二十二中要說：「雖是我所制，而於餘方不以為清淨者，皆不應用；雖非我所制，而於餘方必應行者，皆不得不行。」（《大正藏》二十二・一五三頁上）這是多麼開明的聖教啊！

至於比丘尼戒，除了為女性特制的部分之外，多數的戒相，則與比丘戒相同，比丘尼戒的出現，當然遠在比丘戒之後了。

第二節　比丘及比丘尼的身分是怎麼完成的

比丘及比丘尼，固然必須守持比丘及比丘尼戒，但是，比丘及比丘尼的身分與資格，並不是由於守持了比丘及比丘尼戒而來。在過去七佛之中的一二三佛——毘婆尸佛、尸棄佛、毘舍浮佛，沒有結戒，也不說戒，他們同樣也有七眾弟子（不過佛滅之後，佛法也就消失了）；釋迦世尊成佛後的最初五年，並未制戒，卻已有了很多的比丘弟子，可知比丘及比丘尼，不是由於戒律而來，相反地，比丘及比丘尼戒，倒是由於比丘及比丘尼的需要而有。

那麼，比丘及比丘尼的身分或資格是怎麼完成的呢？這就要說到比丘及比丘尼的種類了。現在先說比丘的種類，這在各部律中，也有多少不同：

（一）《五分律》有十一種比丘：1.乞比丘；2.持壞色割截衣比丘；3.破惡比丘；4.實比丘；5.堅固比丘；6.見過比丘；7.一語受戒比丘；8.二語受戒比丘；9.三語受戒比丘；10.善來受戒比丘；11.如法白四羯磨受戒比丘。（《大正藏》二十二·四頁中）

（二）《根本薩婆多部律攝》有十種近圓：1.無師，謂佛世尊；2.證智，謂五苾芻；3.問訊，謂鄔陀夷；4.皈依，謂大迦攝波（即大迦葉）；5.五人，謂是邊國律師為第五；6.十人，謂在中方；7.受敬法，謂大世主；8.遣使，謂達摩陳那；9.二眾，謂二部俱集；10.善來，謂大師親命。（《大正藏》二十四·五九九頁上。

案：其中7.8.9.三種是比丘尼受戒法，其餘七種皆為比丘受戒法）

（三）《十誦律》有十種受具足戒法：1.佛世尊，自然無師得具足戒；2.五比丘，得道即得具足戒；3.長老摩訶迦葉，自誓即得具足戒；4.蘇陀，隨順答佛論故，得具足戒；5.邊地，持律第五，得受具足戒；6.摩訶波闍波提比丘尼，受八重法，即得具足戒；7.半迦尸尼，遣使得受具足戒；8.佛命善來比丘，得具足戒；9.皈命三寶已，三唱我隨佛出家，即得具足戒；10.白四羯磨，得具足戒。（《大正藏》二十三·四一〇頁上。案：其中6.7.兩種是比丘尼受戒法，其餘八種皆是比丘受戒法）

（四）《毘尼母經》有五種受具足戒法：1.善來比丘，即得受具；2.三語（即三皈），即得受具；3.白四羯磨，受戒名為受具；4.佛敕聽受具（八敬法），即得受具；5.上受具，佛在世時不受戒，直在佛邊聽法，得阿羅漢果者。（《大正藏》二十四·八〇一頁中）

（五）《四分律》有八種比丘：1.名字比丘；2.相似比丘；3.自稱比丘；4.善來比丘；5.乞求比丘；6.著割截衣比丘；7.破結使比丘（煩惱斷盡，證了羅漢果）；8.受大戒白四羯磨，如法成就，得處所比丘。（《大正藏》二十二·五七一頁上。案：其中唯有4.7.8.三種是真的如法比丘，其餘五種是假的非法比丘）

我們舉了五種律本的比丘種類，都有小小的出入，但可歸納為十類：無師、一語、二語、三語、破結使、自誓、善來、問訊、論答、白四羯磨（含邊方五人及中方十人僧的兩種），比丘得具足戒，大概不出這十種方法了，但是佛世通常使用的，只有善來比丘與白四羯磨比丘。其餘八種乃是局限於特殊根性的人物，比較起來，破結使比丘，要比其他七種多些，餘如無師受具足戒的只有佛陀一人，自誓受的只有大迦葉一人，問訊受的只有鄔陀夷（迦留陀夷）一人，隨順答佛論受的只有蘇陀一人。至於善來比丘，一直用到佛陀入滅，便告終止，佛滅之後，只有白四羯磨受比丘戒的一種受戒法了。在佛陀時代，善來與白四羯磨是並用並行的，但有一個分別：佛陀親自度比丘出家的，便用善來比丘。佛陀只要說一聲：「善來比丘！」受度的人，便以自己的宿根及佛陀的威神，當下鬚髮自落，袈裟著身，缽盂在手，儼然就像老參上座一樣的比丘威儀了。但這必須是宿根深厚，能夠當下證果的人才行。善來比丘的意思，據理而推，應該含有三層：1. 你要出離生死，來得正是時機；2. 你能來做比丘，真是最好的事；3. 你來出家做比丘，佛教非常歡迎你。

至於在佛陀的一生中，一共度了多少「善來比丘」？佛陀初期所度的大弟子，幾乎都是善來比丘。比如阿若憍陳如等五人，滿慈子等三十人，波羅奈城善勝子，優樓頻螺迦葉及其弟子五百人，那提迦葉及其弟子三百人，伽耶迦葉及其弟子二百人，優波斯那及其弟子二百五十人，大目（犍）連及其弟子二百五十人，摩訶迦葉、闡陀、迦留陀夷、優波離，釋迦族的王室子弟五百人，跋度帝五百人，群賊五百人，長者子善來。（此一資料見於《摩訶僧祇律》，《大正藏》二十二．四一二頁下）以此可見，善來比丘在當時的僧團中，是領導階層，也是主要的成分了。

白四羯磨受具足戒的比丘，那是佛陀的比丘弟子們，再度第三代的比丘出家時才有的。因為印度的地域很廣，佛的諸大弟子，已在各化一方，各方都有人求度出家，各方都將求度出家的人，跋涉了長途的旅程，送請佛陀來度感到非常麻煩，甚至在中途發生變故，所以佛陀規定比丘弟子們，也可以度人出家受具足戒；受具足戒的人，必須要在十個比丘以上的僧團中，求得一致的通過與承認，才能算是合法的比丘。所謂白四羯磨，乃是一番報告，三番徵求默認，便稱為白四羯磨。十人之中，只要有一人反對，便是僧不和合，便不成受戒羯磨，受戒者便不得比丘戒。這是一個簡單而神聖的儀式，目的是在取得僧眾的認可，而不是私下的授受。雖然如此，在佛世的僧團中受具足戒，也是平常的佛事，通常都是就著半月說戒的機會舉行，因為這是規定的集會日期。除此以外，例如安居日及自恣日等，也都是授受具足戒的好機會。比如佛在《五分律》卷十六中說：「聽於布薩時、自恣時、僧自集時，受具足戒。」（《大正藏》二十二．一一一頁下）絕不像中國的佛教，分成禪寺、講寺、律寺。唯有律寺學律持律而傳戒，禪寺及講寺，不學不持也不傳戒了！

這當然有其社會背景的因素之所形成，我們不必苛責，直到今日的傳戒，卻又有些濫了！

再說比丘尼的受戒種類：

（一）《根本說一切有部苾芻尼毘奈耶》有五種苾芻尼：1.名字苾芻尼；2.自言苾芻尼；3.乞求苾芻尼（俗人女以乞求活命者）；4.破煩惱苾芻尼；5.白四羯磨苾芻尼。（《大正藏》二十三・九一三頁上。案：4.5.兩種為合法，其餘皆為非法）

（二）《毘尼母經》卷一，比丘尼有五種受具足戒：1.隨師教而行（八敬法），名為受具；2.白四羯磨而得受具；3.遣使現前而得受具；4.善來而得受具；5.上受具（破結使）。（《大正藏》二十四・八〇一頁中）

其實，這兩種律本中所列合法比丘尼，只有四類：破結使、八敬法、遣使、白四羯磨。至於善來比丘尼，若照佛陀不親自度尼的慣例（《薩婆多論》卷二，《大正藏》二十三・五一二頁下），這當不是佛陀親度的，而是由大比丘尼弟子度的；然照比丘尼的出現，遠在比丘之後十四或二十多年，那時的比丘僧團已經有了白四羯磨度人出家的軌式，比丘尼當不致仍學佛度比丘的方法，而以善來度比丘尼了，所以這是尚待考證的問題。

誰是破結使比丘尼？未見明文記載；以八敬法受具足戒的比丘尼，只有大愛道等五百釋種女人；遣使受的，在佛教史上，只有達摩陳那（《根本雜事》卷三十二譯為法與）或半迦尸尼一人。因他生得太美了，很多男人，聽說他出家，都想從半路上把他破了，若從尼寺親自去比丘僧寺受戒，那就不能出家了，所以佛陀特許絕世的美女出家，若防中途遭破，可以派遣代表去僧寺求取羯磨，也可得戒；其他的，都是在二部僧中白四羯磨受。所謂二部僧中受，乃是先在比丘尼十人僧中白四羯磨，稱為作本法，再往比丘十人僧中白四羯磨受戒，得戒是在比丘僧中受，若不作本法而直往比丘僧中受具足戒，可以得戒，戒師則得罪。中國的比丘尼戒，曾否建立過在二部僧中受的制度，今已無從查考，有史可稽的，都是直接在比丘僧中受；中國的戒師，雖然歷代都因授比丘尼戒而得罪，但亦甘之如飴，未能使之如法如律！

所謂受具足戒，是說接受了全部的比丘戒或比丘尼戒；全部受持之後，便可優入聖域，階登聖位，直向阿羅漢果，而至了脫生死。不像受五戒、八戒、十戒，只是戒的一部分，而未具足全部戒。但在新譯的律典中，不稱受具足戒，而稱近圓。圓是圓滿寂滅，也就是圓寂，也就是涅槃，也就是了生脫死，也就是不生不死，也就是指的阿羅漢果的境界。這個「近」字，可以當形容詞解，說是靠近在圓寂的邊緣；也可以當動詞解，說是去向圓寂的境界接近。若以比丘戒的功能來說，近圓的近字，用動詞解釋是比較恰當的。我們可以憑著比丘或比丘尼戒的受持與堅持而漸漸接近於圓寂，並也必將接近於圓寂，最後進入於圓寂。因此，比丘戒及比丘尼戒，乃是我們用來通向涅槃之境的橋樑了。圓寂本是涅槃的意思，然而，中國的凡夫僧尼死亡，也都稱為圓寂，準律而論，那是代替死人妄語！

第三章　比丘比丘尼戒的內容及其同異

第一節　止持與作持

所謂戒律，應該是兩種類別的共同稱呼。廣義地說，比丘戒也包括了比丘律；狹義地說，戒是戒，律是律；律中包含戒，戒中不含律。因為毘尼（律）藏中有波羅提木叉（別解脫戒），波羅提木叉中不能攝盡毘尼藏。

說得明顯一些，毘尼是統括止持與作持的，波羅提木叉則唯有止持。所以持律含有持戒，持戒不含有持律；因持律是僧團大眾共同的事，持戒是各個比丘個人的事。持戒稱為止持，因其不作惡；持律稱為作持，因其能成善。僧團的事應由僧團的大眾共同解決、共同推展、共同助成，所以必須和合了大眾的意見，綜合了大眾的意見來行事作法，這就是持律的精神，這就叫作作持。

在律藏之中，戒相條文的規定是戒，是止持；各種羯磨法的規定是律，是作持；律是幫助戒的推行者，律也是戒的促成者，律更是實行戒的監督者。比如人要出家持戒，必須先以羯磨法來證明並給予出家比丘的資格與身分；戒的條文如果在實行上遇到了困難，也可以用羯磨法來加以研究解決；如果發現了某一比丘或某些比丘的生活，越出了戒的範圍，便應該以羯磨法來為其舉罪、折伏、驅遣，乃至滅擯——逐出僧團之外。所以戒是比丘生活的防腐劑，律又是戒的防腐劑了。在個人的生活中，以戒為主；在僧團的生活中，以律為主。個人要求解脫生死，必須持戒；佛教要求歷久常新，必須持律。一個真正的比丘，沒有不持戒的；一個有希望的僧團，沒有不持律的。如果僧團不能持律，持戒的比丘也將得不到保障了。若照《四分律》的內容分配，比丘的二百五十戒，比丘尼的三百四十八戒，是止持；二十種犍度，是作持。前者是戒，後者是律；唯在戒中也有律，律中也有戒，此乃以其重點而作的分別。這在中國的佛教，實在是必須明白的，可惜能夠明白這層道理的人太少了！

第二節 比丘戒有多少

比丘戒的條文，在各部律中，都有出入；主要的出入是威儀戒。至於重戒與次重戒的條文，其文字雖有詳簡廣略的不同，戒目的條例，卻是大致相同，所以大致都說比丘二百五十戒。

比丘戒與比丘尼戒，通常分為五篇七聚，也就是五等罪行的七項罪名。事實上，比丘的二百五十條戒相，卻有八類條文、五等罪行、七項罪名、六種果報。現在列表如下：

二百五十戒	八類	五篇	七聚	六果
	四波羅夷	波羅夷	波羅夷	焰熱地獄
	十三僧殘	僧殘	僧殘	大嗥叫地獄
	二不定法		偷蘭遮	嗥叫地獄
	三十捨墮	波逸提	波逸提	眾合地獄
	九十單墮			
	四悔過法	提舍尼	提舍尼	黑繩地獄
	一百眾學	突吉羅	惡作	等活地獄
	七滅諍法		惡說	

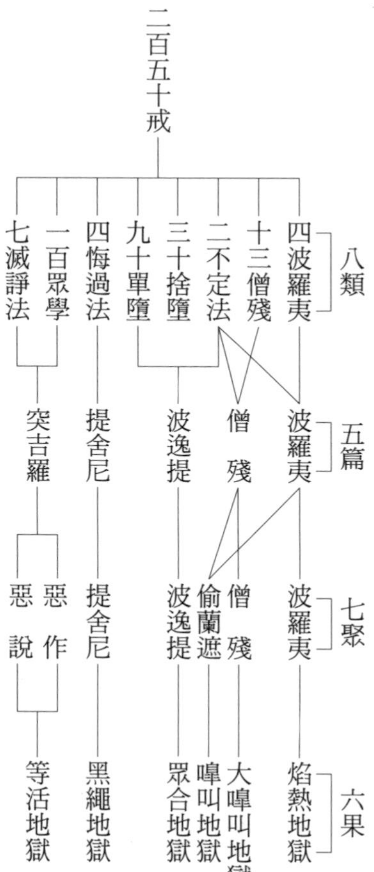

因為這些都是專有名詞，需要解釋一下；又因為在這表上所列，有梵文的譯音，也有梵文的譯義，所以先要把音義介紹一下：

（一）波羅夷：梵語 pārājika，也有譯作波羅市迦，是棄（於佛法之外）罪，是斷頭罪，是不可救藥罪。

（二）僧伽婆尸沙：梵語 saṃghāvaśeṣa，譯為僧殘罪，是僧團淨法中的殘傷者，唯其雖殘而尚有懺除救藥的餘地。

（三）不定：這是沒有一定犯哪種罪名的罪，可能犯波羅夷，可能犯僧殘，可能犯波逸提，所以稱不定。

（四）尼薩耆波逸提：這是梵語的複合語 naiḥsargika-prāyaścittika，尼薩耆是盡捨的意思，波逸提是墮的意思，合起來稱為捨墮。這是由於取了蓄了不應取也不應蓄的東西，忘了帶上不該不帶的東西。首先將那東西捨給僧中，然後再以懺波逸提罪的方法懺罪。

（五）波逸提：是 prāyaścittika 的音譯，又有譯作波逸底迦及波夜提等，是墮的意思，是指墮地獄罪，因這無物可捨，所以通常稱為單墮。

（六）波羅提提舍尼：是 pratideśanīya 的音譯，有的譯作波羅舍尼，或簡稱提舍尼，意思是向彼悔，比丘共有四條特定的戒，犯了以後，須立即面對（彼）一人宣說悔過，所以又稱為悔過法。

（七）尸沙迦羅尼：是梵語 śikṣā-karaṇiya 的音譯，有的譯作式叉迦羅尼，是突吉羅的異名，這是應學或宜學的意思，所以通常稱為應當學。

（八）滅諍：在僧團之中，有了紛諍，乃至對於某一項問題，形成了兩派不同而對立的意見時，就是用滅諍法來解決。僧中的滅諍，共有七種方法；也只有滅諍法中，才有僧團羯磨的兩派制，取決多數派的意見為意見。

（九）偷蘭遮：梵語 sthūlātyaya，可以譯作大障善道、大罪、麤惡、麤過等，或稱為濁重犯，主要的是由於波羅夷及僧殘罪的未遂罪中產生，但是也有獨立產生的，所以分有從（他）生偷蘭遮及獨頭偷蘭遮的兩大類別，輕重等次，則見本篇第五章。

（一〇）突吉羅：是梵語 duṣkṛta 的音譯，又有譯作突瑟幾里多、突膝吉栗多、獨柯多等。這裡面含有身業的惡作及口業的惡說兩種罪名，這是舉止言語上的小過小失，它的範圍是很廣的，在戒本中稱為眾學戒。

在這八類條文的十種名稱之中，波羅夷罪是無法悔除的，滅諍法的本身就是解決紛諍的一種方法。如果說戒法是解脫道的防腐劑，那麼悔法便是解脫道的清潔劑了。未曾沾汙腐朽，應當防止沾汙腐朽，這是戒法的功用；萬一沾汙腐朽了，便應立即清潔處理，這是悔法的功用。但是不要誤會，悔法並不是萬能或全能的，悔法對於四根本戒的波羅夷罪，是愛莫能助的，悔法對於性罪（本來是罪），也是無能為力的；悔法只能悔除犯戒的戒罪或稱遮罪或稱制罪。比如殺畜生，是性罪；比丘戒中不得殺畜生，是遮罪。比丘殺一畜生，便得兩重罪；悔法只能悔除遮罪，性罪仍須償報。這好像一個政黨的黨員，同時又是政府的官員，他如果犯了國法，既要受黨紀的制裁，同時也要受國法的制裁；黨紀的制裁，不能代替國法的制裁。這與佛戒的悔法是同一個道理，所以我們絕對不可以為有了悔法，就可放心大膽地犯戒了。當然，在比丘戒中，有許多是性罪與遮罪同在的，也有些是僅只有遮罪的；有性罪的必有遮罪，有遮罪的則未必有性罪。至於哪些是雙重罪的，哪些是單一罪的，不是本文所能詳述。大抵犯淫、犯盜、犯殺、犯妄語、犯毀謗等戒，便含有性罪與遮罪的雙重罪，犯威儀戒，只有一種遮罪。

至於比丘戒的條數，通常說是二百五十條，《四分律》（《大正藏》二十二·一〇一五頁—一〇二二頁）與《根本說一切有部律》（《大正藏》二十三·六二七頁—九〇五頁），的確都是二百五十條，而且篇聚的排列也是一樣，都是：四棄、十三殘、二不定、三十捨墮、九十單墮、四悔過、一百應當學（《根本說一切有部律》的眾學法，合為四十三條，分則可成百條）、七滅諍。

但在《五分律》中，略有不同，共計二百五十九戒：四棄、十三殘、二不定、三十捨墮、九十一單墮（較《四分律》增加一條輕師戒，但其戒本中只有九十條）、四悔過、一百零八應當學、七滅諍。

《十誦律》則為二百五十七戒：四棄、十三殘、二不定、三十捨墮、九十單墮、四悔過、一百零七（戒本是一百一十三）應當學、七滅諍。

《僧祇律》則為二百一十八條：四棄、十三殘、二不定、三十捨墮、九十二單墮、四悔過、六十六應當學、七滅諍。

《解脫戒經》是：四棄、十三殘、二不定、三十捨墮、九十單墮、四悔過、九十六應當學、七滅諍，共為二百四十六戒。

至於戒本的文字，那更有互異之處了，比如《四分律》戒本，就有六種不同集法的本子。在這六種律本之中，以《五分律》的戒律最多，《僧祇律》的戒條最少。它們的差數，也多在於應當學的威儀戒中，其餘七項，出入較少。不過，除了四棄與十三殘之外，各本的條文次第，先後排列，也不一致。這該是由於各部編集者的看法不同所致。至於佛陀制戒的先後次第，除四棄法可從《僧祇律》中得到說明，其餘的何者在前制，何者在後制，如今已無從查考了，實際上這也不是重要的問題。

比丘戒究竟有多少條？這是很難解答的問題，因為律中所載，是就當時所曾發生的事實而制，有一件事便制一條戒，當在結集（編集並誦出）律藏的大會上，根據優波離尊者等所曾聽到並尚記得的戒律編集起來，便成為後世所傳成文的律藏，後來又經過部派佛教的各部分張，律藏便分成了五部，宗旨是相同的，內容卻略有取捨抉擇的不同了。總之一句話，比丘戒未必一定要有律中所備的二百五十條，但也未必僅此二百五十條，甚至可說比丘戒也是無量無數的，所以一切威儀行持，無一不可納入比丘戒的範圍之內。因此，也有將二百五十戒，含攝八萬四千細行的：以行、住、坐、臥四威儀，各含二百五十戒，成為一千戒；再循過去、未來、現在的三世，各有一千戒，成為三千戒；以三千戒各配身三業（殺、盜、淫）及口四業（妄言、綺語、兩舌、惡口），成為二萬一千戒；再配屬貪、瞋、癡及等分的四種煩惱，便成為八萬四千戒了。

這是一種數理玄學的算法，事實上雖不用此一呆板的計算方法，所能發現而可列入比丘戒的，仍然很多很多，真所謂威儀之數，量等塵沙。相反地，在此二百五十條戒中，倒有若干條是不能普遍適應於一切時地的。其實，即在大律之中，突吉羅便有很多很多，每一條戒都含有突吉羅，乃至在一戒中有好幾種突吉羅，戒本中所舉應當學的突吉羅，不過列其大端而已，除此而外，尚未出現於律中的突吉羅罪，還是多得很哩！

第三節　比丘戒與比丘尼戒的同異

已經講了比丘戒的條數，現在再講比丘尼戒。前面已說過，比丘尼戒的大部分，是與比丘戒相同的，是援用著比丘戒的。但因女人與男人的生理與心理，是頗有不同的，故有若干條的比丘戒，不能適應於比丘尼，比丘尼也不能沒有他們特殊的規定。所以比丘與比丘尼戒，既有共同的，也有互異的。

通常說比丘尼五百戒，這是一大約的數字，其實五部律本的條文，都不夠五百戒的；但其根據實際的狀況和需要，那又何止五百戒？

《四分律》的比丘尼戒，共有三百四十八條：八棄（前四戒與比丘同）、十七殘（其中有七戒與比丘同）、三十捨墮（其中有十八戒與比丘同）、一百七十八單墮（其中有六十九戒與比丘同）、八悔過（全異比丘）、一百應當學（搖身而行及生草菜上大小便的兩戒，於比丘突吉羅，於尼波逸提，其餘全同）、七滅諍（全同比丘）。總計同於比丘者一百九十八條，異於比丘戒者一百五十條。

《根本說一切有部律》的比丘尼戒，共有三百五十四條：八棄、二十殘、三十三捨墮、一百八十單墮、十一悔過、九十五應當學、七滅諍。其與比丘戒的同異，大致與《四分律》相近而略有出入。

《五分律》的比丘尼戒，共有三百七十七條（其戒本則列三百八十一條）：八棄（前四戒同比丘）、十七殘（其中有五戒同比丘）、三十捨墮（其中有十八戒同比丘）、二百零七單墮（戒本列二百一十，其中有六十八戒同比丘）、八悔過（全異比丘）、一百應當學（大小便於生草菜上，尼為波逸提，餘皆同比丘）、七滅諍（全同比丘）。總計同於比丘戒者二百零一戒，異於比丘戒者一百七十六戒。

《十誦律》的比丘尼戒，共有三百五十四條：八棄（前四戒同比丘）、十七殘（有七戒同比丘）、三十捨墮（有十九戒同比丘）、一百七十八單墮（有七十一戒同比丘）、八悔過（全異比丘）、一百零六應當學、七滅諍。

《僧祇律》的比丘尼戒，共有二百九十條：八棄、十九殘、三十捨墮、一百四十一單墮、八悔過、七十七應當學、七滅諍。

《解脫戒經》只有一卷，有比丘戒，沒有比丘尼戒。但在所舉五種律本的尼戒之中，也以《五分律》的條數最多，《僧祇律》的條數最少。然其最多的也僅三百七十七條，所謂比丘尼五百戒，不過是大約的數字而已。

《行事鈔》卷中一，根據《明了論》說「四萬二千福河恆流」（《大正藏》四十．五十三頁下）的意思而謂戒有四萬二千。但也有將僧尼二部整齊劃分地統計說：「比丘戒，略則二百五十，中則三千威儀、六萬細行，廣則無量；比丘尼戒三百四十八戒，中則八萬威儀、十二萬細行，廣亦無量。」這都是數理玄學性的統計法，實際上也未必如此地呆板。

比丘戒的波羅夷及僧伽婆尸沙，各部律中都同樣是四棄十三殘，比丘尼戒自僧伽婆尸沙起，各部律本，即有不同之處：《四分律》（《大正藏》二十二．一〇三二頁—一〇三三頁）是十七僧殘；《根本說一切有部苾芻尼毘奈耶》是二十僧殘；《五分律》（《大正藏》二十二．二〇七頁中—二〇八頁中）雖與《四分律》同為十七僧殘，但其內容又有互異之處；《十誦律》也是十七僧殘；《僧祇律》則為十九僧殘，這是比丘戒與比丘尼戒的不同處。

比丘戒共分五篇七聚，比丘尼戒沒有不定法，只有五篇六聚，這是二部不同處。

比丘與女人身相觸，不論大、小、死、活，不論上下部位，凡故意與之皮肉相觸者，僧殘罪；比丘尼與男子身相觸，須是成年人，明知對自己有染汙心，自膝以上、目以下、腕以後，故意相觸者，波羅夷罪。這是二部不同之處。

比丘知他比丘有粗惡罪如四棄十三殘，而為他覆藏不舉其罪者，犯波逸提罪；比丘尼知他比丘尼犯波羅夷罪，不自表白，不向僧團舉罪，犯波羅夷罪。這是二部不同處。

比丘故弄陰（類於今人所說的手淫）出精者，犯僧伽婆尸沙罪；比丘尼故弄陰失精者（是指陰道內的分泌液，女子起淫念、行淫事、陰道受物觸，均有分泌現象）。《薩婆多論》卷三說女子出精沒有男子容易，故犯波逸提罪。（《大正藏》二十三．五一九頁中）《五分律》卷十二則說比丘尼以手拍陰者波逸提，出不淨偷蘭遮。（《大正藏》二十二．八十七頁上）《僧祇律》卷四十也說比丘尼以水沖、用物入陰道、為歇欲心者偷蘭遮，出精亦偷蘭遮。（《大正藏》二十二．五四六頁上—中）這是二部不同之處。（注意：男子手淫過多，會成癆病及神經衰弱遺精等；女子弄陰過多，會引起白帶、子宮瘤、子宮下垂、月經失調等）

比丘吃大蒜等五辛，犯突吉羅罪；比丘尼則犯波逸提罪。這是二部不同之處。

比丘以香塗摩身者，犯突吉羅罪；比丘尼則犯波逸提罪。這是二部不同之處。

比丘於生草及菜上大小便利，犯突吉羅罪；比丘尼則犯波逸提罪。這是二部不同之處。

比丘搖身而行者，犯突吉羅罪；比丘尼則犯波逸提罪。這是二部不同之處。類似的同異之處，尚有很多，尚有若干僧尼二部各別制的，在此不能盡舉。

比丘尼戒的最大不同之處，尚有一個八敬法。八敬法是最早出現的比丘尼法，大愛道等五百釋迦族的婦女出家，就是接受了佛制的八敬法而成為比丘尼的，後來雖然有了所謂五百條的比丘尼戒，比丘尼除了要受持五百戒，仍要受持八敬法，並以八敬法為比丘尼戒的重心戒。《四分律》稱八敬法為八不可過法，又有稱為八不可違法的。這是比丘尼所不得不持也不能不持的。現將《四分律》卷四十八〈比丘尼犍度〉中所列的八不可過法，抄錄如下（《大正藏》二十二．九二三頁上—中）：

（一）雖百歲比丘尼，見新受戒比丘，應起迎逆禮拜，與敷淨座請令坐。如此法應尊重、恭敬、讚歎，盡形壽不得過。

（二）比丘尼不應罵詈比丘、訶責；不應誹謗言：破戒、破見、破威儀。此法應尊重、恭敬、讚歎，盡形壽不得過。

（三）比丘尼不應為比丘作舉（罪）、作憶念、作自言、不應遮他覓罪、遮說戒、遮自恣；比丘尼不應訶比丘，比丘應訶比丘尼。此法應尊重、恭敬、讚歎，盡形壽不得過。

（四）式叉摩那學戒已，從比丘僧乞受大戒。此法應尊重、恭敬、讚歎，盡形壽不得過。

（五）比丘尼犯僧殘罪，應在二部僧中半月行摩那埵（意喜或悅眾的意思）。此法應尊重、恭敬、讚歎，盡形壽不得過。

（六）比丘尼半月從（比丘）僧乞教授。此法應尊重、恭敬、讚歎，盡形壽不得過。

（七）比丘尼不應在無比丘處（結）夏安居。此法應尊重、恭敬、讚歎，盡形壽不得過。

（八）比丘尼僧安居竟，應（往）比丘僧中求三事自恣（凡比丘僧對尼有從見、聞、疑三種情形下得知的罪行，均可隨意說出，策為三事自恣）。此法應尊重、恭敬、讚歎，盡形壽不得過。

實際上，今日的中國比丘尼，縱然是最有道心的人，也只能受持八敬法中的兩、三條而已，其餘都是有關羯磨法或作持法的問題，根本無法如律而行了。因為八敬法在中國佛教史上，迄今尚無法找到其曾經如律實行過的確實根據！

式叉摩尼，中國似乎從未有過；半月往比丘僧中乞教授，在唐代的南山道宣律師便說：「比世中，多有行前略法，良由廣德難具。」（《大正藏》四十．一五三頁上）尼乞比丘教授，有廣略兩種方法，廣法是受尼僧請了之後，比丘僧中須差有德上座往尼僧寺中教誡；略法是尼僧遣人來請，比丘僧中但說：「此眾中無有教誡尼者，但自謹慎莫放逸。」一如此一說，尼答：「依教奉行。」就算行了略法。唐代既然未行廣法，到了宋代的靈芝元照律師則說：「今時廣略俱廢，止可聞知，用為來習耳。」至於比丘尼應在比丘及比丘尼的二部僧中出僧殘罪，因為中國的比丘尼受具戒，一向都是直接從比丘一部僧中求，二部僧中出殘罪，當也更是見不到了。

結夏安居與解夏自恣，今日的臺灣，已有大德推行，可惜的是比丘與比丘尼同在一寺安居，同在一寺作法，仍然不是律制所許可的！比丘尼不得在無比丘住處安居，但也不得與比丘同寺安居，而是於比丘近處安居，那是為了便於每半月到比丘僧中請教授人。由此檢討下來，有大心發大願的比丘尼姊妹們，會有什麼感想呢？讓它就此混下去呢？還是迎頭趕上，努力振興呢？這是與整個佛教的命脈有關，更是與尼眾姊妹們的前途有關的大事業及大問題哪！

第四章　比丘及比丘尼的重要戒

第一節　哪些是重要戒

因為限於篇幅，本文未能將全部的比丘比丘尼戒，一一介紹出來，本文只能提供一個綱要，標出一個輪廓，如若有志學戒持戒的讀者，自可另看各部的大律。

佛戒，都該是重要的。但是，哪些戒是比較更加重要的？弘一大師曾在他的《四分律含注戒本隨講別錄》中，有這樣的開示：「且約最低標準而言，止持之中，四棄、十三僧殘、二不定法，悉應精持；作持之中，結僧界、受戒、懺罪、說戒、安居、自恣等，亦易行耳。」又說：「威儀中如性罪（殺畜命、妄語戒等），及此土譏嫌最甚者（飲酒、非時食，及關係尼女諸戒等）皆應持之，其餘隨力可耳。」這是非常寶貴的意見。

關於威儀戒中的殺生及小妄語戒，已在五戒一文中介紹過了；至於飲酒、非時食，及尼女等的威儀問題，我在拙著《律制生活》一書中，已寫了〈佛教的飲食規制〉及〈佛教的男女觀〉兩篇專文討論，在此不再重複。現在要介紹的，便是四棄、十三僧殘、二不定法。

第二節　四棄法

比丘及比丘尼的波羅夷法，雖有多寡的不同，但其主要是在四根本戒：

（一）淫戒，分為兩種：一是自淫他，凡有淫欲心，於男性的口道及大便道，於女性的陰道、大便道、口道，乃至於畜生及死屍多分未壞者的三道，入如毛頭許，便犯波羅夷；二是他淫自，凡為怨家及強暴所逼，或在睡眠時，他來行淫，當陽具入時、入已、出時，三時中有一念受樂之感，便犯波羅夷罪。比丘尼則改為三道主動受他行淫，入如毛頭許即犯波羅夷；被逼強暴受人行淫，三時中有一時受樂，亦犯波羅夷。

但是淫戒波羅夷的罪業，也有輕重之分。賢首法藏大師曾於《梵網經菩薩戒本疏》中分成：約境（高下）、約心（強弱）、合辨（心境）、約數（多少）、約造趣（隱顯）、約損（自他之德）等六位，說明淫戒的輕重差別。在此且將約境一位，介紹一下，其餘當可比類而知。境有十種：1.死屍未壞，2.與鬼交通，3.畜生，4.人，5.諸親，6.姊妹（兄弟）等，7.在家二眾持五戒八戒等，8.出家二眾持大戒等，9.父母，10.聖人，如犯羅漢或羅漢尼。（《大正藏》四十．六二一頁下）同樣是犯淫戒波羅夷，卻是前輕輕於後重；淫死屍者最輕，淫聖人者最重，這是當在受報之時，即見分曉的事！

（二）盜戒：凡知是有主之物，起盜心盜取價值五錢以上的重物，離其本來處所，即犯波羅夷罪。盜戒在四波羅夷戒中是最複雜的一戒，在各部律中均有許多的分析，特別是在《僧祇律》中，分析得尤其細密。盜戒總名「不與取」，但有自手取、看取、遣人取的不同。所取物件的種類、處所、方式，有二十六項之多：地處、地上處、乘處、擔處、空處、上處、村處、阿蘭若處、田處、處所、船處、水處；私渡關塞不輸稅、取他寄信物、水、楊枝、園中樹果草木、無足眾生、二足眾生、四足眾生、多足眾生；同財業、共要（同約）、伺候、守護、邏守要道等。

盜戒波羅夷，雖同犯不與取五錢以上，若由於物主及物體的不同，業報也各有輕重不同。比如盜富人五錢，富人不會有太多的痛苦，若盜窮人的五錢，可能就急得走投無路了！盜捨心大者與慳心重者，罪過也是不同的。

（三）殺人戒：凡是故意殺人，明知是人，殺死即犯波羅夷罪。殺人的方式則分有親自殺、教人殺、現相（比如點頭揮手示眼色等）殺、讚歎殺、遣書殺、以殺具（如設坑阱暗器等）殺、咒殺等。

殺人波羅夷，但其業報也有輕重。由於所殺之人的等位高下，能殺之心的品級強弱，及所用殺法（身、口、意業）的程度不同，業報也有輕重不同了。比如同樣的殺人，殺普通人的罪業較輕、殺了已發菩提心的人罪業就較重了，如果殺了父母師長乃至聖人，那就更重了！如以貪心殺人，罪較輕；瞋心殺人，罪較重；邪見心殺人（以為殺人能得福、能生天，或以為殺人不會有果報等），罪業就更重了。

（四）大妄語戒：以欺騙心，對解語人，妄說自己得過人之法如聖人如禪定等，辭意分明，當前的人信以為真，受其欺騙者，便犯波羅夷罪。若用文字妄語、若遣他人代自己妄語、若示相妄語，只要達成同樣的目的，即成大妄語罪。

大妄語波羅夷，罪業也有輕重。欺誑恩人及尊長者重，欺誑普通人者輕；欺誑大眾多數人者重，欺誑少數乃至一人者輕；受騙者極其痛惱者重，受騙者不太痛惱者輕。若為名利恭敬作大妄語，並反以為這是功德而常行不息者重，為避苦難迫害而作大妄語者輕。當然，波羅夷都是重戒，都是棄罪，若犯即得波羅夷，即失比丘比丘尼戒。此處所稱的輕，乃是重罪業報之中的比較輕，而不是離開重戒入於輕戒的意思。

以上四條，便是四棄法，如若犯破其中的任何一條，即被棄於佛法大海的邊外，終身不得再做比丘比丘尼。但也各有其開緣：

（一）淫戒：若睡眠無所覺知，他人來在自己身上行淫；若被逼行淫而不受樂；若一切無有淫意；若為癡狂心亂痛惱所纏者，均不算犯。

（二）盜戒：若作與己想；若作己有想；若作糞掃（拋棄）物想；若作親厚（知己而不分彼此者）想，如此不與取者，均不算犯。

（三）殺戒：若擲刀杖瓦石等器時，誤打他人而死者；若建築房舍時，誤墮木石磚瓦等，致將下面的人打死者；若好心扶持病人行、坐、住、臥等，病人因此而死者；若無害心而致他人於死者，均不算犯。

（四）大妄語：若增上慢人（自己無心欺騙人，但由於禪定的錯覺，自以為真的證了聖人法者）；若是業報因緣，不說是由修而得者；若戲笑說；若疾疾說（他人不能理解）；若獨處說（自對自說）；若夢中說；若錯說等者，均不算犯。

第三節　十三僧殘法

所謂十三僧殘者，便是：1.故失精，2.摩觸女人，3.與女人麤語，4.向女歎身索供，5.作媒人，6.無（施）主僧不處分（而造）過量（超過長佛十二搩手內廣七搩手）房舍，7.有（施）主僧不處分（而造）房舍，8.無（犯戒）根（據而以犯）重（戒之罪）謗他，9.（以）假（的犯戒）根（據）謗他，10.破（和合）僧（而又）違（逆僧團之勸）諫，11.助破僧違諫，12.汙（他）家（為白衣送禮等，致被僧團驅）擯（離此他去，心存不服），謗（毀僧團）違（逆）僧（團的勸）諫，13.惡性拒（絕）僧（團的忠告，並）違（逆僧團的勸）諫。

實際上，十三僧殘之中，在今日的中國佛教來說，只有摩觸女人，與女人麤語及作媒人的三戒，比較是顯著而重要的。至於故失精，是個人的事，出家人犯手淫是不可以的，但卻不致因此而招到外人的譏謗，故弄陰出精的方法雖多，但總不致明目張膽地公開弄給人家看的。同時，若不出於故意弄陰，雖失精，也不犯戒；凡夫失精是難免的，縱然欲心生起而致失精，若不出於有心使之失精者，也不犯戒。至於女子的性器分泌，情形也是一樣。至於自歎有德而索淫供，我想是絕難發生的事，因為這是顛倒之見，絕少有人敢說出口來的。至於造房舍，現在根本不可能再受此一限制了。至於無根謗與假根謗，相信是會有的，但在今日的社會裡，若沒有確切的人證與物證，殊少能夠取信於人的。至於破僧及協助破僧，在不行羯磨法的中國佛教裡，根本無從破起。至於汙他家，出家人給信徒拜節送禮，在末法時代的中國，凡是一個道場的住持，已難絕對不走這樣的路了，雖當重視這一條戒，然而中國寺院的住持人，若給俗人送了禮物，又有誰會驅擯他們，命令他們離此他往呢？至於惡性不受僧諫，在不行羯磨法的環境中，自然也是用不上的。其實在十三條的僧殘法中，6. 7. 兩條，須以羯磨法求得僧眾同意處分；10. 11. 12. 13. 的四條，須在僧眾中三諫三番羯磨，才能成立。在不行羯磨法的環境裡，十三僧殘法，至多只能實踐七條而已。

既然如此，我們姑且僅就摩觸異性、與女人麤語、作媒人的三戒，略為介紹如下：

第四節　摩觸異性戒

摩觸女人是比丘所戒，受男人摩觸是比丘尼所戒。摩觸異性的危險性特別大，由於摩觸的感受，能使情緒興奮，能夠觸發生理的不良反應。據研究：人體最敏感的部位是嘴部、乳部、腋部、腰部、陰部；遲鈍的部位是背部；毛、髮、爪、齒，乃是最遲鈍的部位；其他如腿部、臀部、腹部、臂部、臉部等，則屬於次敏感的部位，如果是感情脆弱的女人，最敏感的部位，一旦受到異性的撫摩時，往往會興奮得失去一切反抗的能力。因為凡夫未能離欲，對於異性，總有一種與生俱來的渴慕欲，一旦彼此的肉體接觸在一起時，就有一種異樣的感受。顯然，這是屬於心理的分別作用，女人與女人相觸，感受是平常的，男人與男人相觸，感受也是平常的。如將眼睛矇起時，或在無意之中時，受到異性的摩觸而又不知是受異性摩觸之際，感受也是平常的。如果我是男人而明知對方是一個我所日夜愛慕的美女，摩觸之時的心理反應，便會特別地強烈，乃至僅僅摩觸一隻衣角，也會產生遐思綺想的；同樣地，如果我是女人而遇到私心戀慕的一個美男子，接受摩觸之時的心理反應，也會特別地強烈。

出家人禁止淫欲，禁止淫欲的目的，是為了解脫此一由於淫欲而來的長夜（久遠）生死的束縛，禁止淫欲是斷欲離欲的訓練工作，從禁止淫欲，漸漸與淫事疏遠，進一步再漸漸與淫念疏遠，最後便可遠離淫欲所構成的生死迷惘了。同時，出家人與異性相觸，縱然心無邪念，也是最易招受外人譏謗的事。

一個正在戒鴉片的人，不能讓他聞到鴉片味；一個正在戒酒的人，不能讓他嗅到酒味；一個正在戒賭的人，不能讓他進入賭場，否則是很難戒除的。同樣地，一個正在戒淫中的出家人，也是不能使他摩觸異性或受異性摩觸的，否則戒淫的工夫就可能因此而受到猛烈的考驗了；禁不起考驗的人，就可能因此而遭到破犯根本淫戒的威脅。所以，出家人的肉體與異性相摩觸的行為，雖不即是淫欲的事實，但卻由於摩觸的反應，很可能促成淫欲的事實，出家人不得摩觸異性的原因即在於此。

由於女人的心志危脆，體力薄弱，不易抗拒外力的威逼與利誘，故對摩觸一戒，從嚴制定。比丘摩觸女人犯僧殘，比丘尼與男子相摩觸犯波羅夷，這不是袒護比丘而欺侮比丘尼，乃在於保護比丘尼的戒體安全，所以防止從嚴。但是，摩觸的部位，比丘尼與比丘是有出入的：比丘尼自膝以上、目以下、腕以後裸受男子觸，犯波羅夷。因為膝以上、目以下、腕以後，正是次敏感而又包括了最敏感的部位！這一部位的指定，是我參合了各種律本而組成的。因為《四分律》是自膝以上、腋以下、腕以後；《有部律》則是目以下、膝以上。《十誦律》乃說：「髮際以下、至腕、膝以上，却衣順摩逆摩，……波羅夷。」（《大正藏》二十三．三〇三頁上）《四分律》自腋以下，那就沒有包括臉部與口部，《十誦律》自髮以下，那就從額部起了，《有部律》自目以下，是比較適中的。在《善見律》卷七中對比丘的規定：「若欲心，以口與口，此不成婬相，得突吉羅罪。」但是又說：「樂受細滑，以口與口，僧伽婆尸沙。」（《大正藏》二十四．七二三頁中）若準比丘尼戒，男女兩嘴，相接相吻，至少也是初篇（波羅夷）偷蘭遮（未遂）罪了。

《十誦律》卷四十二，對於比丘尼受摩觸，有如下的四項說明：1.髮以上、腕以前、膝以下，卻衣受男子觸，偷蘭遮；有衣受男子觸樂者，突吉羅。2.髮以下、腕以後、膝以上，卻衣受摩觸，波羅夷；有衣受摩觸，偷蘭遮。3.比丘尼漏（淫染）心，聽漏心男子摩、抱、捺、按、拖，均犯（波羅夷）。4.面、咽、胸、脇、脊、腹、臍、大小便處、髀，乃至膝，卻衣受摩觸者，波羅夷；有衣受摩觸者，偷蘭遮。（《大正藏》二十三．三〇三頁上—中）

《四分比丘尼戒本會義》中則說：「《僧祇》：若比丘尼染污心，欲看男子，責心突吉羅；若眼見、聞聲，對首突吉羅；若身相向，偷蘭遮。」

對於比丘而言，《僧祇律》卷二十九、三十說：「欲心隨女人後行，步步得越毘尼罪。」；「腳蹴女人，得偷蘭遮……，瞋打婦人，得偷蘭遮。」（《大正藏》二十二．四六五頁下，四六八頁下—四六九頁中）

《善見律》說：髮髮相觸，爪爪相觸，得偷蘭遮；若相互覺知者，僧伽婆尸沙。（《大正藏》二十四．七六二頁上）

但在律中，有制也有開，並不是一觸異性就算犯重犯殘：明知是女人，以身觸身，身動而受樂，比丘犯僧殘；身動而不受樂者，犯偷蘭遮。以衣觸身，以身觸衣，身動受樂不受樂，均犯偷蘭遮。疑是女人，以身觸身偷蘭遮，以身觸衣突吉羅。

明知是成年而對自己存有染心的男子，膝以上、目以下、腕以後，以身觸身，比丘尼動身受樂，即犯波羅夷；不受樂，身動偷蘭遮。以身觸衣，以衣觸身，尼往觸男，偷蘭遮；男來觸尼，尼受樂者，偷蘭遮。疑是男人，以身觸身，偷蘭遮；以身觸衣、以衣觸身，突吉羅。

不以淫欲心，而有所取與，相觸不算犯；若相解（縛）時，相觸亦不犯；戲笑相觸不算犯；靈芝律師以為戲笑相觸，有乖威儀，應結突吉羅罪。

《十誦律》卷三中說：「若母想、姊妹想、女想，摩觸女身不犯；若救火難、水難、刀難，若墮高處、惡虫難、惡鬼難，不犯；若無染心觸不犯。」（《大正藏》二十三．一五頁下）

《根本說一切有部苾芻尼毘奈耶》卷五中說：「若復苾芻尼，自有染心，共染心男子，從目已（以）下膝已（以）上，作受樂心，身相摩觸，若極摩觸，於如是事，此苾芻尼，亦得波羅市迦，不應共住。」但是又說：「若苾芻尼，無染心，男子或有染心或無染心，尼觸，防心者無犯；若尼有病，男為摩身，尼起染心，得惡作罪，無染心者無犯，及病惱所纏者無犯。」（《大正藏》二十三．九三〇頁上）

《十誦律》與《有部律》，對摩觸戒的要求極寬。《根本薩婆多部律攝》卷三則說：「母女姊妹，作受樂心，觸彼身時，亦得麤罪；……若無羞慚，即得本（僧殘）罪。」（《大正藏》二十四．五四一頁中）

《僧祇律》也說：「有女人落水中，作哀苦聲，求比丘救者，比丘作地想捉出不犯。」又說：「若比丘言：『知汝雖苦，當任宿命』者，無罪。」（《大正藏》二十二．二六七頁中）

《十誦律》為了救人，雖有淫欲心起，仍不算犯；《僧祇律》為了防止破淫戒，雖然見死不救，仍可無罪，這是出入很大了。若以大乘精神來說，我們應該採取《十誦律》及《有部律》的觀點。但是若無必要，仍需防止從嚴。儒家主張男女之間應該「授受不親」，如今已經破產，出家男女之間，有所取與，仍宜不得過分親近，如由取與而親近，由親近而親密，由親密所產生的後果，對於出家人來說，自必不堪設想了！雖然如此，若遇病痛災難之際，佛陀也教誡男女比丘們，應該相互扶救。（《有部律》卷三十三，《大正藏》二十三．八〇六頁上—八〇七頁中）

這條戒是容易持的，皮肉與皮肉相觸而受樂者，比丘犯僧殘，比丘尼犯波羅夷，只要有一層衣物相隔者，便不犯本罪，但在今日的中國，也就很難說了。乘車上下及人眾擁擠的場合，出家人之要處身這種場合，自是難免的，在這種場合中，仍想絕對不與異性相觸，也是困難的，若在夏季，男人衣著單薄，女人多數袒肩露背，與出家人的皮肉相觸，確是很難避免的事。在這種情形下，若想保持內心的絕對平靜，也不是初出家的青年男女們所能普遍做得到的！我們身為中國的出家人（泰國女子避讓比丘），只能對此表示遺憾，除了各人提高警覺，不要故意去跟異性相觸之外，也沒有更好的辦法了。

第五節　麤語戒

現在再說與女人麤語戒。這條戒，犯的機會是很少的，凡有自尊心與羞恥心的出家人，便不會把麤語說出口來。同時，比丘摩觸女人是不限死活老幼或睡或覺的，這一條戒，必須是對解知語義的女人說，才成犯僧殘罪。並且，主要是說下體的二道者才犯本罪，若說身體的其他部位，僅犯偷蘭遮。然在《僧祇律》卷五中則說：若以譽、毀、語、問、求、請、瞎、罵、直說等方式說淫事，以譽毀而說兩唇、兩腋、兩乳、兩脇、腹臍、兩髀、兩道等十四處，均犯僧殘罪。但是說麤語的方式，以我看來，大凡知識高的人，多用間接法及影射法；知識低的人，才用直接法及罵詈法；唯其不論用何種方式說，只要對方是女人，而且理解所說的語味者，比丘便犯僧殘罪；解義不解味，得突吉羅罪。比丘尼麤語，則犯偷蘭遮。若用文字書寫、若遣他人代語、若以姿勢及手語等，達成同一目的，即犯本罪。

從事實上說，這條戒是很容易持的，但要做到既不向女人說，也不向男人說；不向異性者說，也不向同性者說；若向同性者說麤語，一語一突吉羅罪。乃至做到律中規定的比丘不問女尼的私隱之事。

唯其亦有開緣：若為女人說不淨觀，說到人體的上下九孔常流不淨者不犯；若說戒時說到大小便道者不犯；若女人非以淫心問而說者不犯；若戲笑說、獨處說、疾疾說、夢中說、欲說此而錯說彼者，均不犯。這一戒一定要具足七個條件才犯本罪。那就是對女人、女人想、有染心、麤語、麤語想（以為是麤語）、言語了了分明、前人聽者了解，便犯本罪。所以我以為這是很好持的，如若不能持好這條戒，招譏招謗，也是很嚴重的問題，所以列出介紹。

第六節　作媒戒

至於作媒人戒，這在十三僧殘之中，乃是一條最繁複的僧殘戒，在《僧祇律》的僧殘戒中，也是篇幅最長的一戒。所謂作媒人，是指：「往來彼此媒嫁，持男意語女，持女意語男；若為成婦事，及為私通事，乃至須臾頃，僧伽婆尸沙。」（《卍續藏》六十四．三頁下）這需要具足了六個條件，才算犯本罪：是人類的男女、以為是人類的男女、為作媒嫁事、以為是作媒嫁事、言語分明了了、接受男女任何一方的話語並作往還傳達者，便犯本罪。若缺其一，不犯本罪，僅犯偷蘭遮罪。這一戒，比丘及比丘尼，同犯僧殘罪。

《四分律疏》卷三中說：「婚嫁之禮，和合生死，正違出離。出家所為，特乖法戒。又紛務妨脩，相招譏醜，不免世呵，是以聖前為彼男女法，返計謀以成謀，以成婚禮，曰媒嫁戒。」（《卍續藏》六十五．四九〇頁下—四九一頁上）在佛陀時代，有一位迦羅比丘，對於作媒一道，特別有方法，凡是經他作媒的，沒有不成功的。但是結婚之後男女們，如果夫婦的感情融洽，便說迦羅比丘的好話，如果夫婦不和、家庭不睦、丈夫受到折磨、妻子受到虐待，大家便瞋罵迦羅比丘，因此招致外人的譏謗。所以佛陀制戒，出家弟子不得為俗人作媒嫁，若作媒者便犯僧殘罪。同時若為白衣帶信時，不得不看內容便予持往，防信中是男女互通媒意；亦不得為白衣作任何其他的差使往還，否則便犯突吉羅罪。

但是也有開緣：若男女先已結合，而後離別，再為勸說和合者不犯；若為父母，若為篤信優婆塞（夷），或病人，或為禁繫在監獄中者，看了書信的內容，知其不關媒嫁之事，代為持往者不犯；若為佛、法、僧、塔，若為病比丘（尼），看了書信的內容，代為持往者不犯。

關於這一條戒，近世以來，頗有研究的必要。因為宗教不能與人群大眾的日常生活脫節，否則將有被棄於人群大眾之外的可能。至於人群大眾的日常生活中，最受重視的，便是婚姻大事及生死大事。佛教的型態，一向偏重於生死的問題，乃至僅偏於度亡的問題，以致被近人羅家倫譏為「人死觀的宗教」。研究佛教的本質，絕非限於度亡，佛陀的應化人間，乃為救度活人，進而救度一切的眾生；度亡的法門，僅是附帶的而不是主要的，後世的中國佛教，竟爾本末倒置了！所以晚近數十年以來，有些佛教徒們在倡行佛化結婚的儀式了。從現實的要求上說，這是值得提倡的風氣；從原則上說，佛化結婚，並不違背佛教的精神，甚至是合乎大乘佛教的宗旨的；從觀感上說，我也贊成佛教徒的青年男女，應該舉行佛化結婚。佛化結婚是佛化家庭的基礎，也是佛化家庭的開始，有了健全的佛化家庭，才有優秀的佛化子女，有了優秀的佛化子女，才有優秀的佛教青年，有了優秀的佛教青年，佛教才會受到社會的尊崇與嚮往，才會將佛教的義理與精神，普遍的散布到社會的每一個角落裡去，這也就是大乘佛教的宗旨。

然而，佛化結婚的儀式，也不是沒有人反對的，反對的理由是這於佛制無稽，且有違背佛制的罪嫌，因為十三僧殘的第五條，便是作媒人戒。並以為凡為男女淫事有關的一切活動，出家人都不得參與，今日的佛化婚禮中，卻以比丘為證婚人，所以認為是違背佛制的行為。

的確，佛典之中不可能讓我們找到准許比丘為人證婚的根據，也不可能讓我們找到佛化結婚的例子。

但是，我們所要研究的，是比丘為人證婚，算不算是作媒，能不能構成作媒的罪名？若以小乘律的原則而言，比丘以出離生死為主，並也以導人出離生死為教化的主要動機；婚姻是增長生死的媒介，也是促成淫行的媒介，所以應該遠離這種場合，當亦不得參與其事而成為婚姻的證明人。

比丘做了證婚人，算不算是犯戒？若想找出犯戒的條文根據，也是不可能的事，戒律中也根本沒有這條規定。因為證婚人，只是證明男女雙方的結合為夫婦，除非證婚人，兼任介紹人，才能構成「作媒人」的僧殘罪。如果男女兩方的相識，是由於比丘的介紹，只要介紹之時未存作媒之意，雙方於以後雖然結婚了，比丘也不能構成作媒的罪責。

律中有關比丘可以參與夫婦結合問題的事，只有一項：「若男女先已通，而後離別，還和合。」這不是准許比丘及比丘尼為人證婚，而是准許比丘及比丘尼為「離別」的男女，促成和好如初，使得他們的家庭，不致因了男女鬥家務鬥意氣而破裂。為人證婚一事，自也不得援引這一項的規定。

但我相信：依照比丘及比丘尼戒的幅度來衡量，為人證婚雖說不犯僧殘罪，然亦至少當犯突吉羅罪；若照大乘菩薩行的幅度來衡量，為人證婚，只要目的是善，這一證婚的手段也可變成為善。縱然為人證婚暫有罪，若此證婚的宗旨是為達成佛化社會而至普度眾生的目的，那麼，為了度眾生而自己造罪下地獄，豈不正是菩薩道的精神嗎？問題是在比丘縱然不為俗人證婚，要結婚的男女，還是照樣要結婚。

因此，我的看法是這樣的：

（一）若為急求解脫生死的出家人，不要為人證婚。

（二）若為真心實踐菩薩道的出家人，不妨為人證婚。

（三）若為既畏生死的罪惡，又願佛化人間的出家人，便有一個折衷的辦法：佛化婚禮中另請俗人做證明人，比丘或比丘尼，於婚禮進行之先，為新郎新娘說法授三皈，而做皈依師。

第七節　二不定法

二不定法是兩條不能作一定判斷的比丘戒。第一條是比丘單獨與一個女人，在隱蔽覆障並可作淫欲法的處所共坐，而說非為佛法之所許說的話語；第二條是比丘單獨與一個女人，在露現而不可作淫欲法的處所共坐，並說佛法之所不許說的話語。這兩種情形如果被絕對可信（證了初果以上）的女居士發現了，她說是犯了什麼罪，就算是什麼罪；犯罪的比丘，也當坦白承認，自己犯了什麼就說犯了什麼。

在第一條中，因為是在可作淫欲法的隱蔽覆障之處，所以可能犯行淫波羅夷，可能犯摩觸僧殘，也可能犯獨與女人坐的波逸提罪，所以稱為不定法。在第二條中，因為是在不可作淫欲法的露現之處，所以可能犯摩觸僧殘及獨與女人坐的兩種罪的任何一種，所以稱為不定法。

總之一句話，出家人應該把男女界限要看得特別認真，出家人單獨與一個不同性別的人在一起，就算是不犯戒，也會招人譏謙。正像一般青年寡婦及老處女的貞操與否，常是好事者們嚼舌的對象；僧尼的是否聖潔，也最受他人的注目。所以律中規定，比丘獨與女人坐，至少相距要兩尋（十六尺）；如若有伴者不犯。

出家戒的重心是淫戒，我所介紹的重要戒，也把重心灌注在淫戒上。十三僧殘之中，有五條是關於淫戒的，但卻分為三類：1.弄陰是自己對自己犯的，2.摩觸、麤語、歎身是自己對他人犯的，3.作媒是自己協助他人對他人而犯。僧殘淫戒的五種行為，雖尚未曾構成自行淫欲的波羅夷罪，卻是促成淫事的有力導火線。所以，連同二不定法在內，都是根本淫戒的外圍戒，這些外圍淫戒的作用，是在保衛根本淫戒的安全。外圍淫戒所形成的，共有三道保衛根本淫戒的防線：第一道是突吉羅，第二道是波逸提，第三道是僧殘。本文所介紹的重點是側於第三道防線的僧殘戒。如若突破了第三道防線，便是直搗波羅夷戒的大本營了！當然，只要稍有道心或警惕心的出家人，他是很難連破三道防線的；然而，若在一個毫無慚愧之心的人，直搗波羅夷的大本營，那也僅是頃刻之間的事啊！

第五章　羯磨法與懺悔法

第一節　什麼是羯磨法

羯磨，是梵語 karma 的音譯，意譯是「業」，乃是授戒、說戒、懺罪，以及各種僧事的處理，所以又被解為「辦事」或「作事」。這是屬於作持的戒。

《行事鈔》卷上一：「《明了論》疏翻為業也；所作是業，亦翻為所作。《百論》云事也，若約義求，翻為辦事。」（《大正藏》四十．十一頁上）

《玄應音義》卷十四：「羯磨，此譯云作法辦事。」

《慧苑音義》卷中：「羯磨，此云辦事，謂諸法事由茲成辦。」（《大正藏》五十四．四四一頁中）

若以現代的術語解釋，佛教的羯磨法，便是一種特有的議事法或會議法；羯磨法在佛教中的重要性，相似中山先生的民權初步在其三民主義建設中的重要性。沒有健全的議事法，絕難產生理想的民主制度，佛教僧團之能完全合乎民主精神，便是由於羯磨法的功效。現代民主制度的內容是民治、民有、民享，佛教的羯磨法的目的，是在造成僧團生活的六種和敬，所謂六和敬，便是：身和同住、口和無諍、意和同悅、戒和同修、見和同解、利和同均。從原則上說，佛教的六和敬，是絕對民主的民主生活，這一民主精神的維持與保護，便是羯磨法的責任與功能了。

通常所說的「僧事僧斷」，也就是以僧團大眾的意見和力量，來解決僧團大眾之中的各種事業，能夠團結僧團大眾的，便是羯磨法。成就善舉，要靠羯磨法；去除惡業，也要靠羯磨法；成善去惡的主宰，雖是僧團大眾，僧團大眾之能成善去惡，仍有賴於羯磨法的促成。所以，一個沒有會議的團體，絕不是民主的團體，一個不行羯磨法的僧團，也不可能是六和敬的僧團。中國的叢林，清眾可以油瓶倒了不用扶，事事有常住上的執事們負責，這在粗看起來，是為成就清眾的專心修持；叢林的清眾是安寧的、是有福的。但從另一角度去看，一切的僧團事務，全由少數的執事們包辦而不讓清眾參與其間，甚至僅由方丈、監院的中央集權，那就不能合乎六和敬的精神了。

第二節　羯磨法有幾種

羯磨法的種類，分有三大類，一百零一種：

（一）單白羯磨，或稱白一羯磨，意思是「唱言」，這是對於不必徵求同意的事，向大眾宣告常行慣行而應行的事，唱說一遍就成。共有二十四種。

（二）白二羯磨，這是宣告一遍，再說一遍，徵求大家的同意。共有四十七種。

（三）白四羯磨，這是先作一遍宣告，再作三番宣讀，每讀一遍，即作一次徵求同意，如果一白三羯磨了，眾中默然者，便表示沒有異議，而宣布羯磨如法，議案成立，一致通過。共有三十種（種數名目請自參閱律部的羯磨）。羯磨法的精神，與現代的議會程序比較，那就顯得更為莊嚴神聖了。現代的議會提案，通常是三分之二投贊成票者，便算通過，有的則以超過半數為準，有的則以超過四分之三為準，但卻絕少有要求一致通過才算合法的。佛教的羯磨法，通常多是要求一致通過的，僧中只要一人有異議，便是僧不和合，便是羯磨不成。僅有滅諍羯磨是行黑白籌（投票）而取多數表決的。

但在羯磨法中，也有規定：凡是如法、如律的羯磨法，便不許可無理取鬧而橫加破壞。如有一人無理取鬧而破壞如法如律的羯磨法者，僧團便可對一人而作羯磨；如有四人以上的小集團取鬧而別作羯磨者，便得破羯磨僧罪。所以佛教的羯磨法是一種極其神聖而又極其周詳的議事法。如今的中國僧伽，不行羯磨法，實在是一樁最遺憾的大事！

所謂羯磨法的規定，便是用來判斷羯磨法的是否合乎要求。這個規定，是要具備四個條件，羯磨才能成立。這四個條件是：

（一）法：即是羯磨法的本身，必是出於羯磨法的種類中者。法有心念法、對首法、眾法的三類。

（二）事：或犯罪之事，或懺悔之事，或授戒之事，即是羯磨所行的事實。事有有情事、非情事、情非情合事的三類。

（三）人：舉行某種羯磨中所規定應該參與的人數，便是人。人有一人僧、二三人僧、四人僧、五人僧、十人僧、二十人僧的六大類。

（四）處：舉行羯磨，必須有其處所，此一處所稱之為界。所謂界，分有作法界與自然界的兩大類。作法界又分有大界、戒場、小界的三種；自然界則分有聚落、蘭若、道行、水界的四種。作某一種類的羯磨，也各有其規定所用的界別。這四個條件，不妨合起來舉一個例子，比如受戒：受戒的本身是一樁事，傳戒的儀式便是法，參與其事的和尚與阿闍梨便是人，受戒的戒場便是處。

以參加羯磨的人數來說，共分六類：

（一）一人：這是心念法，例如比丘心念自責，懺除誤犯突吉羅罪。事實上，這尚未入羯磨法。

（二）二人：這是對首法，一比丘對另一清淨比丘所作，例如懺除波逸提罪。嚴格地說，這也尚未入於羯磨法。

（三）四人：除了不能出僧殘罪、授戒、邊地授戒、自恣之外，一切羯磨均可以四人成就。

（四）五人：這是自恣羯磨及邊地授戒羯磨的最少限度的人數。除了不能出僧殘罪及授戒之外，一切羯磨均可以五人成就。

（五）十人：除了不能出僧殘罪，其餘一切羯磨均可成就，主要乃是授具足戒所要求的人數。

（六）二十人：這是出僧殘罪的最少限度的人數，這也是能夠成就一切羯磨的人數了。

但其參加羯磨的分子，在比丘僧中，必須是清淨的比丘，犯戒而未懺除的比丘，不能足數，也不得參與；比丘尼、式叉摩尼、沙彌、沙彌尼乃至一切俗人，均不能足數，也不得參加。比丘尼的羯磨，比丘也不得參加。

但是，僧尼二部，各有三種相對而作的羯磨：

（一）比丘可為尼眾作授戒羯磨、摩那埵（尼犯僧殘罪，為作隨眾意三十五事）羯磨、出（僧殘）罪羯磨。

（二）比丘尼可為比丘作不禮拜、不共語、不敬畏的三種羯磨。假若比丘無理觸惱了比丘尼，比丘尼便可用這三種羯磨法對付比丘。

所不同的，比丘為比丘尼作的三種羯磨，比丘尼是要現在比丘僧前的；比丘尼為比丘作的三種羯磨，比丘是不必現在比丘尼前的。

第三節　懺悔法

大乘戒不到佛果，不能絕對不犯，不能絕對清淨；小乘戒不到阿羅漢果，不能絕對不犯，不能絕對清淨。所以凡是佛戒，除了重罪，均有悔罪的方法。這是佛的慈悲方便，如果一切戒，只有犯法而沒有悔法，那麼，任何一個眾生也沒有學佛成佛的可能了。

懺悔兩字，天台《摩訶止觀》卷七下的解釋是：「懺名陳露先惡，悔名改往修來。」（《大正藏》四十六．九十八頁上）這是把懺悔兩字拆開來解了。

實際上這與懺悔的本意是稍有出入的。因為懺悔二字乃是梵語懺摩 kṣama 的音義合譯，梵語懺摩，華語是悔過，譯成懺悔，既存其音，又明其義。

《金光明經文句記》卷三上：「懺悔二字，乃雙舉二音，梵語懺摩，華言悔過。」（《大正藏》三十九．一一二頁中）

《四分律含注戒本疏》（又稱《南山戒疏》）卷六：「悔是此土之言，懺是西方略語，如梵本音懺摩也。」（《卍續藏》六十二．四一五頁下）

《南海寄歸內法傳》卷二：「舊云懺悔，非關說罪，何者？懺摩乃是西音，自當忍義；悔乃東夏之字，追悔為目，悔之與忍，迥不相干。」（《大正藏》五十四．二一七頁下）

《根本說一切有部毘奈耶》卷十五註：「言懺摩者，此方正譯，當乞容恕、容忍、首謝義也。若觸誤前人，欲乞歡喜者，皆云懺摩；無問大小，咸同此說。若悔罪者，本云阿鉢底提舍那（āpatti-pratideśana），阿鉢底是罪，提舍那是說，應云說罪。云懺悔者，懺是西音，悔是東語，不當請恕，復非說罪，誠無由致。」（《大正藏》二十三．七〇六頁上）

由此看來，懺悔一詞是華梵合璧的創造語了，也正像今人把英文的 car 譯成卡車，把 card 譯成卡片一樣，是中英合璧的創造語。

照原意來說，懺摩（乞容恕）與阿鉢底提舍那（說罪），不可以混合解釋，也不可以混合應用的；但在中國，已把它們兩者的界限混合在一塊了。所以說到懺罪，也含有悔罪，說到悔罪，也含有懺罪。比如作法懺、取相懺、無生懺，既可稱為三種悔法，也可稱為三種懺法。

但在律中，多用悔罪法來代表懺悔二字。

悔罪法，實際上也是羯磨法的一種。羯磨法一百零一種，扼要地區分，不出成善與去惡的二大類：比如受戒、說戒、自恣、結界、結淨地、受迦絺那衣、分臥具等等，都是成善羯磨；又如苦切、驅擯、別住、摩那埵、向白衣懺悔（比丘無理觸惱白衣，應於僧中白二羯磨，由另一比丘伴同前往白衣處懺悔）、舉罪比丘等等，都是除惡羯磨。

懺悔法共有三種而可合為兩類，列表如下：

三種	兩類
作法懺	事懺
取相懺	事懺
無生懺	理懺

作法懺能滅戒罪而不滅煩惱性罪；取相懺能滅煩惱性罪而不滅障礙中道觀的無明；無生懺則能滅無始的無明。所謂作法懺，便是本文所要介紹的比丘及比丘尼的悔罪法，是依照規定的作法而說罪悔罪；所謂取相懺，即如《梵網經》菩薩戒本所說的：「若有犯十戒者，應教懺悔；在佛菩薩形像前，日夜六時，誦十重四十八輕戒，若（懇切）到禮三世千佛，得見好相……。好相者，佛來摩頂，見光見華，種種異相，便得滅罪。」（《大正藏》二十四．一〇〇八頁下）這兩種悔罪法，都是用事相來達成悔罪的目的，所以稱為事懺。所謂無生懺，是正心端坐，默觀萬法空如，而又即真即俗，中道現前，開佛眼而破無明；這一懺法，若能修成，最少已到初地以上的境界了。所以取相懺已難觀其成效，無生懺是更難觀其成效了。

取相懺與無生懺是化教的通懺法，是通用於大、小乘的，也通用於僧俗眾的；作法懺是制教的懺法，是限於小乘的，是主於僧尼而副及俗人的。若僅依化教的懺法懺罪，雖滅性罪而戒罪仍在；若僅依制教的懺法懺罪，現前的戒罪雖滅，而無始以來的業道性罪仍在。所以最好能夠將取相、作法、無生的三種懺法相互並用。現在我們要談的是作法懺，這也是最容易得到成效的一種懺罪法。現在就來介紹作法懺。

比丘及比丘尼戒，共有六等罪名，因為波羅夷罪不能以作法懺來悔除，所以能悔的罪名只有五種，悔罪的方式也只有五種，但卻不是一種罪名就對一種悔罪的方式，其中有的一種罪名用一種方式悔除，有的一種罪名，要用兩種乃至五種方式來悔除。現在列表如下頁。

波羅夷罪，本來只有犯法而無悔法，但是初次犯了根本淫戒，立即發露，向僧團立即自首自白而痛切反悔的人，雖失比丘戒，亦失比丘身，仍許不予滅擯，在二十人僧中求悔之後，便給予三十五事終身受持，成為與學比丘（《十誦律》稱為與學沙彌），終身在一切清淨比丘之下，在一切沙彌之上，終身失去一切僧權，不得參加任何羯磨法，終身為大眾比丘承事服役作苦行。

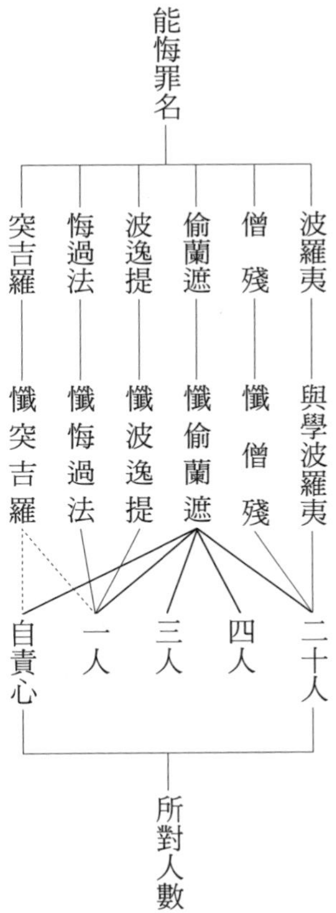

僧殘罪是可以悔除的，但須在二十清淨比丘僧中出罪；比丘尼則須在尼僧及比丘僧各二十人的二部僧中出罪。比丘犯僧殘，如果覆藏一日，就要作六夜摩那埵羯磨，行別住法，在此期間剝奪一切僧權，隨順大眾，服役大眾，行三十五事。六夜完畢，即於二十清淨比丘僧中出僧殘罪而仍成為清淨比丘。比丘尼犯僧殘，一律先作半月摩那埵，然後逐一向二部僧中各二十人前出罪；這是為了半月一布薩的便利，不到半月，不便往比丘僧中求悔出罪，所以一律半月摩那埵。

照這樣的規定，今時的中國，既已不行羯磨法，犯了僧殘罪，也就無從懺除了？這倒不能一概而論。《根本薩婆多部律攝》卷四說：「有六種人，犯眾教（即僧殘）罪，對一苾芻說除其罪，得名清淨：何謂為六：一者遍持蘇呾羅（經）藏；二者遍持毘奈耶（律）藏；三者遍持摩咥里迦（論）藏；四者性極羞愧，若說其罪，懷慚致死；五者眾中最老上座；六者大福德人。」（《大正藏》二十四・五五〇頁上）

《行事鈔》卷下四，說有六種人犯僧殘，可以心念悔：

一者，上座犯僧殘，諸人生慢，佛言：「若一心生念：『從今日，更不作』，即得清淨。」

二者，大德多知識（此一知識不是學問，乃是他所識知的僧俗師友）。

三者，多慚愧，若遣行（二十僧中出罪）者，寧反（捨）戒。

四者，病重不能胡跪，無力能懺。

五者，住處不滿二十（清淨比丘），道路（他往時）遇賊（害而）死。

六者，眾不清淨，往至他方（求清淨眾悔罪），道路遇賊（害而）死。

（此六種人）佛說：「一心生念，如法懺悔，是人清淨，得生天上。」（《大正藏》四十・一五六頁下）

如今的中國出家人，如果是二十人以上的團體生活，最好能以羯磨法來悔除僧殘罪；如果人數不足，無法如律舉行羯磨，那也只好利用對一人悔法或者以心念法來悔除僧殘罪了。實際上中國僧尼早已不知用羯磨法來悔罪的事了！

偷蘭遮，乃是最複雜的一種罪名。

《行事鈔》卷中一：「偷蘭（遮）一聚，罪通正從，體兼輕重；律列七聚，六聚並含偷蘭。」（《大正藏》四十．四十七頁下）也就是說，偷蘭遮分為正與從的兩門，正的叫作獨頭偷蘭遮，從的叫作從生偷蘭遮。獨頭是單獨成立的，從生是附屬於其他六聚而成立的；其他六聚的未遂罪，都叫作從生偷蘭遮。七聚之中除了二不定法不定犯罪而沒有偷蘭，其他六聚均有偷蘭。但是，正的有重也有輕，從的同樣有重也有輕。從生偷蘭遮，雖然遍及六聚，唯其主要還是初篇的波羅夷及第二篇的僧殘。但是，不論正從，均可分為上、中、下的三品。現在將其正從三品的對悔人數，列表如下：

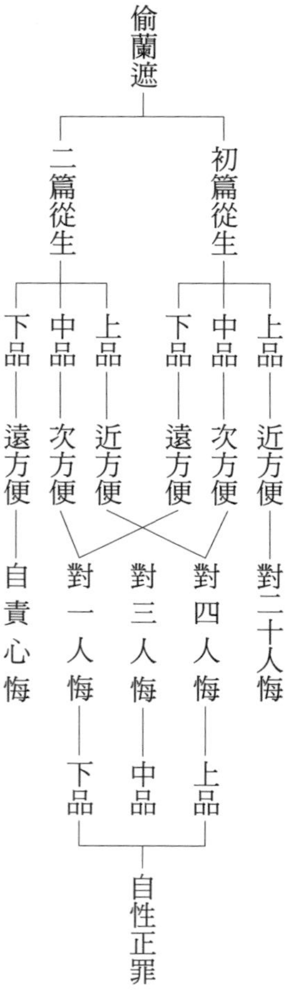

這一張表，是我參考了好幾種律本，自行標列的，是否正確，尚待質諸高明。因為諸部律中，對於許多問題，均有不同的角度，殊難求得完全一致。

從生偷蘭遮的品位分法，是根據未遂罪的程度而定：比如行淫是要兩身相交，才成初篇波羅夷罪；若起身準備行淫而即停止，便是初篇遠方便，便是下品罪；若已捉摩對方的手，準備解衣行淫而即停止，便是初篇次方便，便是中品罪；若已脫去內衣，兩身相擁，男根將入女根而尚未入之時即行停止，便是初篇近方便，便是上品罪。第二篇僧殘未遂罪的上、中、下三品，當可比類而知，在此不再舉例。

至於自性正罪的偷蘭遮或獨頭偷蘭遮，也分上、中、下三品，它們的內容是這樣的：

上品獨頭：盜四錢、殺非人（神鬼等的變化人）、盜非人五錢以上的重物、於非道（除了陰道，於大便道、口中及人體其他部位）行淫等。

中品獨頭：破羯磨僧、盜三錢以下、摩觸二形人及黃門、與女人的髮爪相觸、與女人一有衣一無衣相觸、為他出不淨（手淫）等。

下品獨頭：蓄用人髮、剃（腋下及大小便）三處毛、以酥油等潤滑劑灌陰部、露身行、蓄木石鉢、著外道衣等。

懺悔波逸提罪，通常對一位清淨比丘（尼）說罪悔過，隨犯可以隨悔，若不方便，則待半月說戒時悔。

悔過法是隨犯隨悔的，對一人一說，便可悔除。

突吉羅的悔罪法，與波逸提相同，若是誤犯突吉羅，自責心念，痛切悔改，罪便除滅。

另有一項最要緊的規定，那就是比丘與比丘尼不得相互悔說各自所犯的罪惡。《根本說一切有部毘奈耶雜事》卷三十二：「佛言：苾芻不應向苾芻尼邊說罪，宜於清淨苾芻見解同者，發露說罪。」（《大正藏》二十四．三六四頁下）又說：「苾芻尼不應向苾芻邊發露，宜於清淨苾芻尼邊說罪。」（《大正藏》二十四．三六五頁上）至於比丘尼犯僧殘應在二部僧中出罪者，在比丘僧前僅是出罪而不是發露說罪。

各種的羯磨法與各種的悔罪法，均有一定的儀式及其一定的白詞，本書限於篇幅，不能一一備錄。

在此，且將由犯戒而墮獄的類別及其年數抄錄如下：

（一）波羅夷罪：墮焰熱地獄九十二萬萬一千六百萬年。

（二）僧殘罪：墮大嘷叫地獄二十三萬零四百萬年。

（三）偷蘭遮罪：墮嘷叫地獄五萬七千六百萬年。

（四）波逸提罪：墮眾合地獄一萬四千四百萬年。

（五）提舍尼（悔過法）罪：墮黑繩地獄三千六百萬年。

（六）突吉羅罪：墮等活地獄九百萬年。

當然，這一墮獄的類別是一定的，墮獄的年限是不會一定的，這裡所錄的年數，也僅是一個大概而已。因為同樣的一種罪名，就有很多種罪業的等次，比如偷蘭遮分有上、中、下三品，悔罪法有五種方式，如果不悔，所感罪報的年數，當然也不會一致的。

本文到此，已經寫完，讀者如願深入，當請自研諸部的廣律。如不研究廣律，我想介紹四本律書：蕅益大師的《重治毘尼事義集要》，弘一大師的《四分律比丘戒相表記》，勝雨比丘尼的《四分律比丘尼戒相表記》，佛瑩比丘尼的《四分比丘尼戒本註解》。比丘最好四種全看，比丘尼則看後面兩種，至少要看最後一種。因為佛瑩尼本是學醫藥的，對於尼眾的生理衛生方面略有所指導，佛教的尼眾姊妹們，如果是童貞出家的，對於生理衛生方面的問題，大多莫名其妙，有了疾病，也是羞於就醫，所以，我是主張出家人要懂生理衛生學的，男女都應該懂，生理問題不是祕密，唯有以為生理構造是祕密的人，才更對生理問題感到迷人的誘惑，而致成病，乃至造成罪惡；因此，這是一部可看的書，雖其對於律的要求是從嚴處著眼。

第七篇

三世諸佛的搖籃

——菩薩戒綱要

第一章　菩薩的層次與境界

第一節　何謂菩薩

我們通常都可聽到「菩薩」的稱號，乃至也可以將「菩薩」二字做為恭維他人的美譽。所以，菩薩一詞對於一般人的印象，既是崇高偉大的，也是平易近人的，既是神聖莫測的，也是簡單普通的。其實，能夠真正了解菩薩的層次及其境界的人，並不太多，尤其是從未聽過佛法的人們，認為凡是泥塑木雕或石刻彩畫的一切神像鬼像，都是叫作菩薩，那更是屬於莫知所以的觀念了。

菩薩，原是印度梵文 bodhisattva 的音譯，全譯是「菩提薩埵」，意譯是「覺有情」，覺是覺悟、覺了、覺知、覺見的意思；有情是眾生，眾生是眾緣和合而生的意思；也是眾多生命的意思。但是，眾緣和合的眾多生命之中，有的是有情愛及情性的動物，有的是沒有情愛及情性的植物乃至礦物等等，此處所說的眾生，是指有情愛及情性的生命，所以稱為有情。將「覺有情」三個字的兩個單語組合起來，含有兩重的四層意思：一重是發心上求無上覺（佛）道的有情眾生，並也發心啟化一切有情眾生皆得無上覺（佛）道；一重是自己已經悟見了覺（佛）的本性，同時也要使得一切有情眾生都能悟見各自本具的覺（佛）性。合攏來說，便是上求佛道以自覺，下化眾生以覺他，這就是「菩薩」的意思。

我們信佛學佛的目的，是希望我們自己也成為佛。但是佛的境界，是至高無上，至妙至好，至大至剛，至圓至明，至實至真的；成佛之道的行程，也是非常艱鉅而且遙遠的。一個人從最初開始信佛學佛，要經三祇百劫的時間過程，才能達到成佛的目的。世間沒有廉價的珍寶，愈是稀有難得的東西，愈是價值高貴；成佛也是一樣，佛雖是難成的，終究是能成的，不過應該付出努力的代價。這個代價，就是上求佛道下化眾生的菩薩行或菩薩道。不斷地洗刷自己從無始以來就沾汙了自性覺（佛）體的煩惱無明，也不斷地幫助他人（眾生）洗刷從無始以來就沾汙了自性覺（佛）體的煩惱無明；自己洗刷煩惱無明，可以增長智慧，用以自照，也用以照人，協助他人洗刷煩惱無明，可以增長自己的福德，用以自利，也用以利人。這就是智慧與福德雙修雙成的菩薩之道，也就是逐段前進逐層向上的成佛之道。

菩薩，是由於實踐了成佛之道而得名；成佛，是由於實踐了菩薩之行而得果；菩薩道是成佛的正因，成佛是菩薩道的結果；要成佛，必先行菩薩道，行了菩薩道，必定會成佛。

第二節　菩薩的階位

正因為成佛之因的菩薩道，是漫長而遙遠的，所以佛經中將之分為許多的階段與層次。

菩薩階位的分別法，依照天台宗的判別，共有「藏」、「通」、「別」、「圓」的四種分類。藏教的菩薩是屬於小根小器的一類，是不分階位的，若要論其位次，只能就其修證的程度，與小乘階位相比而已。第一阿僧祇劫，乃在小乘凡夫位的五停心、別相念、總相念的階段；第二阿僧祇劫，相當於小乘賢位的煖位；第三阿僧祇劫滿，相似於小乘的頂位，過了三大阿僧祇劫，才是修三十二種大人相因的階段，進而由忍位入世第一位，便是成佛了；這是凡夫及小乘人所見的丈六金身的人間佛。這與小乘不同者，乃在其修行過程中不斷煩惱而修六度，小乘聖者是斷煩惱而不修六度的，所以是大乘菩薩，而非小乘的凡夫與聖者了。

通教的菩薩，是通於三乘根器的一類，乃以十地的階段，概括三乘的層次。初地是初信的凡夫，二地是賢者，三地、四地與小乘的初果聖人相齊，五地同小乘二果，六地同小乘三果，七地同小乘四果阿羅漢，八地同小乘辟支迦佛位，九地從空出假，獲得法眼而習氣將盡，所以稱為菩薩地，第十便是佛地了。七地以前與三乘共通，八地與辟支迦佛共通。此三乘雖然各各不同，但卻有著很多的共通特性：通觀無生，同證無學，同出分段（三界）生死，同入涅槃（不生死）的化城，所以稱為通教。

別教的菩薩，是專攝界外根器的一類；根器不一，故稱為別教，共分五十二個階位，這是通常所熟稱的分位法，也是我們較為詳細介紹的一種分位法。

圓教的菩薩，與別教不同者，別教是次第漸修的，圓教則是一心圓具的。所謂：以圓聞圓修而修於圓行。別教的位次是個別的，是要逐級修證的，圓教雖然也有凡夫賢聖的差別等次，但那是能夠位位相融，階階相攝的。圓教的凡夫（外凡五品）位，便可稱之為佛，那叫作觀行即佛；賢者（內凡十信）位，稱為相似即佛；聖者（十住）位，稱為分證即佛；經過十行、十迴向、十地、等覺而至妙覺位時，才是究竟即佛。圓教的初信，便可稱為成佛，但那僅是知道自己的本性是佛，而不是究竟圓滿的佛。

第三節　五十二等的菩薩層次

現在，我們再來介紹五十二個階位的菩薩。在大乘菩薩戒經之中，說到菩薩階層的，只有《梵網經》及《瓔珞經》；《梵網經》上卷以習種性、長養性與性種性、不可壞性、道種性、正法性，來說明十住、十行、十迴向、十地、佛地的階層次第；並以「十發趣、十長養、十金剛、十地」，來表達十住、十行、十迴向、十地的賢聖功能作用。但是，《梵網經》的文字晦澀，極不易解，並且有人以為《梵網經》上卷是出於後人的偽託，不足採信（此到後面再詳說），所以我們還是根據《瓔珞經》來介紹。

《華嚴經》中的菩薩，共分有五十二個階位，實際上，能夠稱為賢與聖的，只有四十二個階位，又因最後一個階位是佛位，所以賢聖階位的菩薩，只有四十一個，加上十個階位的凡夫（假名）菩薩，便是五十一個階位。

《瓔珞經》也將十住、十行、十迴向、十地、等覺、妙覺的六大段落，分成為習種性、性種性、道種性、聖種性、等覺性、妙覺性的六個性位，這與《梵網經》大致相似，而稍有不同。唯識家於十迴向後加入四個加行位，又成為五十六了，通常均以《華嚴經》分法為主。

我們學佛的過程，稱為三祇種福慧，百劫修相好。這是從進入賢位十住算起的，在賢位之前的凡夫階段的十信心位，還不包括在內。據《瓔珞經》說：「佛子，修行是（十）心，若經一劫、二劫、三劫，乃得入初住位中。」（《大正藏》二十四．一〇一一頁下）這是說，從最初發起信佛學佛之心，繼續不斷地修學，要經過一至三劫，才有進入賢者初住菩薩階位的希望。但是，《大乘起信論》則說：「修行信心，經一萬劫。」（《大正藏》三十二．五八〇頁中）也就是說：從初發心，到信心功德成就而進入初住位者，需要經過十千大劫的時間哩！這比《瓔珞經》所說的，多得太多。不過這有一個解釋：凡夫的心志是不堅不實的，所以即在短短一生的數十年之中，也難做到徹底的信心不退。凡夫的身心活動，總是善惡雜陳，信疑參半的，何況我們在生死之海的大洪流中，載浮載沉，忽上忽下地輪迴不已呢？今生信佛學佛，如若願力不堅固，信心不落實，行為不清淨，念頭不正確，來生便很難再信佛法了。但是，既曾種過信佛的因子，過了相當時間，又必將再度顯現，再度信佛學佛。好像在渾水缸裡扔一粒有色的細石子，再用棍棒拌攪，那粒有色的細石子必然會常常現出水面，又常常混沒在水中，並且是顯現水面上的機會少，而混沒在水中的機會多，除非把它取出水來，才會一顯永顯。凡夫的信佛學佛，情形也是如此的。因為人的信心與願力，各有強弱不同，人的行為與念頭，也各有差別不等，所以學佛的時間過程，也當各有長短不同的差異了。所謂十千大劫或一二三劫，那也只是一個大約的時間單位。如果信心堅定，願力堅固，可能在一二三劫之內，乃至不需一二三劫，就可進入初住的賢位，所以圓教有上根人於一生即入初住位（相等於藏教的佛位）的說法。相反地，如果信心薄弱，願力危脆，根器下劣者，即使過了十千大劫，也未必能夠進入初住的階位。

現在，且將六大段落的五十二個階位，分述如下：

（一）十信位：所謂十信，又叫作十信心，就是：1.信心，2.念心，3.精進心，4.慧心，5.定心，6.不退心，7.迴向心，8.護法心，9.戒心，10.願心。

在此十個階位的漸次進升之中，調伏三界的見、思二惑，見惑是一切的妄見，如我見與邊見等；思惑是一切的煩惱，如貪、瞋、癡的迷情等。在此十信位中，雖不能把見、思二惑斷除乾淨，但要把它們調理治伏，不使繼續為患。否則的話，永不能入賢位，永受三界的煩惱困縛，永遠沉淪於三界生死的大漩渦中。

（二）十住位：所謂十住，又叫作十住心，就是：1.發心住，2.治地心住，3.修行心住，4.生貴心住，5.方便具足心住，6.正心住，7.不退心住，8.童真心住，9.法王子心住，10.灌頂心住。

在此十住位中，初住斷除三界內的見惑，第七住斷除三界內的思惑，到此，不再為那貪、瞋、癡的煩惱所迷惑了，所以不再繼續增加生死的業力，而證入（階）位不退的境域。八住以上，斷除三界之內的塵沙，調伏三界之外的塵沙。所謂塵沙，乃是天台宗所立「見思」、「塵沙」、「無明」的三惑之一。見思惑，障礙我人的涅槃之道而致沉淪生死；塵沙，則障礙我人化度眾生的菩提之道而致不能成佛。此所謂塵沙，也相似唯識宗所稱的所知障。由於所知有障，而不能通達多如塵沙之數的度生法門，所以稱為塵沙。於此十位中，是以「從假入空」的觀想法，得見真諦之理而開慧眼，成一切智。了知一切諸法，皆是寂滅一相的空智，稱為一切智。寂滅空如，便是萬法的實相，所以稱為真諦之理。

（三）十行位：所謂十行，又叫作十行心，就是：

1.歡喜心行，2.饒益心行，3.無瞋恨心行，4.無盡心行，5.離癡亂心行，6.善現心行，7.無著心行，8.尊重心行，9.善法心行，10.真實心行。在此十行位中，漸斷界外塵沙，以「從空入假」的觀想法，見俗諦之理，而開法眼，成道種智。道種智又稱為道種慧，道亦可以解作法門，法門有無量，道也有無量，通達無量之道的智慧，稱為道種智。以真諦而言，諸法的實相是空如寂滅的，但要體會諸法實相，必須要假俗入真；因為眾生的存在，是存在於虛妄幻有的假相或俗諦之中，如要自救出離、救度眾生，那又需要從實相的真諦上迴轉到幻妄的俗諦中來，利用那通達了無量法門的智慧，來自救救人，便是「從空入假」，便是「見俗諦之理」。前所謂「慧眼」，是指見到「真諦之理」，是知諸法實相的智慧；此所謂「法眼」，是指得到「俗諦之理」，是通達救度法門的智慧。

（四）十迴向位：又叫作十迴向心，就是：

1.救護一切眾生離眾生相迴向心，2.不壞迴向心，3.等一切佛迴向心，4.至一切處迴向心，5.無盡功德藏迴向心，6.隨順平等善根迴向心，7.隨順等觀一切眾生迴向心，8.如相迴向心，9.無縛解脫迴向心，10.法界無量迴向心。

在此十迴向心的十個階位之中，調伏無明，修習中觀。所謂「無明」，前面說過，這也是天台宗所立的三惑之一，見思惑障礙涅槃之道，塵沙惑障礙菩提之道，無明惑則障礙中觀之道。不真不俗，即真即假；見真諦的寂滅實相，但不呆滯於寂滅的一念上；見俗諦虛幻，所以隨順化導而不與俗情同流合汙，這就是中觀的道理。無明是一種微細的煩惱，斷去一分無明，即可證得一分中觀的道理。十迴向位，只是調伏無明，初地以上，才能漸斷無明，無明分分斷除，聖位也地地高升，直至等覺菩薩，斷盡最後一分無明，便入佛地，成等正覺。所以在十迴向位，尚未證得中道觀，僅因調伏無明而修習中觀。不過，自第八住至十迴向圓滿，已是修行道上三不退位的第二不退了，此稱為行不退。也就是說，所證的解脫之道，已與第一義諦的中道合一相應而行了。

至於退與不退的問題，《瓔珞經》有這樣的說明：「若一劫、二劫乃至十劫，修行十信，得入十住，是人爾時從初一住至第六住中，若修（六度之一的）第六般若波羅蜜，正觀現在前，復值諸佛菩薩善知識所護故，出到第七住，常住不退。」又說：「若不值善知識者，若一劫、二劫乃至十劫，退菩提心。……其中值惡因緣故，退入凡夫不善惡中，不名習種性人。退入外道，若一劫、若十劫，乃至千劫，作大邪見及五逆，無惡不造，是為退相。」（《大正藏》二十四．一〇一四頁中—

下）以此可見，菩薩修行，須以般若（智慧）為主，不修般若，便不能入第七住位；不入七住，即難保不退，如若一退，雖到六住，仍可能要作惡千劫而不知回頭了！

（五）十地：所謂十地，地是能生能載的意思，能生無量功德的無量法門，能載無量眾生至究竟佛地。地地能生，地地能載，一地比一地廣大，一地比一地高深，直至究竟佛地，便是等虛空，遍法界，廣大而無邊際，高深而無極限了。十地的名稱是：

1.歡喜地，2.離垢地，3.發光地，4.焰慧地，5.難勝地，6.現前地，7.遠行地，8.不動地，9.善慧地，10.法雲地。

從初住至十迴向，一共三十個階位，乃是菩薩的賢者位，通常簡稱為三賢位。十迴向的最後一念，首先破一分無明，便入初地。十迴向位修習中道觀，以中道觀破一分無明，便顯一分三德，而證第三不退，稱為念不退，開佛眼，成一切種智。初地以上，便是聖位菩薩了。

聖位與賢位的分別，乃在中道觀的修證與否；只要中道觀修成一分，便破一分無明；破一分無明，便顯一分三德；破除無明及顯現三德的智慧，便稱為佛眼。

此所謂佛眼，實即指的體證不真不俗與即假即真的智慧而已。能夠體證了真俗圓融的道理，便是開了佛眼，但此絕非止於口頭說說，一定要徹心徹性地親證之後，才能算數。能夠知道一切法一切相，空如寂滅，又能知道一切法一切相的種種分類差別，能夠如此地空有雙照，真俗圓融的智慧，便稱為一切種智。其實，中道觀也好，佛眼也好，一切種智也好，都是指的一樣東西，那就是能破無明能顯三德的智慧而已。無明不破，三德不顯；顯了三德，才入聖域的階位。所謂三德，乃是大涅槃的祕密藏，那就是：體證了佛性本體，稱為法身德；如實明了覺知一切的法相，稱為般若德；遠離一切繫縛而得大自在，稱為解脫德。所以，初地以前的菩薩生死，是由業力決定的，不得自主的；初地以上的聖位菩薩生死，是由自己的願力決定的，能夠自由作主的。所謂念不退，是指了知生死本際，涅槃本際，煩惱本際，菩提本際；生死涅槃，煩惱菩提，不一不異，念念能與佛智相應的意思。所以，菩薩到了初地以上，便能自由化現，雖是菩薩，而能分身百界，以佛的姿態出現，教化有緣的眾生。但要究竟成佛，尚須地地破除無明，地地分證中道，地地增顯三德，地地開一分佛眼。到了第十法雲地，再破一分無明，便進入一生補處的等覺階位；所謂等覺，乃是相等於佛而又略微不同於佛的意思。到了等覺位的菩薩，除了佛陀，無人能夠測知等覺與佛的不同之處。

所謂一生補處的生字，是指尚有一分變易生死未了的意思。凡夫與賢位的菩薩，有出胎入腹而又老病死亡的生死，稱為分段生死；已了分段生死的聖位菩薩，自初地（《瓔珞經》謂自八地）以上脫離三界的分段生死，他們每破一分無明，每更向上一層，也是稱為生死，那是叫作變易生死（《大正藏》二十四．一〇一六頁下）；僅餘一分無明，僅須更上一階的等覺菩薩，便稱為一生補處。但也可以解作：尚有一次八相成道中由兜率天下來人間，投胎、住胎、出世、出家、成道、說法、涅槃之後，不再受生的意思。

以上是對於菩薩階位的約略介紹，若要細論，則每一個階位，均有不同的意義，為了篇幅所限，只能介紹到此了。

第四節　階位層次的表解

為了便利讀者的記憶，不妨將菩薩階位的劫數、層次及世間的果報，分列二表，以供參考（見三五一、三五二兩頁）。

關於成佛時間的算法，在佛典中有許多種，所列表一，乃是筆者根據多種的資料參考，綜合而成，正確與否，尚待高明者的印證。

劫，是梵語劫婆 kalpa 的簡稱，通常是印度用作計算時間單位的，所以對於劫的應用，非常廣泛。劫的涵義也有短有長，不過一般的解釋是這樣的：人壽自八萬四千歲，百年減一歲，漸減至人壽十歲，再由十歲，百年增一歲，漸又增至人壽八萬四千歲，如此一減一增的時間過程，稱為一小劫；二十小劫為一中劫，四個中劫為一大劫。通常在經中所稱若干劫者，便是指的大劫。所謂阿僧祇，乃是梵語 asamkhya 無央數的意思，這是印度大數字名稱的一種，若要問一阿僧祇究竟有多少？勉強可以說：以萬萬為一億，以萬億為一兆，一阿僧祇的時間，約為一千萬萬萬萬萬萬萬兆劫。這是個很長很長的時間。然據《瓔珞經》的算法，又是不同的，在此不再列舉。

以五十二個階位來配三祇百劫，也有多種說法：有的是以時間劃分的，乃至把十信位也劃入第一阿僧祇劫之中，到十地便是三阿僧祇劫滿，再以百劫修三十二相八十種好；這個百劫是否即在等覺位中，也無明確說明，據理而推，應該是在等覺位中了。有的則以供養諸佛的數字而來劃分的。如智者大師，根據《大智度論》、

《俱舍論》、《大毘婆沙論》等之說：值七萬五千佛是初阿僧祇劫，又值七萬六千佛是二阿僧祇，再值七萬七千佛是第三阿僧祇劫滿，三祇完成，六度修畢，再經百劫，修相好因，相好修滿，便成佛果；但據《賢愚經》說：初阿僧祇劫供養八萬八千諸佛，中阿僧祇劫供養九萬九千諸佛，後阿僧祇劫供養十萬諸佛（《大正藏》四．三七七頁中）。

事實上，時間劫數的長短與供養諸佛的多少，都是根據各人的根器深淺及努力的程度而定，如果根器深厚而又努力不懈，三大阿僧祇劫，可能是不會如此長久的，如果根器淺薄而又放逸懈怠，三大阿僧祇劫，可能就比上面所說的更長久了；至於供養諸佛的多少，道理也是一樣，如能虔誠供養，生死不渝，終身以赴，那麼供養一佛的功德也就很大很大了，如果懈懈怠怠，粗心大意，偶爾供養，一生之中，難得供養三次、兩次，那麼，雖供千佛萬佛，功德還是不多。所以，我們學佛，不必估計時間長短，但問自己盡心與否？據說釋迦世尊與彌勒菩薩是同時發心的，因為釋迦精進而超前成佛，彌勒懈怠以致落後了行程，就是明顯的例證。又如佛在法華會上，為諸大弟子授成佛之記：摩訶迦葉要奉覲三百萬億佛後成佛，須菩提要奉覲三百萬億那由他佛後成佛，迦旃延要供養二萬八千億佛後成佛，目犍連要供奉二百萬億八千諸佛然後成佛。其中所供諸佛數字，也是各各不同。

菩薩，本來是出世而不離世的，為斷煩惱，所以要出世，為度眾生，所以要住世；菩薩既在世間，自應各以其福德而感得世間的果報。不過，這僅是菩薩應得的世間果報，而不等於非要得這世間果報不可，因為菩薩的階位愈高，所能化現的範圍與品類則可愈多愈廣，愈是高廣，也愈能低下。如等覺菩薩，可感三界之王，也可化三塗之王；到地獄餓鬼中則為鬼王，到畜生中則為獸王，人中為人王，乃至化為三界之王。故也不能肯定地說哪一階位的菩薩，一定要感得哪一等級的世間果報。唯其果報的等級，每一階位，都有一個最高的限度，表中所列，乃是各個階位果報的最高限度而已。這一點，我們是必須明白的。同時，我們從分位斷惑的程度上，也可以自己衡量一下，自己的修持工夫，究竟已到了什麼階位？不要忘記，調伏見、思二惑，（雖有而）不受偏見我見等所迷惑，亦（雖有而）不為貪瞋癡等所轉動，尚不過在十信位中的凡夫階段而已呢！今有一些自以為開悟見道入賢出聖的人，相信他們多數的多數，是禁不起考驗的。

（一）菩薩層次及其修行的時間表

五十二個凡聖階位

- 凡夫位（外凡）— 十信位 — 修十信、行十善、五戒、八戒、六度 — 經一二三劫乃至萬劫 — 萬劫奠信
- 三賢位（內凡）
  - 十住位 — 常行八萬四千波羅蜜，入空界住空性位
  - 十行位 — 常行八萬四千波羅蜜，進入五蘊法性空位
  - 十迴向位 — 學習百萬億波羅蜜，入眾生空無我空平等無別位
  - （以上）第一大阿僧祇劫
- 十聖位
  - 初地 — 捨凡夫行，生在佛家，習中道，破無明，通同佛地
  - 二地 — 以正無相，入眾生空，現萬佛世界，六通變化
  - 三地 — 修習古佛道，所謂十二部經，並以此法度眾生
  - 四地 — 上觀諸佛功德，下觀六道眾生，慈、悲、喜、捨度眾生
  - 五地 — 三界無明疑見皆空，因果、內道、外道無不通達
  - 六地 — 上順諸法，觀過去現在未來，一切法一合相
  - 七地 — 無生忍諸法，觀煩惱非有非無，三界最後一身，一入一出
  - （初地至七地）第二大阿僧祇劫
  - 八地 — 捨三界報，用入中忍無相慧，出有入無，化現無常
  - 九地 — 復入上觀，光光佛化，無生忍道，現一切佛身
  - 十地 — 入中道第一義諦，行佛行處，受佛記位，學佛化功
  - （八地至十地）第三大阿僧祇劫
  - （三大阿僧祇劫）三祇苦行
- 等覺 — 行過十地，解與佛同，入百千三昧，集佛儀用，似佛非佛，一切佛等 — 百劫修相好之因 — 百劫修福
- 妙覺 — 因圓果滿，成等正覺，常寂常照，是佛果位

莊嚴無上的菩提大道

（二）菩薩斷惑及世間果報表

五十二位	分位斷惑	分感世間果報
十信位	伏三界見思惑	上品鐵輪王，化一天下，中品粟散王，下品人中王
十住位	斷三界見思惑開慧眼	銅輪王，化二天下
十行位	漸斷三界塵沙開法眼	銀輪王，化三天下
十迴向位	伏無明，習中觀	金輪王，化四天下
初地	以中道觀，漸破無明，漸開佛眼	七寶相輪，四天王
二地		八寶相輪，忉利天王
三地		九寶相輪，夜摩天王
四地		十寶相輪，兜率天王
五地		十一寶相輪，化樂天王
六地		十二寶相輪，他化自在天王
七地		十三寶相輪，梵天王
八地		大應寶相輪，光音天王
九地		白雲光寶相輪，淨天王
十地		無畏珠寶相輪，淨居天王
等覺		覺德寶光寶相輪，三界王
妙覺	法界一切無明頓斷	千福相輪，法界王

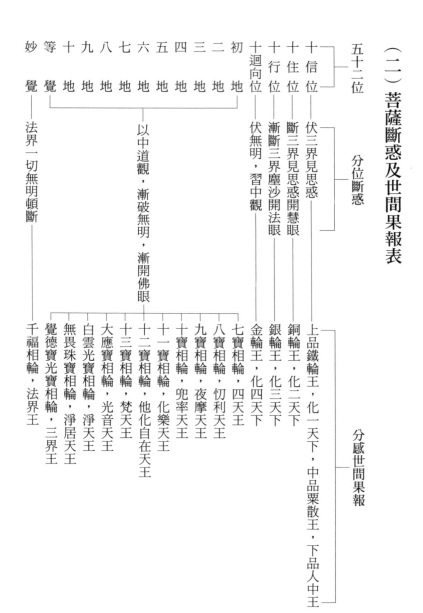

第五節　菩薩行當如何

被人稱為菩薩，很容易，自己要被稱為菩薩，也容易，但要真正的做到菩薩的行為，那就難了。菩薩雖分凡夫與賢聖，不必要求初發心的菩薩做得跟聖位的菩薩一樣。然而，菩薩行的目標是統一的，菩薩道的希望是相同的，我們雖尚未曾抵達目標，卻不能沒有希望。因此，我把《菩薩內戒經》中的一段文字用語體文節譯如下，以資參考：

菩薩道是很難的，我（佛）以許多身體的許多生命來為救濟眾生而犧牲，毫無一點愛惜的心理。

做為一個菩薩，既然不能作惡造罪，但為救度眾生，也絕不怕為救眾生而自己作惡造罪。

宿世的業報臨頭了，或者怨家債主光臨了，菩薩是只有歡迎歡喜而不恐懼害怕的。因為那可以將罪業的帳目早日清理呀！

做為一個菩薩，受持佛法，就要完全如法；受了佛戒，就要如律清淨。

菩薩要以堅決的信心，才能畢竟成佛；要能博學內外各種知識，才能順化廣大的眾生；要以慈憫的心懷，柔軟的言語，去接近眾生，不可反而中傷他人。

菩薩雖不妨與妻子共同生活，但要如同防止怨家一樣地謹防她來破壞自己的道念；雖然謹防妻子如養怨家，但終不得以怨家的態度對待妻子，仍須經常愛護體惜她的情意。

菩薩應視女人如虎狼如毒蛇，但也並不畏懼愛欲的破壞與搖動，因為菩薩的清淨心地，如同蓮花，雖生於汙泥而不沾汙泥。菩薩是離欲捨欲的，雖為度生而入於愛欲陣中，卻不會因此而被愛欲之所沾汙。

菩薩獨身居於深山之中不會感到恐懼；雖然共妻子生活在家庭之間，也像是獨處於深山之中。經常是在怡然安定的心境之下，沒有痛苦與歡樂的思想分別。

做為一個真正的菩薩，應該能夠入水不沉，入火不燒，有人要腦袋，就給他腦袋，有人要眼珠，就給他眼珠，有人要鼻子，就給他鼻子，有人要耳朵，就給他耳朵；即使投身餵虎，也不吝惜身命。唯有如此，才是大士菩薩的尊貴功德。

以上所節譯的經文，可能未曾把原意譯得妥貼，讀者如有可能，可以自尋原本經文對照，該經載於《大正藏》第二十四冊一〇三一至一〇三二頁。再說此中所述的菩薩，多分是指聖位，而非凡夫所能做得到的。事實上如《瓔珞經》所說，十信位的凡夫是名字菩薩或假名菩薩，到了初地，才能紹繼菩薩位而成為真正的菩薩。但是既願成佛，就該希聖希賢，而期終將做到聖位的程度了。

第二章　菩薩戒的內容與分別

第一節　何謂菩薩戒

我們明白了菩薩的意義之後，就應該接著討論菩薩戒的問題了，因為菩薩之所以稱為菩薩，並不是平空而來的，絕不可自己以為是菩薩，他就是菩薩了。菩薩之名，是由佛法而來，如要成為菩薩，自然要來求之於佛法。簡單地說：菩薩是由於受了菩薩戒而來。又因諸佛均由於受持菩薩戒而成佛，所以菩薩戒是養育三世諸佛的搖籃。

那麼，什麼叫作菩薩戒呢？菩薩所受的戒，稱為菩薩戒；要做菩薩，必須先受菩薩戒。如《梵網經》中所說，菩薩戒「是諸佛之本源，菩薩之根本；是大眾諸佛子之根本」。（《大正藏》二十四‧一〇〇四頁中）不行菩薩道，雖信佛而永不能成佛；要行菩薩道，須受菩薩戒，所以菩薩戒是一切諸佛之能成佛的根本原因，也是菩薩之所以成為菩薩的根本所在。佛子一詞在大、小乘典籍中的解釋很多，根據大乘經論，以為必須是菩薩，始可因其有了成佛的種子而稱為佛子。比如《楞伽經》以八地菩薩名為最勝子，《佛性論》以初地菩薩名佛子，《瓔珞經》等則以十住菩薩名為佛子，《梵網經》則以凡是發菩提心受菩薩戒者，皆稱為佛子；根據小乘如《四分律》的觀點，以為凡是進入佛法大海，縱然是小乘，乃至僅受小乘的三皈五戒，便是佛子。我們可以看出，大乘是以成佛的種子為佛子，小乘是以佛的弟子為佛子。如今所講的大乘菩薩戒，所謂「佛子之根本」，當然是指成佛種子的根本了。

《梵網經》又說：「一切有心者，皆應攝佛戒，眾生受佛戒，即入諸佛位，位同大覺已，真是諸佛子。」（《大正藏》二十四．一〇〇四頁上）菩薩戒是一切諸佛成佛的根本原因，所以從因位上說，稱為菩薩戒，從果位上說，便稱為佛戒。故在《梵網經》輕戒第四十一條中又稱菩薩戒為「千佛大戒」。意思是說：過去莊嚴劫中的千佛是由於受持菩薩戒而成佛，現在賢劫中的千佛，也是由於受持菩薩戒而成佛，未來星宿劫中的千佛，同樣是要受持菩薩戒才能成佛。乃至推及過去三世三劫的千佛，未來三世三劫的千佛，過去無量三世三劫的千佛，未來無量三世三劫的千佛——總之，一切眾生，一切菩薩，一切諸佛，無一不是由於受持菩薩戒而得成佛。由此可知，菩薩戒的功能之大，是大得不可思議的了。

第二節　菩薩戒的內容

菩薩戒的可尊可貴，乃是由於涵蓋而又超勝了一切戒的緣故。菩薩戒是優婆塞、優婆夷、沙彌、沙彌尼、式叉摩尼、比丘、比丘尼等七眾戒之外的波羅提木叉（別解脫戒），菩薩的身分，可在七眾之中，也可在七眾之外，優婆塞、優婆夷可受菩薩戒，乃至比丘、比丘尼也可受菩薩戒，這是存在於七眾之中的加受菩薩戒。依《梵網經》說：「但解法師語，盡受得戒。」（《大正藏》二十四．一〇〇四頁中）畜生乃至（神鬼的）變化人，都有資格受菩薩戒而稱為菩薩；這是七眾以外的單受菩薩戒。這些單受的菩薩，在發心的程度上說，雖然超過了小乘的七眾，但他們在七眾之中沒有地位，也不能站在七眾之前。因為佛制的次序，是以七眾為準，而不以菩薩為準。

菩薩戒的內容，是三聚淨戒。所謂三聚淨戒，一共只有三句話，但卻包括了自度度人及上求下化的所有法門。這三句話是這樣的：

（一）持一切淨戒，無一淨戒不持。

（二）修一切善法，無一善法不修。

（三）度一切眾生，無一眾生不度。

在經中稱這三聚淨戒為：第一攝律儀戒，第二攝善法戒，第三饒益有情戒。所謂三聚淨戒，就是聚集了持律儀、修善法、度眾生的三大門類的一切佛法，做為禁戒來持守。在小乘七眾戒中，作惡是有罪的，不去積極地修善卻不會有罪；殺生是有罪的，不去積極地救生，卻不會有罪。所以小乘戒只能做到積極地去惡消極地修善，積極地戒殺消極地救生；菩薩戒則既要積極地去惡修善，也要積極地戒殺救生，把不修善與不救生，同樣列為禁戒的範圍。因此，菩薩戒是涵蓋了七眾戒，而又超勝了七眾戒。

三聚淨戒的內容，可以說是無所不含無所不包的：攝律儀戒，涵容了大、小乘的一切戒律、威儀；攝善法戒，包羅了八萬四千出離法門；饒益有情戒，概括了慈、悲、喜、捨，廣度一切眾生的弘願與精神。

所以，三聚淨戒，也總持了〈四弘誓願〉的精神！

四弘誓願：
- 眾生無邊誓願度——攝眾生戒
- 煩惱無盡誓願斷——攝律儀戒
- 法門無量誓願學、佛道無上誓願成——攝善法戒

——三聚淨戒

菩薩戒的內容，是三聚淨戒；三聚淨戒的精神，則無善不舉，無德不備，無法不包，無大不及，無微不至，而又無遠不屆與無功不成的學佛法門。

第三節　菩薩戒的種類

菩薩戒既是七眾戒之外的別解脫戒，所以，受了七眾戒固可增受菩薩戒，不曾受過七眾戒，乃至不夠資格受持七眾戒的，也能受持菩薩戒。所以菩薩戒的性質，也相似於八戒，八戒也是七眾戒之外的一種別解脫戒。這在八戒一文中，已經說過了。

但是，菩薩戒中，有的相似於八戒，所以也是頓立戒，有的則不同於八戒，而為相似於七眾戒的漸次戒。因此菩薩戒的種類，大體應該分為兩種性質：一種是頓

立而可單受的菩薩戒，一種是漸次而須先受三皈五戒等之後再受的菩薩戒。

自古迄今，藏經之中已收並已譯成漢文而受重視研究的菩薩戒本或菩薩戒經，共有如下的六種：

（一）《菩薩瓔珞本業經》
（二）《梵網經》菩薩戒本
（三）《瑜伽論》菩薩戒本
（四）《菩薩地持經》戒本
（五）《菩薩善戒經》戒本
（六）《優婆塞戒經》戒本

若以頓漸二類來分，《瓔珞經》與《梵網經》是屬於頓立的一類。《瓔珞經》卷下說：「始行菩薩，若信男若信女中，諸根不具、黃門、婬男、婬女、奴婢、變化人，受得戒。」（《大正藏》二十四．一〇二〇頁中）可見，不限於人類，均可受菩薩戒的。《梵網經》卷下也說：「若受佛戒者，國王、王子、百官、宰相、比丘、比丘尼、十八梵天、六欲天子、庶民、黃門、婬男、婬女、奴婢、八部鬼神、金剛神、畜生，乃至變化人，但解法師語，盡受得戒。」（《大正藏》二十四．一〇〇四頁中）而沒有說不受七眾戒，便不得菩薩戒；只要聽懂菩薩法師所講菩薩戒法的語言及內容者，即使從未接觸過佛法，也可以受戒得戒。所以說這是頓立的。

其餘的《瑜伽論》、《地持經》、《善戒經》、《優婆塞戒經》的四種戒經，是屬於漸次戒的。其實這四種的本來梵本，只有兩種典籍。《瑜伽論》、《地持經》、《善戒經》，同屬於《瑜伽師地論．菩薩地品》的同本異譯，所以是同一型範，只要舉其一種，便可概約三種了。如《善戒經》卷四中說：「菩薩摩訶薩，若欲受持菩薩戒者，先當淨心受七種戒。」（《大正藏》三十．九八二頁下）這是明白地說明了，菩薩戒是不得單受或頓受的，應該先受了七眾的七種戒全部、少部分或一部分的一眾戒之後，才可求受菩薩戒。

至於《優婆塞戒經》的菩薩戒，根本就是在家的大乘戒而非即是菩薩戒，這也是所有大乘戒中最難受得的一種漸次戒。受戒以前，先要次第供養父母、師長、妻子、善知識、奴婢、出家道人。並問九種遮難：家屬不聽、欠他人債、身心有病、汙淨梵行、作五逆罪、盜法賊住、性別難辨、殺道心人、眾前妄語等，若犯其一，便不能受戒。在受其六重二十八輕的菩薩戒之先，必須先行三皈五戒；雖受五戒，亦須經過六個月的察看，再於二十比丘僧中以羯磨法秉受；可見這不是不分品類便可受得的菩薩戒了。為什麼要如此地嚴格呢?該經卷三〈受戒品〉中有這樣的說明:「是戒能為沙彌十戒、大比丘戒,及菩薩戒,乃至阿耨多羅三藐三菩提,而作根本。至心受持優婆塞戒,則能獲得如是等戒無量利益。」(《大正藏》二十四.一〇四七頁下—一〇四八頁上)這是說:優婆塞戒的本身,是沙彌、比丘、菩薩戒的根本,受了優婆塞戒,才能獲得沙彌、比丘、菩薩戒的無量利益。

說到出家戒與在家戒的問題,我們也須加以分別說明。根據菩薩戒的精神而言,凡是菩薩,都該斷除淫欲,雖或方便度眾而可有其淫欲的行為,但卻不得存有淫念。小乘重在戒行,菩薩重在戒心。聖位的在家菩薩是為悲心度生而不妨行淫,絕不同於凡夫是以貪戀淫樂而行淫。所以菩薩戒的根本精神是斷淫的,既然斷淫,在家出家的分別,也僅是化現的形相不同而已。但在六種菩薩戒本之中,由於個別所對機宜的不同,故有在家出家及偏輕偏重的分別。

出家與在家的分別,是以淫戒為準。《瓔珞經》的淫戒是「不得故婬」(《大正藏》二十四.一〇二一頁上);《梵網經》的淫戒也是「不得故婬」(《大正藏》二十四.一〇〇四頁中);《瑜伽論》戒本則說「出家菩薩,……不應行非梵行」,在家菩薩「見有女色,現無繫屬,習婬欲法,纖心菩薩,求非梵行」,「若隨其欲，便得自在，方便安處，令種善根」，「住慈愍心，行非梵行」（《大正藏》三十．五一七頁下）；《地持經》戒本的輕戒雖與《瑜伽論》戒本的戒目相同，唯獨未列方便開犯身口七支（殺、盜、淫、妄語、兩舌、惡口、綺語）的性戒條文，所以視同唯遮不開；《善戒經》戒本的輕戒中列有「入白衣舍不能說法戒」、「與比丘尼同道行戒」、「蓄白衣物戒」、「床高過八指戒」（《大正藏》三十．一〇一五頁下—一〇一七頁下）等，都屬出家戒行；《優婆塞戒經》的重戒戒「邪婬」，輕戒戒「非處非時行欲」（《大正藏》二十四．一〇四九頁中—一〇五〇頁上）。

從這些條文的列舉之中，我們可以大概地分別出來：《瓔珞經》與《梵網經》是斷淫而不是絕無淫行，是以出家為主而又略兼在家心行的；《瑜伽論》是在家與出家兼容的；《地持經》與《善戒經》是出家的；《優婆塞戒經》是在家的。

現在，且將這六種戒本的性質，以頓立與漸次，出家與在家，列表如下：

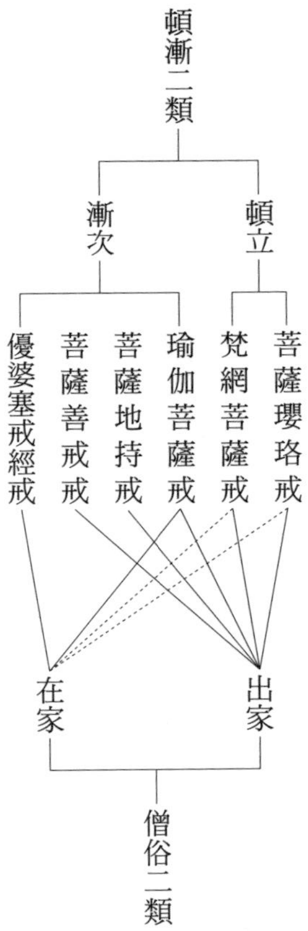

在此，我要再加說明，菩薩戒的根本精神是絕對戒淫，故也是絕對離俗的，但卻並不妨礙現有妻子而行梵行，所以可現在家形相。優婆塞戒，乃是菩薩戒的根本，而非即是菩薩戒，唯因亦屬大乘戒，即受大乘戒而行六度者，故也可以稱為在家菩薩，這是必須明白的。

又據靈芝律師的分類：「然菩薩戒凡有兩宗：一者華嚴部，二者法華部。」（《芝苑遺編》卷中，《卍續藏》一〇五．五三六頁上）他以《梵網經》通頓、漸二門，屬華嚴部；《善戒經》漸次受，屬法華部。筆者所列一表，乃也只就其大體分列而已。

第四節　菩薩戒的由來

說到菩薩戒的由來，可以分為三類：《瓔珞經》及《梵網經》為一類；《瑜伽論》、《地持經》、《善戒經》為一類；《優婆塞戒經》獨成一類。現分述如下：

第一，瓔珞梵網類：有人以為《梵網經》屬於華嚴部，佛初成正覺，即於妙光堂，誦出《梵網經》。太賢《梵網經古迹記》說：「妙光堂者，即《華嚴》云普光堂也，因佛放光而立名也，在摩伽陀國，寂滅道場界，去菩提樹三里也。」（《大正藏》四十・六九九頁中）可知妙光堂是在頻婆娑羅王治下的摩伽陀國境內，距離佛成道之座的菩提樹只有三里之遠。《瓔珞經》的說法緣起，也是在「一時佛重遊於洴沙（頻婆沙羅）王國道場樹下成正覺處，復坐如故」，「復放四十二光」（《大正藏》二十四・一〇一〇頁中），放光之後，便說出五十二位的菩薩境界，接著於下卷便說受十無盡戒的受戒方法。《梵網經》的說出，在時間上雖早於《瓔珞經》，說出的地點及說出前的放光，則頗相似。《梵網經》也是先放光明，次說菩薩的階位，再於下卷說出十重四十八輕的戒相條文。所不同者，《瓔珞經》沒有輕戒，《梵網經》則沒有受戒的方法。但是，《瓔珞經》與《梵網經》，相同之處太多。

梵網戒經是所有菩薩戒經在中國流通得最廣的一種，但對《梵網經》的真偽問題，那也是自古已然，由來已久的事了；諸家舊時的經錄，都將《梵網經》列入疑品。據〈梵網經序〉中說：「此經本有一百十二卷，六十一品。」（《大正藏》二十四．九九七頁上）法藏大師的《梵網經菩薩戒本疏》卷一則說：「若論具本，什公相傳，云西域有十萬頌，六十一品，具翻應成三百卷。」（《大正藏》四十．六〇五頁上）因為《梵網經》的大部未曾傳來，中國的《梵網經》上、下二卷，是由羅什三藏口中誦出全部《梵網經》中的第十品，叫作〈菩薩心地法門品〉（略稱〈心地品〉），但因上卷的文字，很難解釋，前後序文亦有可疑，戒相條文也很難解，致被學者疑為中國人的偽造，不過這恰是一部很受歡迎的菩薩戒經，所以歷代多有諍論。晚近的太虛大師也有〈梵網經與千缽經抉隱〉一文，他以為《梵網經》上卷所說的十發趣、十長養、十金剛、十地的文字，與《大乘瑜伽金剛性海曼殊室利千臂千缽大教王經》（略稱《千缽經》）之第七卷半到第九卷，所說十發趣等四十心位，文字加詳，而義旨全同《梵網經．心地品》上卷。並說：「所謂一百二十卷的《梵網經》，或《千缽經》，亦為《梵網》六十二品中之若干品。……其文既有《千缽經》可證，必有梵文根據，而疑偽之見可祛。」這是主張真實非偽的見解。但是近人續明法師的意見，又是另有看法的。他說：「由於序與後記之文，雷同影附之迹甚多，不似出於肇公之手，故有人既疑經非羅什譯，又疑序非僧肇作，由疑序而更疑經！」又說：「《梵網經》上卷，按之文字，與羅什所譯諸書不合，復查與唐譯《千缽大教主經》中之一段文義相同，但以缺乏兩經以外之證據，故難遽下任何論斷。」（詳見《戒學述要》）根據續明法師的考證，他認為《梵網經》的序文及後記是有問題的，上卷的經文也不是羅什三藏所譯的，並比照小乘律形式的推斷，以為《梵網經》必定也有大本的根據，同時以為梵網戒的十重四十八輕，並非如相傳所說那樣是出於「〈心地品〉的一品」，而是由大本的各品之中摘取出來的。這一發明，非常可貴。

但我希望也來補充一點意見：在前面說過，《梵網經》與《瓔珞經》的相同之處很多，它們同是頓立戒，同是在摩伽陀國菩提道場附近，於一時說出；同是說了相同的十條重戒。那麼，我們也不妨相信：「一卷譯本的《梵網經》，是由羅什法師誦譯而出，二卷本的《梵網經》，則是由於受了《瓔珞經》形式的影響，而被附加了一卷上卷。又因《梵網經》下卷之中，對四十位賢聖菩薩的總稱為十發趣、十長養、十金剛、十地，所以用《千鉢經》的一部分做為《梵網經》的上卷。」不過，這也是有問題的，二卷本的《梵網經》，在費長房的《歷代三寶紀》（隋文帝開皇十七年〔西元五九七年〕）就有了，《千鉢經》則為唐代的不空三藏譯出，這在時間上是倒置了，也許《千鉢經》或同一性質的梵本早已到了中國？

另外，續明法師以為梵網戒可能由大本的各品之中摘出，這是聲聞戒的常例。但我們看到大乘戒的《優婆塞戒經》中，六重戒及二十八輕戒，都是集中在〈受戒品〉的一品之中，可見大乘律與聲聞律的形式是有不同的。所以這尚是個有待研究的問題。同時，《瓔珞經》的十條重戒，也是集中說的，不是分別解釋的。

但是任便如何，菩薩戒的存在性與真實性，那是不能否定的。菩薩戒在西域，也是早在流行的。如法藏的《梵網經菩薩戒本疏》中說：「又聞西國，諸小乘寺，以賓頭盧為上座，諸大乘寺，以文殊師利為上座，令眾同持菩薩戒，羯磨說戒，皆作菩薩法事，律藏常誦不絕。」（《大正藏》四十．六〇五頁中）

第二，瑜伽類：瑜伽類中包括了《瑜伽論》、《地持經》、《善戒經》的三種。這三種戒本，同是出於《瑜伽師地論》的同本異譯，也許由於譯者的看法不同，或者所見的梵本不同，所以有了詳細與簡略、偏重與偏輕的不同。不過，這一類系的來歷是無可懷疑的。瑜伽類與瓔珞梵網類的最大不同處，是在戒經的緣起與組成。《瓔珞經》、《梵網經》是由佛陀親口於一時之間說出，瑜伽類的瑜伽戒本之末則說：「如是所起諸事，菩薩學處（戒），佛於彼彼素怛纜（經）中隨機散說，謂依律儀戒、攝善法戒、饒益有情戒；今於此菩薩藏摩怛履迦（論），綜集而說。」（《大正藏》三十．五二一頁上）換言之，瑜伽類是由彌勒菩薩根據佛陀在各經散說而有關戒律的部分，收集編輯而成。所以同為佛說的菩薩戒，前者是直接形成，後者是間接編成的，這是成因上的不相同處。不過，仍皆不失為佛所說的菩薩戒。

第三，優婆塞戒類：這是由於善生長者的求佛問法，而由佛陀親口說出的，共有七卷二十八品，是為投合在家人乃至當時外道的根器而說的。這是一部很好的經典，從一個初信的俗人，直至成佛的歷程，都有詳細的指引，但從受戒得戒的因緣上說，這是最最難受難得的一種大乘戒。

第三章　菩薩戒的重戒與輕戒

第一節　何謂重戒與輕戒

所謂重戒與輕戒的分別，是在「根本」及「種類」的不同，或是「性罪」與「遮罪」的不同。一切戒的根本，稱為根本戒。比如殺、盜、淫、妄，便是一切戒的根本；從每一種根本中所產生的同類小戒，稱為種類戒。比如打傷眾生，是殺戒的種類；損他人財物是盜戒的種類；摩觸異性是淫戒的種類；無意味話是妄語戒的種類；雖犯類似殺、盜、淫、妄而未達到殺、盜、淫、妄已遂罪的程度，便稱為種類戒。

所謂性罪與遮罪，是從犯罪的果報上說的：比如殺、盜、淫、妄，不論受戒不受戒，凡是造成事實，便是一種罪惡，未來必定受報。因其本性就是罪行，就是業報的正因，所以稱為性罪。又如不以最大的努力去救護眾生，不受菩薩戒者，不算犯戒，不會有罪；受了菩薩戒者，由於戒中規定（稱為遮止）不以最大努力救護眾生，便有罪，所以稱為遮罪。再如不受菩薩戒者，不學大乘經律並無罪過，受了菩薩戒的人，便不能不學大乘經律了，是遮止你不得不如此者，所以稱為遮戒。

受戒持戒的功德是很大很大的，受戒而不持戒，罪過也是很大的。有賞有罰，乃是必然的道理。受持一戒有一戒的功德，犯破一戒也有犯破一戒的罪過，受持重戒的功德大，犯破重戒的罪過也大。所以我們在受戒的前後，一定要把輕重戒的內容，認識明瞭。

至於輕重戒的名稱，各種戒本有各種不同的稱呼。

以重戒來說，《瓔珞經》稱十條重戒為「十不可悔」，《梵網經》稱為「波羅夷」，《瑜伽論》戒本稱為「他勝處」，《優婆塞戒經》稱六條重戒為「六重法」。

以輕戒來說，《梵網經》稱為「輕垢」，《地持經》名之為「突吉羅」，《瑜伽論》翻為「惡作」，稱為「違越」，《優婆塞戒經》稱為「失意罪」。

這都是根據戒罪的功用及其罪性的分量而立的名稱；名稱雖異，所指則一。《瓔珞經》說：「十重有犯無悔」；犯了輕戒，「得使悔過，對首悔滅」（《大正藏》二十四．一〇二一頁中）。

犯了十重戒沒有懺悔除罪的方法，所以稱為不可悔；犯了重戒等於人斷了頭，不能再以任何的佛法之藥來救治，所以稱為斷頭罪，波羅夷就是斷頭的梵文音譯；犯了重戒，即被他來的外在的敵對的魔法戰勝，所以稱為他勝處。犯輕戒是較重戒為輕的罪業之垢，所以稱為輕垢；突吉羅是梵文音譯，意思是惡作或是惡說；犯輕戒乃是違背並且越出了修持者的心行範圍，所以稱為違越；犯輕戒者，乃是妄念所作，違背了修持者受戒時的意願，所以稱為失意。

第二節　重戒的內容

從本質或原則上說，大、小乘的根本戒是相同的；從幅度或作用上說，大、小乘的根本戒是有差別的。

小乘聲聞的四大根本戒是殺、盜、淫、妄。大乘菩薩的十大重戒，包含了殺、盜、淫、妄，而又超勝了淫、盜、殺、妄。這是大、小乘的同異之處，出發點是相同的，效用上是不同的。

在大乘菩薩戒的六種戒本中，對於重戒條目的舉例與排列，也是各有差別的。

《瓔珞經》與《梵網經》，是相同的十條，《瑜伽論》戒本四條，《地持經》四條，《善戒經》八條，《優婆塞戒經》六條。但其不論四條、六條、八條，均在十條的範圍之內。現將六種戒本的重戒戒目，列表對照如下頁。

六種菩薩戒本重戒戒目表對照

瓔珞經戒本		梵網經戒本		瑜伽菩薩戒本		菩薩地持經戒本		菩薩善戒經戒本		優婆塞戒經戒本	
條數	戒目	條數	戒目	條數	戒目	條數	戒目	條數	戒目	條數	戒目
一	殺戒	一	殺戒					一	殺戒	一	殺戒
二	故妄語戒	二	盜戒					二	盜戒	二	盜戒
三	故淫戒	三	淫戒					三	淫戒	三	大妄語戒
四	故盜戒	四	妄語戒					四	妄語戒	四	邪淫戒
五	酤酒戒	五	酤酒戒							五	酤酒戒
六	說四眾過戒	六	說四眾過戒							六	說四眾過戒
七	故慳戒	七	自讚毀他戒	一	自讚毀他戒	一	自讚毀他戒	五	自讚毀他戒		
八	故瞋戒	八	故慳戒	二	故慳戒	二	慳惜戒	六	貪惜不施戒		
九	自讚毀他戒	九	故瞋戒	三	故瞋戒	三	瞋恚戒	七	瞋恨不息戒		
一〇	謗三寶戒	一〇	謗三寶戒	四	謗菩薩藏戒	四	謗菩薩藏戒	八	謗菩薩藏戒		

菩薩戒重戒的內容，便是三聚淨戒的攝律儀戒，雖然僅列十條，實則已經包括了一切的律儀戒。

以下我們是以《梵網經》菩薩戒本為主要的介紹對象，從梵網戒的介紹中，也會研究到其他各種菩薩戒本。

菩薩戒的十條重戒，乃分屬於身、口、意的三類。在小乘戒中，身、口犯戒有罪，心意犯戒無罪，心意犯戒也不成其為犯戒，所以既不以意業為輕戒，更不以意業為重戒；但在大乘戒中，不唯心意違犯了有罪，甚至會列為重罪。

事實上，身、口二業的成為罪行，主要是由於意業的策畫預謀與操縱，由意業的發動而成為身、口二業者，有惡的，有善的，也有不惡不善的。現在的戒中所戒者，乃是屬於惡的意業，那就是最有名也最可怕的三毒——貪、瞋、癡。菩薩戒的十重，可概括為三業；三業可以歸納為一個意業所統治的三毒。這是以十重戒的重心來分別的。如若詳細分析，每一戒中，都含有三業的成分。

現在為使便於明瞭，就其大概分隸，列如下表：

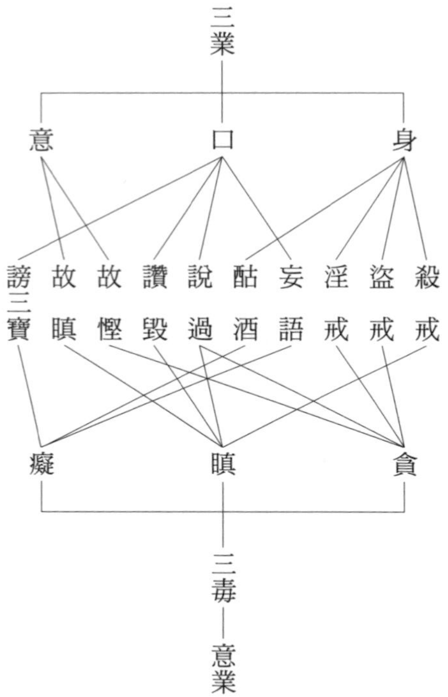

從這一個表上看來，菩薩戒有十條重戒的產生，只是為了一個原因，那就是要對付意業作惡，調伏三毒為害。我們眾生之所以沉淪於六道的生死之海，迷夢於漫漫的長夜之境，也不過是由於意業不善而致三毒為患呀！

十條重戒的犯戒方法，分為三類：有的是自己對他而犯，有的是自己對自己而犯，有的則是他人對自己而犯。

十條重戒的犯戒對象，分為二類：一是有情類，二是非情類。

根據犯破十條重戒的方法及對象，也可列表說明如下：

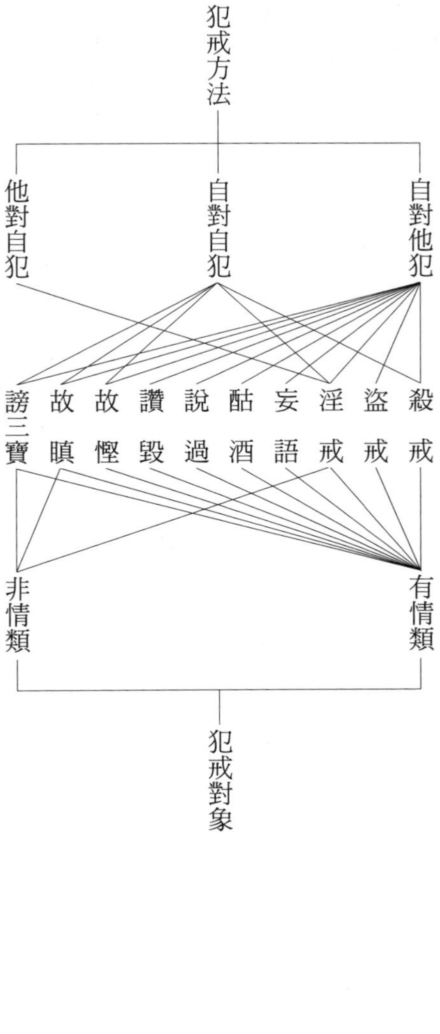

這一個表，需要再加舉例說明。

本來，犯戒得罪，都是由於使得其他眾生受到了損害或煩惱而來，所以，在十條重戒的主要犯戒方法是自對他犯的。但是，也有五條是可以自己對自己犯的，比如自己殺自己便犯殺戒；有的人體軟如棉（如賣藝者），能將自己的生殖器插置自己的口中取樂，便犯淫戒；慳、瞋、謗的三條，比類可知。他對自犯者，只有淫戒一條，比如持戒的人遭受他人強迫淫姦，入時、入已、出時，只要生起並感受一念淫樂之心，便算犯戒。

至於犯戒的對象，本來是以有情的眾生為得罪的主要對象，但有三條，也或可能從非情的事物上得罪，比如姦淫未壞的屍體。既是屍體，已屬沒有覺知的非情物體，但仍可以從未壞的屍體上達到行淫洩欲的目的；所以是從非情物上得犯淫戒的重罪。瞋、謗二條，可以類推。

不過，對於重戒條文的解釋，因為沒有大本的《梵網經》做為根據，自古以來的各家註疏，也多不能獲致統一的觀念。從大體上說，各家的梵網註疏，分為新舊兩派；舊疏以天台智者大師的《菩薩戒義疏》為主，唐代的明曠，明末的蓮池、蕅益、弘贊等注，皆屬舊疏一系。新疏則以賢首法藏大師的《梵網經菩薩戒本疏》為首，唐代的義寂法師《菩薩戒本疏》、太賢《梵網經古迹記》為新疏系。舊疏與新疏的最大不同點，是在對於十條重戒條文的判別；舊疏大體是比照聲聞戒立論的，以為十條戒的條文中所指者，有重也有輕；舉輕而況重，比如殺人犯重，殺異類眾生犯輕。盜五錢以上犯重，盜五錢以下犯輕。大妄語犯重，小妄語則為輕罪。但以新疏而言，以為菩薩之重，重於聲聞，所以「乃至一切有命者，不得故殺」；「乃至鬼神有主劫賊物，一切財物，一針一草，不得故盜」；「乃至不見言見，見言不見，身心妄語」，若犯者均得波羅夷罪。

唯以通常而言，多以舊疏為準。因為《瑜伽論》戒本開有七支性罪，《文殊問經》則以凡起殺、盜、淫、妄的心念，便犯菩薩波羅夷罪；一反一正，那都是就聖位菩薩說的，至於初發心的菩薩，絕難做到如此程度的。要不然，菩薩犯重戒的機會實在太多了。但亦應以新疏的觀點做為警惕，因為我們直到今天為止，還沒有一人確切了解梵網戒的條文所指，究屬何種的意境。

至於各種菩薩戒的重戒條數，為何有多有少？這在法藏大師的《梵網經菩薩戒本疏》中，有這樣的說明。現用語體文，譯介如下（《大正藏》四十．六〇九頁中—下）：

在此《梵網經》中，因為是就七眾弟子共通受持而說的緣故，所以具體地說了十條重戒。《善生經》（即《優婆塞戒經》）是特別為在家的二眾弟子所說，所以將十重之中的前六條列為重戒，又因為在家人對於酤酒給人及說四眾過失的罪行罪過特別容易犯到，所以在四根本重戒之外，又增加了這麼兩條而成為六條重戒；十重之中的後面四條，在家人的犯罪率比較輕微，所以不制為在家之重戒。但是，後面四條，對於出家人，罪過偏重，第五、六兩條，對於出家人則不太嚴重，所以《地持經》（及《瑜伽論》）戒本，只列後面四條為重戒。

又因十條重戒之中，前面四條，於大、小乘都是重戒；第五、第六兩條，於在家出家，都是重戒；後面四條，只有菩薩，才成重戒。

這是法藏大師的解釋，但我覺得尚有一點補充的意見：因為《瓔珞經》與《梵網經》都是屬於頓立戒，所以除了菩薩的特別戒目，尚應列入七眾共通的根本或基礎戒目，所以成為十戒。《瑜伽論》、《地持經》，是漸次戒，是已經受過了七眾基礎的共通戒，所以只標菩薩特重的後四戒就夠了。

至於《優婆塞戒經》，雖也屬於漸次戒，但其已曾明白地標示：「是戒能為沙彌十戒、大比丘戒，及菩薩戒，乃至阿耨多羅三藐三菩提，而作根本。」（《大正藏》二十四．一〇四七頁下）因為這是一切戒法的根本，所以要列前四根本戒，又因為是大乘戒，所以要增加五、六兩條為重戒。說來也巧，《優婆塞戒經》的六重，加上瑜伽本的四重，恰好是《瓔珞經》及《梵網經》的十條重戒。

至於《善戒經》的重戒，是前四條加後四條，成為八條，也許正如法藏大師所說「第五、六兩條，對於出家人則不太嚴重」，所以《瑜伽論》、《地持經》、

《善戒經》的三種戒本均未列入。但是，《善戒經》何以又將前四條列入而成為八條，則不得而知，也許這是由於翻譯者的意思吧？

第三節　輕戒的內容

菩薩的輕戒內容，也就是三聚淨戒的攝善法戒及饒益有情戒。這也是從大體上分的，若以細論，不管重戒、輕戒，每一戒都可能並攝三聚淨戒的成分。

根據義寂法師的《菩薩戒本疏》說：「(瓔珞)經說，攝律儀戒，所謂十波羅夷；攝善法戒，所謂八萬四千法門；攝眾生戒，所謂慈悲喜捨。」又說：「(梵網)四十八(輕)中，前三十戒，多為攝善，後十八戒，多為利生也。」又說：「《地持》四十四(實則四十三)輕戒中，前三十三，亦為攝善，後十一戒為利生。」(《大正藏》四十·六七〇頁上)這也是從大體上分的。因為菩薩戒，尤其《梵網經》菩薩戒的條文，非常特別，在重戒中有輕戒的成分，在輕戒中也有重戒的成分，乃至在一條戒的條文中也包括了好多種並不連貫的意思，所以一定要如何地區別分類，那是很難的事。

根據法藏大師的研究，梵網戒經輕中帶重及一中含多的，現在列舉如下（《大正藏》四十・六三四頁下）：

（一）輕中帶重的有六條：

1.第十一條，通國（及殺生）入軍，戒中含有輕重兩條：為人作差使送信，所以犯輕；因此而致兩軍相殺，所以犯殺重。

2.第十四條，放火損燒，戒中含有輕重兩條：焚燒是犯輕戒；損他財物則為犯盜重。

3.第十七條，依官強乞，戒中含有輕重兩條：依仗官勢所以犯輕；強取他人財物，所以犯盜重。

4.第二十五條，為主失儀，戒中含有輕重兩條：為主而失禮儀所以犯輕；損失三寶財物，所以犯盜重。

5.第三十條，違禁行非，戒中含有輕重兩條：詐現親附之相，所以犯輕；自身毀謗三寶，所以犯重。

6.第三十二條，畜（同蓄）作非法，戒中含有輕重兩條：畜（同蓄）用輕秤小斗，所以犯輕；取人財物等，便犯盜重。

之苦。

（二）一中含多的有十條：

1.第十二條，販賣，戒中有三條：⑴賣良人，⑵賣奴畜，⑶賣棺木等。

2.第二十條，不能救生，戒中有兩條：⑴救生免殺，⑵亡日講法以救亡者之苦。

3.第二十三條，輕新求學，戒中有兩條：⑴受戒儀式，⑵法師依恃自解經律大乘，並與國王等為善友而不答新學菩薩之問。

4.第二十九條，惡伎損生，戒中有六條：⑴賣男女色，⑵自手作食，自磨自春，⑶占相解夢，⑷咒術工巧，⑸調鷹方法，⑹和合毒藥。

5.第三十條，違禁行非，戒中有四條：⑴密謗三寶，⑵為人媒婚，⑶每月六齋日及每年三個長齋月殺生，⑷心（想）及偷盜。

6.第三十二條，畜作非法，戒中有六條：⑴畜刀箭等，⑵輕秤小斗，⑶因勢取物，⑷害心繫縛，⑸破壞成功，⑹養貓狸豬狗。

7.第三十三條，觀聽作惡，戒中有五條：⑴不得看鬪，⑵不得故聽音樂等聲，⑶不得博戲，⑷不得作卜，⑸不得作賊人之使者。

8.第三十七條，故入難處，戒中有三條：⑴頭陀，⑵布薩，⑶坐夏及冬令如法，不入難處等。

9.第三十九條，應講不講，戒中有兩條：⑴教化他人建立塔寺僧房等，⑵教於災難之時，講說大乘經律。

10.第四十條，受戒非儀，戒中有兩條：⑴受戒威儀，⑵僧不禮俗。

我們從這輕中帶重及一中含多的兩大門類的十六條之中，就可知道，《梵網經》輕戒雖僅條列四十八項，實則共有七十九戒。請數一數看：六條帶重，成為十二；十條含多，成為三十五；三十二條，單獨成立。總加起來，豈非七十九戒了嗎？若再加上重戒十條，則成了八十九條《梵網經》的輕重戒相。

輕戒究竟有幾條，根據法藏大師所說，則有下列十種不同的內容（《大正藏》四十·六三四頁中）：

1.《瑜伽論》有四十四戒。
2.《地持經》、《善戒經》二經雖稍有增減，但仍大同《瑜伽論》。
3.《菩薩內戒經》有四十二戒。
4.《善生經》，除六重之外，別有二十八戒。
5.《方等經》，除了二十四種戒之外，另有二十五種制不應作。

6.《梵網經》，大數有四十八戒。

7.若細尋《梵網經》輕戒文字的內容，或有一戒中有多種戒，總論則將近百種了。

8.如以《梵網經》之引文「八萬威儀品中說」，則有八萬種戒了。

9.如照梁朝的《攝論》引《毘奈耶瞿沙羅經》所說，則菩薩戒有十萬種差別。

10.如照《大智度論》所說，略有八萬，廣有塵沙等數。

另外，又見到《藥師經》中說：「菩薩四百戒」（《大正藏》十四．四〇七頁上）的句子，但未見其列出四百戒的條目。

實際上，菩薩戒的內容是包羅一切的，是不能以條文數字來標列的，若有可資標立的範圍，便成了有限，便不能稱性如理；菩薩戒的內容，應該是無極無限的，所以《大智度論》要說：廣有塵沙等數，便是這個道理。各種戒經中所列的條文，只是就其粗者、要者、顯者，舉其大端而已。所以我們也不必僅僅計較於條文的內容及其多少的問題而研究了。但此條文，確是初發心菩薩的心行依準，故也不得忽略，不得不學。為了便於讀者參考，現將五種戒本的輕戒戒目，列表對照如下：

五種戒本輕戒戒目對照表

梵網經戒本 條數	梵網經戒本 戒目	瑜伽菩薩戒本 條數	瑜伽菩薩戒本 戒目	菩薩地持經戒本 條數	菩薩地持經戒本 戒目	菩薩善戒經戒本 條數	菩薩善戒經戒本 戒目	優婆塞戒經戒本 條數	優婆塞戒經戒本 戒目
一	輕慢師長戒	一	慳心不供三寶戒	一	地持經的輕戒，也是四十三條，除其文字譯法有多少詳簡之異而外，所有內容的條目次第，均與瑜伽戒本相同。	一	不供塔像經卷戒	一	不供養父母師長戒
二	飲酒戒	二	貪名利戒	二	地持經中所不同於瑜伽戒本者，乃為在第九與第十條之間，未列因為利他的方便，菩薩可開身口七支性罪的條文。	二	貪著利養戒	二	耽樂飲酒戒
三	食肉戒	三	不敬有德同法戒			三	不敬宿德同學戒	三	不瞻病苦戒
四	食五辛戒	四	不應供受襯戒			四	不漸次受戒戒	四	見乞不與戒
五	不舉教懺戒	五	不受眾寶施戒			五	不受檀越供施戒	五	不承迎禮拜尊長戒
六	不敬請法戒	六	障法施戒			六	入白衣舍不能說法戒	六	見他毀戒心生憍慢戒
七	不聽經律戒	七	障無畏施戒			七	不受重寶施戒	七	不持六齋戒
八	背正向邪戒	八	與聲聞共學戒			八	輕慢障法施戒	八	不往聽法戒
九	不瞻病苦戒	九	與聲聞不共學戒（此戒以內含開七支性罪文）			九	障無畏施戒	九	受僧用物戒
十	畜諸殺具戒	十	味邪命法戒			十	為他乞衣自著戒	十	飲有蟲水戒
十一	通國入軍戒	十一	掉動遊戲戒			十一	不受貴價衣戒	十一	險難獨行戒
十二	傷慈販賣戒	十二	倒說菩薩法戒			十二	默認是賢聖戒	十二	獨宿尼寺戒
十三	無根謗人戒	十三	不護雪譏謗戒			十三	非法戲笑不呵戒	十三	為財打人戒
十四	放火損燒戒	十四	行楚罰戒			十四	妄稱菩薩不樂涅槃不畏煩惱戒	十四	以殘食施四眾戒
十五	法化違宗戒	十五	報復戒			十五	不護雪譏謗戒		
十六	惜法規利戒								
十七	依官強乞戒								

十八	無知為師戒	十六	不悔謝戒			十六	不謙下歸謝戒	十五	蓄貓貍戒
十九	鬥謗欺賢戒	十七	不受懺戒			十七	懷瞋不捨戒	十六	蓄獸不敬施戒
二十	不能救生戒	十八	懷忿不捨戒			十八	與比丘尼同道行	十七	不蓄三衣缽杖戒
二一	無慈酬怨戒	十九	染心御眾戒				戒	十八	作田不求淨水陸
二二	慢人輕法戒	二十	非時睡眠戒			十九	不從非親里尼受		種處戒
二三	輕新求學戒	二一	虛談棄時戒				食戒	十九	販賣斗秤不平戒
二四	背大向小戒	二二	墮慢不求禪法戒			二十	染心御眾戒	二十	非處非時行欲戒
二五	為主失儀戒	二三	不除五蓋定障戒			二一	非時睡眠戒	二一	商賈不輸官稅戒
二六	待賓乖式戒	二四	貪味靜慮戒			二二	虛談棄時戒	二二	犯國制戒
二七	受別請戒	二五	不學小乘法戒			二三	慢心不問師受教	二三	得新食不先供三
二八	故別請僧戒	二六	棄大向小戒				戒		寶戒
二九	惡伎損生戒	二七	捨內學外戒			二四	不對治欲心戒	二四	僧不聽輒自說法
三十	違禁行非戒	二八	專惜異論戒			二五	不學聲聞法戒		戒
三一	見厄不救戒	二九	不信深法戒			二六	棄大向小戒	二五	在五眾前行戒
三二	畜作非法戒	三十	愛恚讚毀戒			二七	捨內學外戒（專	二六	僧食不公分戒
三三	觀聽作惡戒	三一	憍慢不聽正法戒				習外書戒）	二七	養蠶戒
三四	堅持守心戒	三二	輕毀法師戒			二八	不信深法戒	二八	行路見病捨去戒
三五	不發大願戒	三三	不為助伴戒			二九	瞋慢讚毀戒		
三六	不自作誓戒	三四	不往事病戒			三十	不往聽法戒		
三七	故入難處戒	三五	不為宣說障愛語			三一	輕毀法師戒		
三八	眾坐乖儀戒		戒			三二	不為助伴戒		
三九	應講不講戒	三六	有恩不報戒			三三	辱打法師戒		

四十	受戒非儀戒	三七	患難不慰戒			三四	不隨眾生心戒		
四一	無德詐師戒	三八	希求不給戒			三五	不瞻事病人戒		
四二	非處說戒戒	三九	攝眾不施戒			三六	不呵勸惡人戒		
四三	故毀禁戒戒	四十	不隨有情心轉戒			三七	畜白衣物戒		
四四	不敬經律戒	四一	不隨喜讚揚戒			三八	金銀器受食戒		
四五	不化眾生戒	四二	不隨行威折戒			三九	受恩不念戒		
四六	說法乖儀戒	四三	不隨現神力折攝戒			四十	有恩不報戒		
四七	非法立制戒					四一	患難不慰戒		
四八	自壞內法界					四二	畜眾不施四事戒		
						四三	不隨喜讚揚戒		
						四四	床高過八指戒		
						四五	不隨行威折戒		
						四六	不隨現神力折攝戒		

瑜伽、地持、善戒的三種戒本，乃是瑜伽部中同式原本的三種漢譯，所以地持與瑜伽的戒目，幾完全相同。善戒則與瑜伽大致相同而略有出入。善戒本的四、六、十、十一、十二、十四、十八、十九、三十三、三十六、三十七、四十四等十二條是異於瑜伽本的，但在瑜伽本中的八、九、二十四、三十八的四條又異於善戒本的。還有，瑜伽本的十五與十七兩條，善戒本則合為十七的一條；瑜伽的二十七與二十八兩條，善戒則合為二十七的一條。除善戒的條目，係由筆者依經義分別標名而外，梵網、瑜伽、優婆塞戒則為古德所標，唯其個人標目，亦有少許出入，所以本表是綜合各家的標目並查尋其經義而作成的。六種戒本中瓔珞沒有輕戒條文，所以缺列。

第四章　菩薩戒的授受與條件

第一節　最早的菩薩戒法

《梵網經》，據說是因盧舍那佛為妙海王子，受菩薩戒法而來。這是最早的菩薩受戒法。我們人間有此戒本，是由盧舍那菩薩修行此戒而成佛之後，在蓮華台藏世界之中，為了利樂一切眾生的緣故，所以自己把戒本誦出來，傳授給化身佛，在地球出現的釋迦世尊，便是盧舍那的千百億個化身佛之一，由化身佛各就機宜，而為我們這個世界的眾生，方便誦出來的。

在印度的菩薩受戒，始於何時？如何受法？已經無法查考，據說釋迦傳彌勒，再傳二十餘菩薩，次第相傳，而由羅什法師傳來中國。在中國的菩薩戒傳授法，共有兩條主流。

第一條主流是鳩摩羅什的《梵網經》菩薩戒，但只誦出兩卷（？），當時即有沙門慧融、道祥等八百餘人，請羅什法師受菩薩戒。此經是羅什所譯經論中的最後誦出，而由慧融等為之筆受，並不像其他經論的翻譯是「手持梵卷」而口譯經文的。正因未有梵本而只是由羅什口誦，弟子筆受的緣故，致使後人疑為偽出的經本。此經誦出後尚未及修訂潤色與弘揚，羅什三藏就去世了，當時授菩薩戒儀軌的全貌，早已散佚不傳，故也很難詳考。

關於《梵網經》的大本未能來到中國，歷代還相傳著這樣的一個故事：據說真諦三藏，從印度來中國之時，本來也帶了一部《梵網經》大本的梵文本，可是在南海上船的時候，船身就像超載過重而要沉沒，船上將其他的東西搬下去，船身還是要沉，最後只有將梵網菩薩律本搬下船去，船身才能浮起前進，因此真諦三藏便慨歎著說：「菩薩戒律，漢土無緣，深可悲矣！」這也是有關梵網戒本的問題之一，究竟如何，則不得而知。

不過，梵網菩薩戒的原本受法，好像是一位傳一位的，所以只說釋迦傳阿逸多（彌勒），再傳二十餘菩薩，次第相傳，而由羅什法師傳來中國。這與慧融、道祥等八百餘人，同時向羅什法師求受菩薩戒，似乎是不同的。然亦不能斷定，所稱「阿逸多再傳二十餘菩薩」、「而由羅什法師傳來中國」，也可能是指的相傳了二十餘代吧？

第二條主流是曇無讖三藏所傳譯的《菩薩戒本經》，這也出於瑜伽部，因為這一菩薩戒本經的內容，法藏大師說：「今別行地持戒本，首安皈命偈者是也。」（《大正藏》四十．六〇五頁中）

這也有一個故事，法藏大師《梵網經菩薩戒本疏》卷一中是這樣敘述的：「曇無讖三藏於西涼洲，有沙門法進等求讖受菩薩戒，并請翻戒本。讖曰：『此國人等，性多狡猾，又無剛節，豈有堪為菩薩道器？』遂不與授。進等苦請不獲，遂於佛像前立誓，邀期苦節求戒，七日纔滿，夢見彌勒，親與授戒，并授戒本，並皆誦得，後覺已見讖，讖睹其相異，乃喟然歎曰：『漢土亦有人矣！』即與譯出戒本一卷，與進夢誦，文義扶同。」（《大正藏》四十．六〇五頁上—中）

但在《梁高僧傳》卷二的「曇無讖傳」中，所述與此略異，現在照抄如下，用資參考：「初，讖在姑臧，有張掖沙門道進，欲從讖受菩薩戒，讖云：『且悔過！』乃竭誠七日七夜，至第八日，詣讖求受，讖忽大怒。進更思惟：『但是我業障未消耳。』乃戮力三年，且禪且懺，進即於定中，見釋迦文佛與諸大士，授己戒法。其夕，同止十餘人，皆感夢如進所見。進欲詣讖說之，未至數十步，讖驚起，

唱言：『善哉！善哉！已感戒矣。吾當更為汝作證。』次第於佛像前為說戒相。」（《大正藏》五十．三三六頁下）

《梁高僧傳》所述雖與法藏大師所述者略有差異，但有一樁事實是可以證明的，那就是曇無讖曾為漢土沙門受菩薩戒者做為證師。

曇無讖的這一支流，後來曾在中國流行很廣，所以，《梁高僧傳》卷二接著又說：「時沙門道朗，振譽關西，當進感戒之夕，朗亦通夢，乃自卑戒臘，求為法弟。於是，從進受者，千有餘人。傳授此法，迄至于今，皆讖之餘則。」（《大正藏》五十．三三六頁下——三三七頁上）

因此，在智者大師的《菩薩戒義疏》中，所舉受戒法為梵網本、地持本、高昌本、瓔珞本、新撰本、制旨本（《大正藏》四十．五六八頁上），這受戒法的六種本子之中，就有兩種是與曇無讖三藏有關的。一是地持本受戒法，一是高昌本受戒法。《地持經》是曇無讖所譯，高昌本則出於道進派下的高昌人僧遵；尚有南朝宋文帝元嘉末葉，有玄暢法師，宣授菩薩戒法，大略與高昌本相似，稱為暢法師本。由此可見，曇無讖三藏所傳的一支菩薩戒法，在中國的力量是非常盛大的。

說到曇無讖《地持經》，又可使我們追溯到《地持經》及其戒法的來歷問題，據智者大師的《菩薩戒義疏》所述，是這樣的：「《地持經》相傳是彌勒說，原本是燈明佛說，蓮華藏菩薩受持，次第三十餘菩薩傳化，後有伊波勒菩薩，應迹託化，傳來此土。然《地持》是曇無讖所譯，疑讖即是伊波勒，（該《地持經》）第四戒品出受戒法。」（《大正藏》四十．五六八頁上）

這與前面說瑜伽戒本是用彌勒菩薩編集佛所散說於經中者所成，似略有出入。但是，《瑜伽論》、《地持經》同出一源，是沒有問題的；曇無讖是在中國傳授地持一系菩薩戒法的第一位高僧，是沒有問題的；曇無讖系的菩薩戒在中國所形成的盛大力量，也是沒有問題的。

總之，羅什三藏所傳的《梵網經》菩薩戒與曇無讖三藏所傳的《地持經》菩薩戒，不但是中國的兩大主流，在印度也是兩大主流：《梵網經》是自彌勒傳了二十餘菩薩而到中國，《地持經》是自蓮華藏菩薩次第三十餘菩薩傳化而到中國。這不是自始即為兩大主流的明證嗎？但是到了後代的中國，菩薩戒的受戒法，便由瓔珞、梵網、瑜伽的三系而會歸糅合，成為一種合璧式的受戒法了，比如明末讀體見月律師所編的菩薩戒《傳戒正範》，便是采擷諸書而成的一種。

第二節 求受菩薩戒的條件

因為菩薩戒有頓立與漸次的不同，又有在家與出家的不同，對於求受菩薩戒的條件，也就各有寬嚴的不同了，但有兩個主要的條件是必須具備的，那就是：

第一要有感戒之善。

第二要無障戒之惡。

所謂感戒之善，分為兩種：一是菩薩種姓，二是發菩提願。

所謂菩薩種姓，是指大乘的根性而言，如《地持經》所說：「非種性人，無種性故，雖復發心勤精進，必不究竟阿耨多羅三藐三菩提。」（《大正藏》三十．八八八頁上）也就是說：沒有大乘根性的人，雖然能夠發心求受菩薩戒，仍然不能如實實踐菩薩之道的。捨己為人，忘我而利人，便是菩薩根性的菩薩精神，如果沒有這一精神，終究無法達到成佛的目的。

所謂發菩提心或稱發菩薩心，如今佛門中無論使人做什麼，都要說「請你發發心」，這雖並不算錯，卻把發心二字濫用過度了。再說，發心二字是不別善惡的，願作善，固然是發心；想造惡，也算是發心。其實，發菩提願的本意，是指努力精進為善去惡的意志，有了大乘的根性，若無堅強的志願，來促成這一大乘根性的圓滿究竟，雖有大乘根性，也是沒有用處。正像一塊上好的材料，可以做成上等的家具，如果不去加工製作，再好的材料，終也僅是材料而已。所以《地持經》中要說：「若有菩薩種性，而不發心，不修行方便，不能疾成阿耨多羅三藐三菩提。」（《大正藏》三十．八八八頁上）

根據義寂法師的《菩薩戒本疏》而言，感戒之善的內容，另有一種具足三緣而成的規定，即是勝種姓、勝期願、勝行心。勝種姓同於菩薩種姓，勝期願同於發菩提願，勝行心則包括十種要求（《大正藏》四十．六五六頁中—下）：

（一）於無上菩提能生深心。
（二）能盡壽離惡知識近善知識。
（三）能盡壽悔過、隨喜、勸請（佛法）、迴向（眾生）、增長佛道。
（四）能盡壽隨其力能供養三寶。
（五）能盡壽讀誦書寫方等正典，為人解說。
（六）能於孤獨窮苦，若犯王罪，隨力救護，乃至一念生悲心。
（七）能盡壽捨於懈怠，發起精進，勤求佛道。

（八）於五塵中，生煩惱時，能尋制伏。

（九）若於無上菩提生厭退心，於小法中生貪著時，尋除滅。

（一〇）能捨於一切所有，不惜身命。

勝姓、勝願、勝心的三項，配合堪任、加行、大菩提，即稱為菩薩三持，現將感戒之善的內容，列表如下：

菩薩三持	勘任持	勝種姓	菩薩種姓	感戒之善
	加行持	勝期願	發菩提願	
	大菩提持	勝行心	十種要求	

不過，在通常的情形下，在受戒之先的乞戒之時，菩薩法師僅問兩句：「汝是菩薩否？」「汝已發菩提心未？」這也就是探問菩薩種姓及發菩提願的必經手續，至於勝行心中的十種要求是很少問到的。但是，衡之於理，求受菩薩戒者，應該自誓具備這勝行心中的十種要求。

正因為受戒之先，要有感戒之善，事實上，未曾學佛的眾生，並不會知道什麼叫作感戒之善。但以《梵網經》及《瓔珞經》而言，能解法師語的眾生均受得戒。所以《梵網經》輕戒第四十五條要說：「若佛子，常起大悲心，若入一切城邑、舍宅，……若見牛馬豬羊一切畜生，應心念口言：汝是畜生，發菩提心。而菩薩入一切處，山林川野，皆使一切眾生發菩提心。」（《大正藏》二十四．一〇〇九頁上）這就是為使一切眾生皆能知道感戒之善的教化工作。《瓔珞經》卷下也說：「若有人欲來受者，菩薩法師先為解說讀誦，使其人心開意解，生樂著心，然後為受。」（《大正藏》二十四．一〇二一頁中）

根據如此說法，我們在傳菩薩戒之前，那是必須先講菩薩戒的，否則，感戒之善未明未具，如何能夠得戒？今日的傳戒法師，僅迷信燒疤即是感戒之善，可謂不幸！

「感戒之善」，如同可染的布料，必先有了可染的性質（根性）及其須染的要求（發心），才能把顏色染上布去。

現在再講第二個主要的條件：「要無障戒之惡」。什麼叫作障戒之惡？所謂障，便是煩惱障、業障、報障，這是障礙眾生了生脫死行菩薩道的三大障礙。

在菩薩戒的受戒法中，只問七逆（較障比丘的五逆，多了殺和尚與殺阿闍梨的二逆），七逆屬於業障，凡是犯了七種逆罪之中的任何一種者，便不能受菩薩戒，這是主要的障戒之惡。

其實，三障之中，障障都可能成為菩薩的戒障。現將三障障戒的情形，根據義寂的《菩薩戒本疏》所述者，分別介紹如下：

第一，煩惱障有四種（《大正藏》四十．六五六頁下）：

（一）放逸：放逸成性，暫時難改，所以不能受戒。

（二）愚癡：自不善巧，並且依附惡友者，根本不想受戒。

（三）受他束縛：為尊長、丈夫、主人、王、賊、怨家等所拘束者，身心不能自由，所以不能受戒。

（四）生活窮困：時時為了生活擔憂，所以無暇想到受戒。

第二，業障有二種（《大正藏》四十．六五七頁上）：

（一）七逆：所謂七逆，便是《梵網經》所說的七遮：出佛身血、殺父、殺母、殺和尚、殺阿闍梨、破羯磨僧及轉法輪僧、殺聖人（小乘羅漢，大乘初地以上菩薩）。

（二）十重：便是《瓔珞經》及《梵網經》所列的十條重戒。

第三，報障有四種（《大正藏》四十‧六五七頁中）：

（一）地獄。

（二）餓鬼。

（三）畜生中不解法師語者。

（四）北俱盧洲及稟性頑劣、不信因果、意志薄弱的人。

關於這三障的意思，尚須加以說明。煩惱障雖然可能有四種障礙受戒，但在遮難條文中並未列入。義寂法師對此的解釋是這樣的：「不決定故，非如七遮，定不得戒。」（《大正藏》四十‧六五六頁下—六五七頁上）也就是說，煩惱之障可能障戒，但卻不是絕對障戒。

業障之中的七逆罪是不通懺悔的，犯了七逆之罪，不論悔與不悔，今生都不能得戒。如《梵網經》輕戒四十一條所說：「若現身有七遮（逆），師不應與受戒」。輕戒四十條也說：「菩薩法師不得與七逆人現身受戒。」又說：「若具七遮，即現身不得戒。」（《大正藏》二十四‧一〇〇八頁下）

事實上，七逆罪不是人人可犯得到的。生在佛滅之後無從出佛身血；除了受過沙彌戒以上的出家人，沒有和尚可殺（但在印度外道也有和尚、和尚尼）；從未皈依佛教的俗人，沒有闍梨可殺；在家人不夠資格破僧；除了比丘，無人能破轉法輪僧；比丘尼只能破羯磨僧，不能破轉法輪僧。殺聖人的機會很不容易。今世最主要的是殺父、殺母的二逆，出家人則加上殺和尚與闍梨，成為四逆，乃屬主要。但為遵制，問時仍應七逆並問。

至於犯了十重戒，能不能再行受戒，據義寂法師的《菩薩戒本疏》，共有四種不同的說法（《大正藏》四十．六五七頁上—中）：

（一）十重之中的前四條是根本性罪，破則如犯七逆，悔與不悔，現身皆不得戒；其餘六條，若能悔過，便不障戒。

（二）如《梵網經》輕戒四十條中說：「若有犯十（重）戒者，應教懺悔」，「乃至一年，要見好相。好相者，佛來摩頂，見光見華，種種異相，便得滅罪。」（《大正藏》二十四．一〇〇八頁下）滅罪之後，可以重受。

（三）犯前四重，悔過須見好相，便得再受，不見好相者，不得再受；犯後六重，即使不悔，仍可重受而再得戒。

（四）犯十重者，不悔皆是戒障，悔則皆得再受。

但在《瓔珞經》中卻說：「十重有犯無悔，得使重受戒。」（《大正藏》二十

四．一〇二一頁中）這是說：犯了十重是沒有悔過之法的，但卻犯戒失戒，仍可於失戒之後，重新受戒。

至於報障，在受戒法中，也未列入遮難項下。同時，《瓔珞經》說：「六道眾生受得戒，但解語，得戒不失。」（《大正藏》二十四．一〇二一頁中）《梵網經》也說：「畜生，乃至變化人，但解法師語，盡受得戒。」（《大正藏》二十四．一〇〇四頁中）這是說：但能聽懂法師說法的語言意思者，一切眾生，皆可受戒得戒。實際上，就在「解法師語」一個問題上難倒了許多的眾生，由於業報而墮地獄、餓鬼道中的眾生，接受痛苦還來不及，自難有聽法的機會和能力，至於畜生利根而解語者，不是沒有，但總稀少有限；北俱盧洲的人，根本不信佛法；我們這個世界的人類之中，也有許多不敢信佛或不願信佛的人。這都屬於與生俱來的果報障礙。然而，畜生中有解語的眾生，地獄中有罪輕的眾生，鬼道中也有有福的眾生；這些眾生，都是能夠受菩薩戒的，所以報障一門，對於受菩薩戒來說，也不是決定不能得戒的。但是我們應該知道，這是戒障的一門。

「障戒之惡」，如同抗藥性極強的病毒，若有此類病毒存在於人體之內，吃藥進補，都是無法生效無法受補的。七逆罪的性質，大概可用今日醫藥界最感頭痛的病毒來相比吧？

現在再將求受菩薩戒的主要條件列表如下：

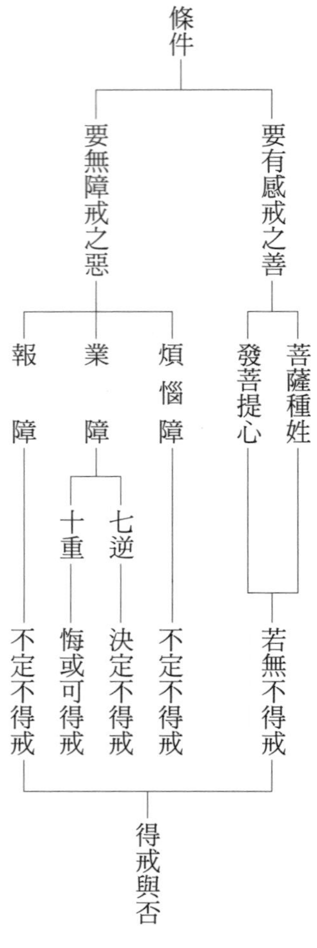

第三節　菩薩戒的師資問題

因為菩薩戒本有好多種，所以，師資的問題也各有不同。其中以《瓔珞經》的要求最寬：「其師者，夫婦六親，得互為師授。」（《大正藏》二十四．一○二一頁中）也就是說：凡是受了菩薩戒的人，不論僧俗，即使在自家的夫妻及六親之間，也可以互相授受菩薩戒法。然據義寂法師的解釋，則說：「在家戒或可如經，出家五眾，必須具德。」（《大正藏》四十．六五九頁上）

《優婆塞戒經》的要求很嚴：「滿六月日，親近承事出家智者，智者復應至心觀其身四威儀（行、住、坐、臥），若知是人，能如教作，過六月已，和合眾僧，滿二十人，作白羯磨。」（《大正藏》二十四．一〇四九頁上）才能為授大乘五戒及六重二十八輕的菩薩戒。

羅什所傳的《梵網經》受戒法則說，為師必是出家菩薩，具足五德（《大正藏》四十．五六八頁上）：

（一）堅持淨戒。

（二）（戒）年滿十臘。

（三）善解律藏。

（四）妙通禪思。

（五）慧藏窮玄。

又說另有四德者：

（一）同法菩薩——表示不是學小乘者。

（二）已發大願——表示不是未發菩提心者。

（三）有智有力——表示對於經律的文義，能解能持者。

（四）於語表義，能授能開——表示能以言語明辨，說法授人，使人心開而會解者。

在《地持經》中，則說：必須戒德嚴明，善解三藏，堪能使他發起敬信之心者，方可向其求受菩薩戒。（《大正藏》四十．五六八頁上）

在《善戒經》中則更有細密的要求：「若不信者，不應從受；慳者，貪者，不知足者，破戒、汙戒、不敬重戒、喜貪瞋者，無忍辱者，不能為他遮罪咎者，懈怠、懶惰、貪受世樂、樂說世事、乃至不能一念之頃念於三寶，疑網、癡闇、不能讀誦菩薩法藏、菩薩摩夷及生誹謗，如是之人，不應從受。」（《大正藏》三十．一〇一四頁下）

以此可見，要做一個如法的菩薩戒師，實在很不容易！

至於做為一個菩薩法師的態度，在《梵網經》中，尚有要求：

（一）輕戒二十三條：「若法師，自倚解經律、大乘學戒，與國王、太子、百官以為善友，而新學菩薩來問，若經義律義，輕心、惡心、慢心，不一一好答問

者，犯輕垢罪。」（《大正藏》二十四．一〇〇六頁下）

（二）輕戒四十條：「與人受戒時，不得簡擇，一切國王、王子、大臣、百官、比丘、比丘尼、信男、信女、婬男、婬女、十八梵天、六欲天子、無根（沒有生殖器者）、二根、黃門（性器官男女難辨或喪失功能者）、奴婢、一切鬼神，盡得受戒。」（《大正藏》二十四．一〇〇八頁中）

（三）輕戒四十一條：「教誡師於是（菩薩戒）法中，一一好解。若不解大乘經律（的）若輕若重，是非之相，不解第一義諦、習種性、長養性、不可壞性、道種性、正法性，其中多少，觀行出入，十禪支，一切行法，一一不得此法中意。而菩薩為利養故，為名聞故，惡求多求，貪利弟子，而詐現解一切經律；為供養故，是自欺詐，亦欺詐他人。故與人受戒者，犯輕垢罪。」（《大正藏》二十四．一〇〇八頁下——一〇〇九頁上）

（四）輕戒四十六條：「法師比丘不得地立為四眾說法。若說法時，法師高座，香花供養，四眾聽者下坐。」（《大正藏》二十四．一〇〇九頁中）

另有一個問題，也是直到如今尚待研究的問題，那就是授戒的戒師，究竟該有幾位？

在《地持經》及《瓔珞經》中，都說只有一位戒師。

在《梵網經》輕戒第四十一條卻說：「見欲受戒人，應教請二師：和上（同和尚）、阿闍梨。二師應問言……。」（《大正藏》二十四．一〇〇八頁下）可見應該有二位法師，但在《梵網經》受戒法中，也只有一師。蕅益大師〈毘尼後集問辯〉中有這樣的說明：「若準經文，似須二師，然《瓔珞》、《地持》，並止一師。又《梵網》受法，傳自什師，載於義疏，亦止一師。所云請二師者，恐即是請佛菩薩耳。所云應如法供養二師，及弒二師成逆，則偏指比丘戒等二師亦可。」（《卍續藏》一〇六．九二〇頁下）蕅益大師的這一意見是根據智者大師的《菩薩戒義疏》而來的，但是智者大師對此尚有疑問，他說：「文又云：『二師應問言：汝有七遮罪否？』似非指佛。」（《大正藏》四十．五六七頁下）這在蕅益大師未有解說，直到現在，仍未得到明解！

依照菩薩受戒法的內容來看，菩薩戒的和尚是本師佛，在地球上說，釋迦佛之後，彌勒佛之前，釋迦便是我們的本師佛，所以釋迦就是菩薩戒的得戒和尚，文殊菩薩為羯磨師，彌勒菩薩為教授師，一切如來為尊證，一切菩薩摩訶薩為同學。至於菩薩法師，僅負教誡、啟發及旁證的職責，所以《梵網經》輕戒四十一條稱菩薩法師為「教誡師」，在《優婆塞戒經》等則稱戒師為「智者」，曇無讖為道進傳菩薩戒，也只是「作證」而已。

至於「二師應問言」的「二師」，究作何解，我想只有一種可能，那就是或由於傳抄過程中造成的錯誤，或可能是哪一位抄經者把「法師」錯寫成了「二師」。除此以外，便無法找到更為恰當的理由來解釋這「二師」兩字的意義所指了。

但是，對於「二師」兩字，各家註疏，都有寶貴的意見：

（一）法藏大師說：「此有二義：一謂於人中請此二師，受菩薩戒，如受沙彌十戒法；二遙請本師釋迦佛等為和上（同和尚），親請傳戒師為闍梨。」法藏大師接著又引列論證說：「《善戒經》云：『師有二種，一是不可見，謂佛菩薩僧是；二可見，謂戒師是。』從是二師得菩薩戒。又《普賢觀經》請三師（《大正藏》為「請五師」，當誤）者，於不可見師中請也。《瑜伽》等中請一師者，唯望可見師說也。」（《大正藏》四十．六五二頁下）

（二）義寂法師說：「謂與他人作受戒師，應正制和上（同和尚），始終親教是和上故……又須一人作羯磨師故，更教令請一人為阿闍梨……義同聲聞沙彌受法。」（《大正藏》四十．六八五頁下）

（三）太賢《梵網經古迹記》中說：「應教請二師者，和上（同和尚）是得戒之本，阿闍梨耶得戒因緣故；《普賢觀經》請三師者，生慇重故；《喻（瑜）伽》唯請一師者，一人能作多事義故。」（《大正藏》四十．七一六頁中）

實際上，各位古德所見，各有可貴之處，然對「二師應問言」一句，皆未抓到癢處，不論可見不可見的戒師，此「二師應問言」，必須是現前受戒時的現前師，絕不能牽扯到不可見的佛菩薩身上去，也不可聯想到親教和尚及羯磨闍梨身上去。單以菩薩而說，除了教誡法師是現前受戒時在場的，和尚佛及菩薩闍梨是不可見的，但也沒有另以比丘法師來代替佛及菩薩為和尚與闍梨的必要，且也是代不得的。

第五章　菩薩戒的秉受方法

第一節　秉受菩薩戒的種類

根據《瓔珞經》卷下說：「受戒有三種受：一者諸佛菩薩現在前受，得真實上品戒；二者諸佛菩薩滅度後，千里內有先受戒菩薩者，請為法師教授我戒，我先禮足，應如是語：『請大尊者為師，授與我戒。』其弟子得正法戒，是中品戒；三，佛滅度後，千里內無法師之時，應在諸佛菩薩形像前，胡跪合掌，自誓受戒。……是下品戒。」（《大正藏》二十四．一〇二〇頁下）

根據《梵網經》輕戒二十三條則說：「佛滅度後，欲以好心受菩薩戒時，於佛菩薩形像前自誓受戒，當七日佛前懺悔，得見好相，便得戒，若不得好相，應二七三七乃至一年，要得好相，得好相已，便得佛菩薩形像前受戒，若不得好相，雖佛像前受戒不得戒；若現前先受菩薩戒法師前受戒時，不須要見好相，何以故？以是法師，師師相授故，……以生重心故，便得戒；若千里內無能授戒師，得佛菩薩形像前受戒而要見好相。」（《大正藏》二十四．一〇〇六頁下）

綜合《瓔珞經》與《梵網經》所說，觀點大同而有小異。《瓔珞經》列舉三種受戒法：從佛現前受為上品；佛後從師受為中品；無師自誓受為下品。《梵網經》雖未提及在佛現前受，但已明白表示在「佛滅度後」有師前受及自誓受的兩種，實則也暗示了在佛現前受的一種方法，這與《瓔珞經》是相同的；但在《瓔珞經》自誓受的項下，並未說明需要見好相（佛來摩頂、見光見華），《梵網經》則一再地指出需要見到好相，方能自誓受戒而得戒，否則便不得戒。

這也是歷來古德們所感到頗費索解的問題之一。但是，自誓受戒，究竟要不要取得好相，明末的蕅益大師在〈毘尼後集問辯〉中，有一折衷的解釋，他說：「今人求戒，大須自審，果能念念與悲智相應，上荷正法，下憫含生，便可直遵《瓔珞》、《地持》，設不遇師，亦得自受；如或雖希佛道，悲智未深，則須秉持《梵網》法門，千里無師，必求好相；更或現有明師，心存憍慢，不從求受，別向像求，斯則（《瓔珞》、《梵網》）兩經咸所不聽，五悔終不成功。」（《卍續藏》一〇六．九二〇頁上）

根據智者大師的《菩薩戒義疏》，把受戒的方法，分為三類（《大正藏》四十・五六七頁下）：

第一，對諸佛受戒，此有二種：

（一）真佛：如妙海王子從盧舍那佛受菩薩戒。

（二）像佛：金、銅、木、石、泥、畫等像，千里內無師，許向佛像求得好相自誓受。

第二，對聖人受戒，此亦有二種：

（一）真聖：十地菩薩及等覺大士，現前之時，可對之為緣，故宜發戒。

（二）像聖：即菩薩形像，如果單以菩薩形像，恐會成為遊漫之過。《地持經》則單說佛像，未說菩薩像，《梵網經》、《瓔珞經》中說佛菩薩者，是佛邊有菩薩的意思。

第三，對凡夫法師受戒。

佛滅度後，如要求受菩薩戒，雖有從師及自誓的兩種法門，實則是以從師受戒為正為本，自誓受戒，乃是不得已時的一種方便法門。

如果目空一切，以為無人夠格做為自己的戒師而自誓於佛菩薩像前受，那是很難得戒的。

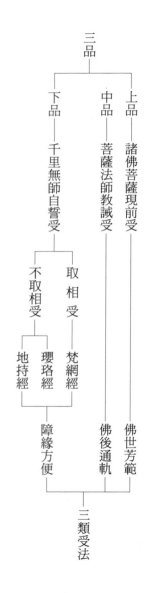

現將秉受菩薩戒的種類，列表如下：

- 三類受法
  - 三品
    - 上品——諸佛菩薩現前受——佛世芳範
    - 中品——菩薩法師教誡受——佛後通軌
    - 下品——千里無師自誓受——障緣方便
      - 取相受——梵網經
      - 不取相受
        - 瓔珞經
        - 地持經

另有，菩薩戒也可以跟五戒一樣，可以全部受，也可以隨分受。這是出於《瓔珞經》卷下所說：「有受一分戒，名一分菩薩，乃至二分、三分、四分，十分，名具足受戒。」（《大正藏》二十四・一〇二一頁中）這在太賢《梵網經古迹記》卷下，有著較為詳細的說明：「一分受：隨其受者，意樂所堪，或受一戒，或多，皆得成戒，名為菩薩。不同聲聞，必總受持，若其一分，不名比丘，謂令現身得阿羅漢，圓滿軌則，建立學處，十戒、具戒，各必總受。……菩薩不爾，隨分戒故，謂凡必無現身成佛，要經無數大劫修故。……雖但解語，唯受一戒，猶勝二乘一切功德。羅漢功德，但為自身，於有情界，無有恩分；菩薩一戒，為度一切，無一眾生不荷恩故。」（《大正藏》四十．七〇〇頁中）這對於隨分受持菩薩戒的道理，說得已夠明白了。菩薩戒的功德是從一切眾生身上得的，比如持一殺戒，便於一切眾生分中皆能得一不殺的功德，所以功德大；小乘戒只為自身不受生死而戒造作生死之因的種種過惡，單為自己了生死著想，非為度生著想，所以功德小。成佛是多生多劫的大事偉業，菩薩道是成佛之因，所以菩薩不求即生成佛，隨分受戒沒有關係；羅漢是可以即生修證的，所以不可隨分受戒。當然，菩薩戒是歡迎眾生去作滿分受的，所謂滿分受，便是總受三聚淨戒的一切戒法。

第二節　誓受戒法

弘一大師的〈菩薩戒受隨綱要表〉中說：「自誓受戒文，見《瑜伽師地論》。《梵網》須見好相；若依《占察經》、《本業經》及《瑜伽論》，則可直受。」關於取相不取相的問題，已在上節討論。

自誓受戒，究竟如何受法？現在且將弘一大師依經錄出的〈菩薩瓔珞經自誓受菩薩五重戒法〉一種，照抄如下，用供參考：

初、禮敬三寶

一心敬禮，過去世盡過去際，一切佛。
一心敬禮，未來世盡未來際，一切佛。
一心敬禮，現在世盡現在際，一切佛。
一心敬禮，過去世盡過去際，一切法。
一心敬禮，未來世盡未來際，一切法。
一心敬禮，現在世盡現在際，一切法。
一心敬禮，過去世盡過去際，一切僧。
一心敬禮，未來世盡未來際，一切僧。
一心敬禮，現在世盡現在際，一切僧。

二、受四依

從今時，盡未來際身，皈依佛，皈依法，皈依賢聖僧，皈依法戒。（三說）

三、悔罪

若現在，身口意，十惡罪，願畢竟不起，盡未來際。
若未來，身口意，十惡罪，願畢竟不起，盡未來際。
若過去，身口意，十惡罪，願畢竟不起，盡未來際。
如是悔過已，三業清淨，如淨琉璃，內外明照。（案：此亦應三說）（發〈四弘誓願〉）

四、自誓受戒

我某甲（名字），白十方佛，及大地菩薩等，我學菩薩五重戒。（三說）

五、說戒相

從今身至佛身，盡未來際，於其中間，不得故殺生。若有犯，非菩薩行，失四十二賢聖法，不得犯，能持否？——能。

從今身至佛身，盡未來際，於其中間，不得故妄語。若有犯，非菩薩行，失四十二賢聖法，不得犯，能持否？——能。

從今身至佛身，盡未來際，於其中間，不得故婬。若有犯，非菩薩行，失四十二賢聖法，不得犯，能持否？——能。

從今身至佛身，盡未來際，於其中間，不得故盜。若有犯，非菩薩行，失四十二賢聖法，不得犯，能持否？——能。

從今身至佛身，盡未來際，於其中間，不得故酤酒。若有犯，非菩薩行，失四十二賢聖法，不得犯，能持否？——能。

六、歎戒德

受戒已，過度四魔，越三界苦，從生至生，不失此戒，常隨行人，乃至成佛。（迴向）

弘一大師這一自誓受戒法，可能是參考蕅益大師依照《梵網經》、《瓔珞經》、《地持經》等經重定的受菩薩戒法而來，因這兩種受戒法的編訂方式，大致相同。唯其詳略各異，且弘一大師乃以《瓔珞經》的內容為主的。

第三節　依師受戒法

依菩薩法師受菩薩戒的儀軌，自羅什三藏及曇無讖三藏以來，各家參合編訂的，不下十數種之多。智者大師的《菩薩戒義疏》中，就已列舉了梵網本、地持本、高昌本、瓔珞本、新撰本、制旨本的六種，且有玄暢法師本，尚未列入六種之中。此後又有義寂法師、靈芝律師、見月律師、蕅益大師等，均有編訂，直至目前，又有近人續明法師編訂了一種。續明法師非常推尊蕅益大師的受戒法，他說：

「授菩薩戒儀規，歷代編訂而見行於今日者，有十數種之多。大抵均宗本《瓔珞經》、《梵網經》、《瑜伽·戒品》及古高昌本粲會而成……《天台菩薩戒疏》，出一十二門，湛然大師有〈授菩薩戒儀〉，次第全同，文句稍異。蕅益大師有〈重訂授菩薩戒法〉，載於《律要後集》，堪稱『詳簡適中』；唯流行不普，甚少見聞。」（見《戒學述要》）

但據弘一大師的〈菩薩戒受隨綱要表〉中說：「諸師所立儀軌不同，宋靈芝律師所撰，最為美備，載《芝苑遺編》中。」

筆者不比古德及時賢們更為高明，故也不敢再為編訂一種新的菩薩受戒法。雖然以其需要而論，文言文的受戒法，都不合於今人來運用，因為文言文的內容，在受戒之時不容易一聽就懂，既不易一聽就懂，受戒也就不能得戒了。但我還是不敢貿然下筆，從事語體文受戒儀軌的編訂。因此，只好為讀者們介紹幾種受人推崇的受戒法，以供參考及運用。

（一）傳授菩薩戒正範

這是由明末見月律師所編訂，他說這是「《菩薩瓔珞本業經》及彌勒菩薩所說〈菩薩戒羯磨文〉中俱明，故今會合加儀，遵行有據」的。唯其行文多且長，乃是一種適用於大場面中集體受戒的儀軌，這也是近世流通最廣的一種。因其文義太長，在此只能錄其門類如下（《卍續藏》一〇七・一一〇頁上—一二二頁下）：

第一，明敷座結壇法

第二，明請師入壇法

第三，明禮敬三寶法

第四，明正請師法

第五，明開導戒法

第六，明請聖法

第七，受四不壞信

第八，懺悔過法

第九，明發願法

第十，明發戒體法
第十一，明宣戒相法
第十二，結讚迴向

（二）授大乘菩薩戒儀

這就是被弘一大師讚為「最為美備」的一種，這是靈芝律師元照所撰的一種，被收集於《芝苑遺編》卷中（《卍續藏》一〇五．五三五頁下—五四七頁上）。在受戒儀軌之前，約有二千字的說明，分別開示菩薩戒的由來及其種類，並說明戒法、戒體、戒行、戒相的意義。至於受戒儀軌的篇幅，除了未將四十八輕的戒相列入，不比《傳戒正範》為少，但其除將十重條文列出而外，輕戒只略說三條——一是飲酒戒，二是食眾生肉戒，三是食五辛戒。這也可見靈芝律師，特別重視這三條有關吃的輕戒的緣故。

以我看來，靈芝律師編訂的這一儀軌的內容，的確是非常「美備」的，文字簡鍊，內容充實，幾乎把菩薩戒的各種要義儀節都包羅在裡面了。這與《傳戒正範》

的大不同處，是在場面的鋪設，既可用作多人同時秉受，也可用作單為一人秉受；還有，對於戒師的人數，也只主張「今但請闍梨授戒師耳」（《卍續藏》一〇五．五三八頁下）的一位，《傳戒正範》，則與受比丘戒相同，須請三師登壇，正中是菩薩戒法師，兩旁是二位闍梨，這是根據《普賢觀經》而來。所以靈芝律師的儀軌，比較沒有那麼大的排場；還有一點不同的，《傳戒正範》列為十二門，靈芝律師只列十門。因其篇幅太多，這裡也只能介紹十門的綱目了（《卍續藏》一〇五．五三八頁上—下）：

第一，求師授法
第二，請聖證明
第三，歸佛求加
第四，策導勸信
第五，露過求悔
第六，請師乞戒
第七，立誓問遮
第八，加法納體

第九，說相示誡
第十，歎德發願

（三）重定授菩薩戒法

這是蕅益大師編訂的，內容簡單而扼要，可惜殊少流通，更少有人應用，故願將其全文抄錄如下（《卍續藏》一〇六．九〇七頁上—九〇九頁下），以廣宣傳，並願有人採用。這對於今日的時代社會而言，節省時間而又能夠如法受戒，是非常可貴的事。以下是其原文，夾註號內是儀軌的說明，無夾註號的是儀軌的白詞。原本沒有夾註號，是用小字加註，現在為了排版方便，所以酌為改用夾註，希諸讀者明鑒！

（若諸菩薩，欲學菩薩三聚淨戒，或是在家，或是出家，先於無上菩提，發弘願已，審求功德具足，有智有力，菩薩法師，先禮雙足，偏袒右肩，膝輪據地，合掌恭敬，作如是請：）

大德憶念，我某甲，於大德所，乞受一切菩薩淨戒，惟願須臾，不辭勞倦，哀

愍聽授。（如是三說）

（既請師已，乃往像前燒香致敬，或復清眾為舉香讚，香讚既畢，一心恭敬，向十方三寶，翹勤禮拜：）

一心頂禮，過去世盡過去際，一切諸佛。

一心頂禮，未來世盡未來際，一切諸佛。

一心頂禮，現在世盡現在際，一切諸佛。

一心頂禮，過去世盡過去際，一切尊法。

一心頂禮，未來世盡未來際，一切尊法。

一心頂禮，現在世盡現在際，一切尊法。

一心頂禮，過去世盡過去際，一切賢聖。

一心頂禮，未來世盡未來際，一切賢聖。

一心頂禮，現在世盡現在際，一切賢聖。

（各一禮已，次復謙下恭敬，膝輪著地，對佛像前，合掌請師：）

惟願大德哀愍，授我菩薩淨戒。

（請已，專念一境，長養淨心，作是思惟：我今不久當得無盡無量無上功德藏。爾時戒師應問言：）

善男子聽！汝是菩薩否？（答言）是。

發菩提願未？（答言）已發。

善男子聽！汝等今者，欲於我所，受諸菩薩一切學處，受諸菩薩一切淨戒。謂攝律儀戒、攝善法戒、饒益有情戒。如是學處，如是淨戒，過去一切菩薩已具，未來一切菩薩當具，普於十方現在一切菩薩今具。於是學處，於是淨戒，過去一切菩薩已學，未來一切菩薩當學，普於十方現在一切菩薩今學。汝能受否？（答言）能受。

（如是三問答已，次應語言：）

佛子！應受四不壞信：

（此下皈依、悔過、發願三節，皆應自說，如或不能，師應教授：）

從今時，盡未來際身，皈依佛、皈依法、皈依賢聖僧、皈依正法戒。（如是三說）

佛子！次應悔三世罪：

若過去，身口意，十惡罪，願畢竟不起，盡未來際。

若現在，身口意，十惡罪，願畢竟不起，盡未來際。

若未來，身口意，十惡罪，願畢竟不起，盡未來際。（如是三說）

佛子！如是悔過已，三業清淨，如淨瑠璃，內外明照。

次應發〈四弘誓願〉：

眾生無邊誓願度，煩惱無盡誓願斷，法門無量誓願學，佛道無上誓願成。（如是三說）

佛子！既發弘誓願竟，我當為汝啟白三寶，證明受戒。汝應一心善聽，作意諦思。當知初番白竟，十方世界，妙善戒法，由心業力，悉皆震動；二番白竟，十方世界，妙善戒法，如雲如蓋，覆汝頂上；三番白竟，十方世界，妙善戒法，從汝頂門，流入身心，充滿正報，盡未來際，永為佛種。此是無作戒體，無漏色法，由汝增上善心之所感得，是故汝應至誠頂受。

（爾時受戒者，胡跪如故，戒師起座，對佛像前，普於十方現在三寶，恭敬供養，頂禮合掌，作如是白：）

仰啟十方，無邊無際，諸世界中，諸佛菩薩，今於此中，現有某甲菩薩，於我某甲菩薩所，乃至三說，受菩薩戒，我為作證。惟願十方，無邊無際，諸世界中，

諸佛菩薩，第一真聖，於現不現，一切時處，一切有情，皆現覺者，於此某甲受戒菩薩，亦為作證。（如是三說）

（次應復座，為說十重戒相，勸持。）

善男子聽！菩薩有十無盡戒，若有犯者，非菩薩行，失四十二賢聖法。汝應諦受：

從今身至佛身，於其中間，不得故殺生，能持否？（答言）能。

從今身至佛身，於其中間，不得故偷盜，能持否？（答言）能。

從今身至佛身，於其中間，不得故婬欲，能持否？（答言）能。

從今身至佛身，於其中間，不得故妄語，能持否？（答言）能。

從今身至佛身，於其中間，不得故酤酒，能持否？（答言）能。

從今身至佛身，於其中間，不得故說在家出家菩薩罪過，能持否？（答言）能。

從今身至佛身，於其中間，不得故自讚毀他，能持否？（答言）能。

從今身至佛身，於其中間，不得故慳，能持否？（答言）能。

從今身至佛身，於其中間，不得故瞋，能持否？（答言）能。

從今身至佛身，於其中間，不得故謗三寶藏，能持否？（答言）能。

佛子！受十無盡戒已，其受者過度四魔，越三界苦，從生至生，不失此戒，常隨行人，乃至成佛。當知如是菩薩所受淨戒，於餘一切所受淨戒，最勝無上，無量無邊大功德藏之所隨逐，第一最上善心意樂之所發起，普能除滅於一切有情一切種惡行。一切別解脫律儀，於此菩薩律儀戒，百分不及一，千分不及一，數分、計分、算分、喻分，乃至鄔波尼殺曇分（此譯近少，謂微塵，是色之近少分也），亦不及一，攝受一切大功德故。

（受授菩薩俱起，頂禮十方三寶。清眾同稱：）

受戒功德殊勝行，無邊勝福皆迴向；普願沉溺諸眾生，速往無量光佛剎；十方三世一切佛，諸尊菩薩摩訶薩，摩訶般若波羅蜜。

（禮三寶畢，受戒菩薩次應禮謝戒師，及諸大眾，恭敬而退。）

跋語：

竊觀比丘受戒，律有定式，五部雖殊，大同小異，故應專遵《四分》，削後竄之繁文。菩薩受法，經論各異，《梵網》、《瓔珞》、《地持》、《善戒》，以及《心地觀》等，被機既別，詳略互殊。是以制旨教行等，各抒己意，增設科條，雖辭美意詳，並殫其致，然或義因文隱，反不若經論之痛快直捷。今《梵網》受法，已失其傳，僅存影略，惟《地持》、《瓔珞》，的可依承。敬酌三家，會成一式，庶俾詳簡適中，而授者受者，皆得明白簡易，以免紊雜之過耳。

——以上是蕅益大師重定受戒法的全文，因我覺得這是所有古德所編菩薩受戒儀軌中最切乎要求的一種，所以不厭其煩地全部抄錄於此。同時，為了明白其編訂的出發點與目的起見，故將其文後的跋語，也一併抄錄下來，用饗讀者。

最後，我要介紹近人續明法師所編訂的一種，它也簡單扼要。蕅益大師的，尚有一點缺憾，就是未列「問遮難」一門，僅有感戒之善而不問障戒之惡，除非事先已經告知戒師，未犯七逆之罪，否則是不可以的。然在續明法師所編訂的受戒法之中，共分十二門，「問遮」，便是其中的一門，這是可取的。

第六章　受了菩薩戒之後

第一節　菩薩戒的持犯與得失

既然受了菩薩戒，就該明白持犯與得失的問題了。菩薩戒與聲聞（小乘）戒的最大不同處，有兩點：一是持戒的對象，二是受持的時間。

前面已經約略說過，菩薩雖持一戒，要比小乘持具足戒的功德更大，因為菩薩戒的每一戒都是「無盡戒」；持一戒，即在一切眾生分上得到持戒功德，眾生之數無量，持戒的功德也就無盡了，所以受持菩薩戒的功德之大，大得無法比喻。所以《瓔珞經》卷下說：「法師能於一切國土中，教化一人出家受菩薩戒者，是法師其福勝造八萬四千塔。」又說：「其受戒者，入諸佛界菩薩數中，超過三劫生死之苦。」又說：「有而犯者，勝無不犯；有犯名菩薩，無犯名外道。」（《大正藏》二十四．一〇二一頁中）

可知，教化他人出家受菩薩戒的功德是很大的，自己受菩薩戒的功德，那就更大了。有人以為受戒固然功德很大，犯戒的罪過也是很大，唯恐受了戒不能堅持不犯，所以沒有勇氣受戒，但在這裡卻明白地告訴你：「有而犯者，勝無不犯。」為什麼呢？這就是菩薩戒的功德作用了，因為持戒是對一切眾生持的，所以在一切眾生中有功德，犯戒則絕不可能對一切眾生而犯。比如犯殺生戒，即使天天殺，時時殺，也不可能殺盡一切眾生；殺一眾生，僅於一個眾生身上得罪，殺生有罪，卻沒有在一切眾生身上得罪。所以又說：「有犯名菩薩，無犯名外道。」所以又稱菩薩戒為「四十二賢聖法」，四十二個階位的菩薩（三十賢位加十二聖位），是由於受持了菩薩戒而得。所以《華嚴經》要說：「戒是無上菩提本。」（《大正藏》九．四三三頁中）《梵網經》要說：「微塵菩薩眾，由是成正覺。」（《大正藏》二十四．一〇〇四頁上）

第二個問題，便是受持的時間。小乘戒有五種因緣捨失戒體：1.命終，2.二形（男女根變性），3.斷善根，4.作法（對解語之同法比丘，乃至一個俗人宣布捨戒），5.犯重（犯四根本戒）。但在菩薩是不同的，菩薩戒不是「盡形壽」受持，而是「盡未來際」受持，所以命終不捨戒，菩薩不拒性別與變性之人，所以二形不失戒。菩薩戒只有在兩種情形下失戒：一是犯了重戒，二是故意捨去大菩提心。犯重戒有兩種：一是破重戒，是以上品煩惱纏犯（如故意殺人）；二是汙重戒，是以中品煩惱纏犯（如過失殺人，不加注意而誤殺人）。破重戒者，便失菩薩戒，汙重戒者，尚可依法悔過。所謂上品煩惱纏犯，《瑜伽論》中有這樣的說明：「若諸菩薩，毀犯四種他勝處法，數數現行，都無慚愧，深生愛樂，見是功德，當知說名上品纏犯。」（《大正藏》三十．五一五頁下）故捨大菩提心，即是對人宣布不做菩薩了，或者不相信有菩薩行了，或者以為大乘不如小乘好而不學大乘法了，乃至不信佛法而信外道了，這都成為捨菩薩戒的因緣。

《優婆塞戒經》卷七則說：「捨戒有六：一者斷善根時，二者得（男、女）二根時，三者捨壽命時，四者受惡戒（如發誓做職業凶手）時，五者捨戒時，六者捨欲界身時。」（《大正藏》二十四．一〇七一頁中）但是我們已經說過，優婆塞戒，不能算即是菩薩戒，所以它有獨特的說法。

事實上，《瓔珞經》又說菩薩戒是「有犯不失」的；菩薩戒一經受得之後，從生至生，直至成佛，都是永遠隨逐的，因為戒體是一種無形狀無表象的無漏色法（物質體），當它一經熏上了我們的本性理體之後，只有被遮沒的可能，卻沒有失落的可能了。所謂犯了重戒失戒，那只是因受惡法陰影的遮沒而失去了戒體的功能，並不即是戒體從我們的本性理體上失落，這是應當明白的。所以《梵網經》許可犯了十重的人，於佛像前懺悔過惡而取相重受；《瓔珞經》則直言：「十重有犯無悔，得使重受戒。」（《大正藏》二十四．一〇二一頁中）《瑜伽論》也是直說：「以上品纏違犯如上他勝處法，失戒律儀，應當更受。」（《大正藏》三十．五二一頁上）此所以「重受」或「更受」，乃是以外在的佛菩薩（他）力，來引發先前曾熏受的戒體，使之恢復其戒力功能而已。

正因為菩薩戒是盡未來際受持的，轉生之後，多數的眾生，雖已不再記憶曾經受戒，雖其功能或已隱沒，但其戒體仍然存在性體之中，所以仍可遇緣而「增受戒」，如果轉生無緣再受，乃至也不記憶曾經已受，這一戒體的功能，必將仍有顯現的機會，所謂善根，這也正是善根的一種。

然《瓔珞經》又說：「一切菩薩，凡聖戒，盡心為體，是故心亦盡戒亦盡，心無盡故，戒亦無盡。」（《大正藏》二十四．一〇二一頁中）有人見此，便以為戒體是心法（精神），而非色法（物質）。事實不然，所謂心盡與無盡，是指菩提心而言，捨菩提心，便是心盡，戒體功能亦盡，發大菩提心，便是心無盡，戒體功能亦無盡。故我以為，破重戒者戒體受到遮沒，捨菩提願者，才是將戒體的無漏色法洗失。

第二節　菩薩的悔過法

犯了重戒，《瓔珞經》說「有犯無悔」，是無可悔過的。《梵網經》輕戒四十一條則說：「若有犯十戒者，應教懺悔；在佛菩薩形像前，日夜六時，誦十重四十八輕戒，苦到禮三世千佛，得見好相。若一七日，二三七日，乃至一年，要見好相。好相者，佛來摩頂，見光見華，種種異相，便得滅罪。」至於犯了輕戒，則說：「若犯四十八輕戒者，對首懺罪滅。」（《大正藏》二十四．一〇〇八頁下）

悔重戒的方法，只見於如此的一種；悔輕戒，《梵網經》只說「對首懺」，《瓔珞經》也只說「得使悔過對首悔滅」（《大正藏》二十四．一〇二一頁中），至於如何來作對首懺悔？在《瑜伽論》菩薩戒本條文之後，有這樣的說明（《大正藏》三十．五二一頁上—中）：

「設有違犯，即應如法疾疾悔除，令得還淨。」

「又此菩薩，一切違犯，當知皆是惡作所攝，應向有力，於語表義，能覺能受，小乘大乘，補特伽羅，發露悔滅。」（中略）

「若中品纏違犯如上他勝處法，應對於三補特伽羅，或過是數。應如發露除惡作法，先當稱述所犯事名，應作是說：『長老專志，或言大德，我如是名，違越菩薩毘奈耶法，如所稱事，犯惡作罪。』餘如苾芻發露悔滅惡作罪法，應如是說。」

「若下品纏違犯如上他勝處法，及餘違犯，應對於一補特伽羅發露。悔法當知如前。」

「若無隨順補特伽羅可對發露悔除所犯，爾時菩薩以淨意樂，起自誓心：我當決定，防護當來，終不重犯。如是於犯，還出還淨。」

根據如此說明，又據弘一大師〈菩薩戒受隨綱要表〉所列，菩薩悔過法，可以列表如下：

- 懺法
  - 懺重
    - 根本
      - 上品纏犯十重
        - 梵網取相懺，罪滅重受戒
        - 瓔珞、瑜伽不取相，悔更受戒
      - 中品下品纏犯十重——未失戒，應對四菩薩懺
    - 方便
      - 犯十重下重方便——對首懺
      - 犯十重下輕方便——責心懺
  - 懺輕
    - 根本——對首懺
    - 方便——責心懺

不論重戒輕戒，犯戒均有根本與方便兩罪的不同，根本是已遂罪，方便是準備或進行犯戒而未完成犯戒的事實。悔罪的對象，最好是同法的淨菩薩眾，若無菩薩，對小乘比丘悔亦可。懺法分為三類：一是對四人（《瑜伽論》戒本說三人）或四人以上懺；二是對一人懺；三是自己責備自心懺。不過對四人及對一人懺的白詞相同。所以懺詞分為二種：一是對人白懺；二是自己獨白懺。現在舉例如下：

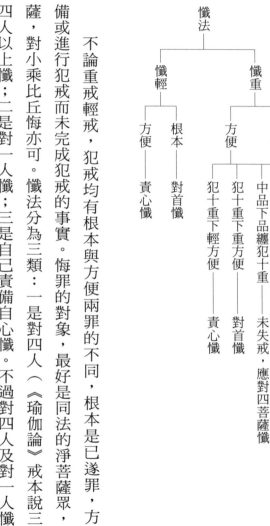

第一，對人懺法

懺時應修威儀，長跪合掌，對受懺者白：「諸大德一心念（對首懺則不用諸字），我某甲故□□□，犯波羅夷罪，今向大德發露懺悔，更不敢作，願大德憶念我。」（三說）

懺悔主或受懺者訶責云：「自責汝心，生厭離。」

懺者答云：「爾！」

第二，責心懺法

懺者應修威儀，心生慚愧，對自獨白：「我某甲，故□□□，犯波羅夷輕方便（或輕垢罪），我今自責心悔過。」（一說）

本來，若有犯戒，應該隨犯隨悔，如果事忙，或者人數不足，則應於每半月說戒布薩之前，必須悔淨。否則，有犯不淨，而聽說戒，便成覆藏罪。《善戒經》說：「若比丘犯波夜提罪，不慚愧不生悔，聽菩薩戒者，得偷羅遮罪；若比丘犯偷羅遮罪，不慚愧不生悔，聽菩薩戒者，得僧伽婆尸沙罪；若比丘犯僧伽婆尸沙罪，不慚愧不生悔，聽菩薩戒者，得波羅夷罪。」（《大正藏》三十．一〇一五頁中—下）這是菩薩覆藏，重於本罪的緣故；這又是菩薩戒重於聲聞戒的一例。這也是受了菩薩戒的人，不可不知的一件事。

第三節　菩薩的說戒布薩

明末弘贊律師認為菩薩無羯磨法，於其《梵網經菩薩戒略疏》卷八中說：「受菩薩戒時，亦無羯磨，惟對佛菩薩像前三白，即是羯磨。」又說：「今不云說戒羯磨，而云說戒布薩。」又說：「一未受心地大戒，二曾受已犯。犯有二種：一犯十重，未曾得見好相，二犯輕垢，未曾對首懺悔，俱不聽共作布薩。」（《卍續藏》六十．九一八頁下）

羯磨法是聲聞僧所獨有的一種議事法，也是住持佛法住世的一種僧團軌則。菩薩有化世的責任，有護持佛法的責任，而較少主持佛教的責任；如果是菩薩比丘，仍以比丘身分住持佛教而不是以菩薩身分住持佛教。

布薩是梵語的音譯，是清淨三業與長養功德的意思；又說是「淨住」的意思。半月一次的說戒，是大、小乘一樣的，小乘稱為羯磨，大乘稱為布薩。

《梵網經》說：「佛告諸菩薩言：我今半月半月自誦諸佛法戒，汝等一切發心菩薩亦誦。」（《大正藏》二十四．一〇〇四頁上—中）又說：「若受菩薩戒，不誦此戒者，非菩薩，非佛種子。」（《大正藏》二十四．一〇〇四頁中）《梵網經》輕戒第三十七條也說：「若布薩日，新學菩薩，半月半月布薩，誦十重四十八輕戒時，於諸佛菩薩形像前，一人布薩，即一人誦，若二人、三人至百千人，亦一人誦。誦者高座，聽者下坐。」（《大正藏》二十四．一〇〇八頁上）輕戒三十八條又說：「應如法次第坐，先受戒者在前坐，後受戒者在後坐。」（《大正藏》二十四．一〇〇八頁中）

這是說：新學菩薩，需要半月布薩，以便懺罪而清淨三業，以便誦戒而長養功德。但對誦戒一事，不限半月一次，而是可以日日誦，乃至時時誦的，最少不得少過半月一誦，如若不誦者，那就「非菩薩，非佛種子」了。

至於菩薩戒的布薩法，大致與聲聞的說戒羯磨相同，如果人多，則由當值的打板集眾，再由維那浴籌、行籌點清人數；再遣未發菩薩心未受菩薩戒者出去；再請上座上香就坐；再問有犯無犯及有悔無悔；再請眾中善通而音聲好者陞高座而誦。詳細儀節，可以參考明曠《天台菩薩戒疏》卷下所列的布薩法（《大正藏》四十・五九六頁中—五九七頁下）。如果是一人單誦，出家菩薩，應披九條、七條、五條袈裟的三衣，在佛前上香禮拜後，面佛跪誦，或者坐誦，這是很容易做到的事。

對於菩薩比丘及在家菩薩的誦戒問題，義寂《菩薩戒本疏》中有這樣的說明：「菩薩僧尼，至半月，應兩邊布薩，誦大小二本，不者輕垢。在家菩薩，若家內有淨室，半月應自誦，若無者，由旬內（二十至三十華里）寺舍作菩薩布薩，則應往聽，都不者輕垢。若自家諠迫及由旬內無菩薩（布薩）會集者，不犯也。」（《大正藏》四十・六八三頁中）

本文寫到此處，已算是結束了。由於才短力絀，雖然寫了四萬餘字，仍未能把菩薩戒的內容，和盤托獻於讀者之前。唯於讀者讀了本文之後，對於菩薩戒，當可有一梗概的印象了。

附註：中國歷代研究菩薩戒的註疏，多以《梵網經》戒本為主，現存於《大正藏》及《卍續藏》中的《梵網經》註疏，約有二十種，讀者如有興趣，可以根據本文的脈絡所指，自行研讀。

筆者於本文所引各家之語，有引號「　」的引文是原文，無引號引文是由筆者的引述。用夾註號（　）的是筆者所加的解釋。順此附識。

智慧海 4

戒律學綱要

Essentials of Buddhist Sila and Vinaya

著者	聖嚴法師
出版	法鼓文化
總審訂	釋果毅
總監	釋果賢
總編輯	陳重光
編輯	張翠娟、李書儀
封面設計	賴維明
內頁美編	小工
地址	臺北市北投區公館路186號5樓
電話	(02)2893-4646
傳真	(02)2896-0731
網址	http://www.ddc.com.tw
E-mail	market@ddc.com.tw
讀者服務專線	(02)2896-1600
初版一刷	原東初出版社1965年初版至1966年12版8刷
四版三刷	2024年6月
建議售價	新臺幣350元
郵撥帳號	50013371
戶名	財團法人法鼓山文教基金會—法鼓文化
北美經銷處	紐約東初禪寺 Chan Meditation Center (New York, USA) Tel: (718)592-6593 E-mail: chancenter@gmail.com

法鼓文化

國家圖書館出版品預行編目資料

戒律學綱要 / 聖嚴法師著. -- 四版. -- 臺北市 : 法鼓文化, 2022. 06

面； 公分

ISBN 978-957-598-956-9 (平裝)

1. CST: 佛教 2. CST: 傳戒

224.11 111004961